KB105813

세계화와 아시아의 빈곤

대우학술총서
628

세계화와
아시아의 빈곤

오근엽 · 한인수 지음

아카넷

2020년의 코로나 팬더믹을 제외하면 지난 20~30년간 우리 시대의 삶에 영향을 미친 가장 큰 두 흐름은 세계화(globalization)와 IT 혁명이라는 것에 이론의 여지가 없다. 세계화는 분명 시대적 명제의 하나이다.

우리는 이 시대적 추세를 용케도 잘 지나가고 있다. 운이 좋아서인지 노력의 결과인지 몰라도 세계화의 기회적 요인을 잘 활용하여 그 덕도 좀 보았으며 많은 경제적 성과도 올리고 있다. 이 시대의 한국의 성취는 많은 나라의 부러움의 대상이 되고 있다.

이 책의 필자들은 책 제목에서 보듯이 세계화에 아시아의 빈곤을 더하여 생각하고 있다. 그것은 아시아와 빈곤의 문제가 매우 중요하다고 판단했기 때문이다. 그 이유는 다음과 같이 설명할 수 있다.

우선 세계화를 빈곤과 연결 지은 연구는 생각보다 많지 않다. 빈곤 퇴치를 기관의 목적으로 하는 세계은행(World Bank) 관련 학자들의 관심사일 뿐이다. 빈곤은 학문적인 관점에서도 그리 탐탁지 않은 주제이다. 세계화에 따른 경제성장이나 무역확대, 투자유치처럼 사회나 연구자의 이목을 끌 수 있는 인기 있는 주제가 아니다. 빈곤을 경험하지 못한 사람들에게는 무관심의 대상이고 그것을 경험한 사람들에게는 굳이 구질구질한 기억을 소환하는 주제에 관심을 둘 이유가 없다. 다른 매력적인 주제도 많은데.

그러나 우리의 호, 불호에 관계없이 빈곤은 이 시대에도 외면할 수 없는 삶의 현실이다. 어쩌면 글로벌 시대에는 그로 인한 문제가 더욱 깊어질 수 있다. 세계화가 진행됨에 따라 있는 자와 없는 자 사이의 간격이 커지고 승자와 패자가 부각되는 것에 대한 우려가 커지고 있다. 새 시대를 알리는 축하의 나팔소리에 일각의 한숨 소리가 가려질 수 있다. 더욱이 만일 승자의 성취(gain)가 패자의 것을 빼앗아 이루어진 것이라면 그 성취의 미래는 매우 불안한 것이 될 수도 있다. 이 때문에, 확대되는 격차를 줄이고 패자를 포용하는 이른바 포용적인 성장을 도모할 수 있는 선제적 노력과 지혜를 동원할 필요가 있다. 필자들은 이를 위해 세계화에 동반되는 빈곤의 추이를 파악하고 문제를 해소할 수 있는 정책의 형성은 어느 나라에서나 지속가능한 성장을 위해 매우 중요한 과제가 될 것이 틀림 없다고 믿고 있다.

다음으로 아시아에 주목하는 이유는 지리적으로 가까울뿐더러 경제적으로도 매우 밀접한 관계를 지니고 있기 때문이다. 아시아는 우리에게는 글로벌 시대에 시장으로서 또 투자처로서 매우 고맙고도 중요한 곳이다. 그럼에도 흔히 부자가 되고 싶은 개인이나 국가는 오직 선망의 대상이 되는 선진국에 시선이 고정되어 그들의 발전과정에서 신세를 지고 있는 이웃을 소홀히 하는 우를 범할 수 있다. 수출시장으로서 혹은 투자처로서 아시아로부터 우리가 얻는 경제적 이득이 적지 않다면 이는 실제로 우리의 빚이 그만큼 늘어나는 것을 의미하기도 한다. 우리가 아시아에서 지속적 성장을 하려면 아시아 각국이 고민하는 문제의 해결과 동반성장에 대한 공감대 형성이 필요하다. 이를 위해서는 여러 조치가 필요하지만 그중 하나는 이 지역의 당면과제인 빈곤감소에 대해 공감과 동참의 자세를 갖는 것이다. 아시아의 일부 나라는 세계화에 맞추어 기회를 잘 활용하여 빈곤을 크게 줄인 사례도 있지만 여전히 이 지역의 많은 국가들에서 빈곤의 문제는 심각한 국가적 과제로 남아 있다.

이러한 문제의식을 바탕으로 필자들은 수년간 세계화와 빈곤에 대한 문헌들을 공부하고 또 여러 차례 실증연구들도 수행하였다. 그러나 그간 연구를 수행하는 과정에서 우리가 가진 문제의식에 비해 준비는 너무 적었고 역량은 부족하다는 것을 많이 느꼈다. 그 결과 시작은 거창하였으나 그 끝은 미미하였다. 그러나 연구를 마무리하면서 하나 분명해진 것은 세계화와 빈곤 간의 관계가 어느 방향으로든 고정된 것은 아니라는 사실이다. 세계화는 많은 기회와 위협요인을 제공하는 것은 사실이지만 최종 결과가 어떻게 귀결되느냐 하는 것은 주체의 선택인 경우가 많았다. 어떤 국가는 현명한 정책선택을 통해 빈곤감소로 연결하였지만 어떤 국가는 그렇지 못했다. 환경은 매우 중요한 요소이고 우리를 지배한다. 그러나 환경의 영향은 기계적인 것은 아니다. 언제나 얼마간의 선택은 항상 남겨져 있다. 주어진 환경 속에서 어떤 방향을 선택하는 것, 그것이 우리가 할 일이다. 그래서 필자들은 이 연구가 세계화를 빈곤감소로 연결할 수 있는 현명한 정책 수단 개발에 일조할 수 있기를 기대한다. 이것이 필자들의 희망이자 욕심이다.

이 연구를 수행하는 과정에 여러 연구자들이 힘을 보태 주었다. 중국 연변대학의 엄금화 교수, 충남대학교 이이림 박사, 왕정복 박사과

정의 도움이 컸다. 몇 가지 세부연구는 그들과의 공동연구임을 밝힌
다. 이들이 이후에도 자국이나 아시아의 빈곤연구에 대한 지속적인
관심을 가져 주었으면 한다. 이 역시 연구자들의 희망이자 욕심이다.
끝으로 본 연구를 선정·지원하고 책으로 발간해 준 대우재단과 아
카넷에도 감사의 말씀을 전한다.

2020년 가을
오근엽·한인수

차례

제8장 국가별 사례(II): 방글라데시의 봉제업

제9장 결론

표 차례

그림 차례

제1장

서론

제1절

연구 목적

20세기 후반 급속하게 진행된 경제적 세계화는 세계경제를 통합하는 방향으로 작용하였다. 이는 경제의 효율성 증대, 경제성장, 소득 증가 등에 도움이 되었다. 하지만 다른 측면에서는 여러 문제점이 발생한 것도 사실이다. 이 중에서 세계화와 소득불평등 사이의 관계는 가장 중요한 이슈 중의 하나가 되고 있다. 예컨대 Martin & Schumann(1997)은 이른바 80 : 20 비율을 제시하여 세계화가 모든 국가나 혹은 모든 계층에 소득 증대를 가져다주지는 않고 오히려 20%라는 상대적으로 작은 그룹에 이익이 된다고 주장한 바 있다. 또한 최근 세계은행에서 발간한 Milanovic(2016)에 의하면 20세기 말의 세계화는 선진국에서도 하위 계층에는 소득증대를 가져다주지 못하였기 때문에 결과적으로 소득불평등이 심화되었다는 주장을 하고 있다. 이러한 사례들은 대체로 세계화가 소득 및 빈곤에서 양극화 현상을 유발하고 있음을 보여준다고 할 수 있다.

본서는 이러한 세계화의 영향을 배경으로 하여 '세계화는 아시아 지역의 경제성장과 소득, 빈곤에는 어떤 영향을 미칠까?', 특히 '세계화는 아시아 지역의 많은 지역에서 공통적으로 어려움을 겪는 빈곤(poverty)을 감소시키는 역할을 할 것인가?'라는 문제에 대해 고찰하고자 한다.

아시아가 지난 세기에 급속한 경제성장을 이룬 지역이긴 하지만 몇몇 나라를 제외하고는 여전히 아시아의 많은 국가에서는 빈곤 문제가 심각하다. 아시아에는 세계 빈민의 3분의 1이 살고 있다. 특히 남아시아는 문제가 더욱 심각해 전체 인구의 13%, 숫자로는 2억 명 이상이 국제빈곤선인 하루 1.9달러 미만을 소비하는 절대빈곤 속에 살고 있다(World Bank, 2019d. 방글라데시와 네팔은 전 인구의 15%, 인도는 20% 정도가 절대빈곤층이다. 아시아 전체적으로는, 경제성장과 사회정책으로 상황이 개선되고 있지만 여전히 3억 가까운 인구가 하루 생활비 1.9달러(2011 PPP[1]) 이하의 생활을 하고 있다(World Bank, 2019d).

아시아 중에서도 중국과 인도는 전 세계 빈곤인구의 다수를 점하고 있다. 물론 최근 경제발전에 따라 두 나라의 절대빈곤층 규모는 줄어드는 추세이나 계층간 양극화가 늘어나는 등 빈곤의 문제는 여전히 중요한 문제이다. 동아시아의 빈곤이 급격히 감소해 온 것은 세계화와 개방을 통해 중국의 소득이 증가한 데 크게 기인한다. 하지만 인도를 비롯한 방글라데시, 캄보디아 같은 국가에서 빈곤 문제가 단시간 내에 완전히 개선되기는 쉽지 않다.

세계화가 각국의 무역, 소득이나 환경 등에 미치는 영향에 대해서는 수많은 연구가 진행되었다. 예컨대 세계화가 소득이나 소득의 불평등을 증대하는지(Bergh & Nilsson, 2010; Jaumotte et al., 2013), 환

---

1   Purchasing Power Parity: 구매력평가지수.

경에 어떤 영향을 미치는지(Christmann & Taylor, 2002; Speth, 2003; McMichael, 2000)에 관한 연구가 비교적 광범위하게 이루어져 왔다. 그러나 세계화가 각국의 빈곤이나 빈곤감소에 어떤 영향을 미치는지에 대한 실증 연구는 그리 많이 이루어지지 못했다. 빈곤감소에 대한 지속적인 관심을 가지고 있는 세계은행을 중심으로 몇 편의 연구가 제시되었을 뿐이다(Collier & Dollar, 2002; Wade, 2004; Wolfensohn & Bourguignon, 2004). 특히 이 연구들도 우리에게 중요한 대상인 아시아에 대한 분석은 별로 이루어지지 못하였고 게다가 분석적인 연구나 체계적인 연구가 아닌 기술적인 연구 수준에 머무른 것이 대부분이었다.

이러한 상황에서 본 연구는 세계화의 진전이 아시아 지역의 빈곤에 미치는 영향을 분석적이고 체계적으로 시행하고자 한다. 그 구체적인 내용은 다음과 같다.

첫째, 연구목적과 함께 본서의 의의와 특성을 정립한다(제1장).

둘째, 빈곤과 세계화의 관계를 연구하기 위해 두 개념을 정의하고 측정방법을 제시한다. 또 세계화 개념 중 종합적인 세계화 개념(KOF)에 근거하여 아시아의 세계화 정도를 실제 측정한다. 끝으로 아시아의 빈곤 현황을 살펴본다. 종합적 현황과 함께 국가별, 지역별 현황을 알아보고 빈곤지표별로 현황을 비교, 분석한다(제2장).

셋째, 세계화와 빈곤의 관계에 대한 기존 연구를 검토한다(제3장).

넷째, 세계화가 아시아 여러 나라의 경제성장과 빈곤에 미치는 영향에 대해 실증분석을 실시한다. 이를 통해 세계화가 빈곤에 미치는 영향에 있어 차별적인 국가적 특성을 구명한다(제4장).

다섯째, 세계화의 진전에 따라 아시아에서 빈곤의 수렴과 확산 여부를 실증연구를 통해 구명한다. 아시아 지역에서도 세계화가 빈곤에 미치는 영향도 지역별로 차이가 있을 수 있다. 동아시아 지역은 빠르게 경제성장을 달성하여 빈곤 탈출이 빨리 이루어진 반면 여타 국가에서는 빈곤문제의 개선이 용이하지 않다. 본서에서는 이러한 측면을 분석하기 위해 세계화 진전에 따라 아시아 각국 사이에 빈곤 정도가 서로 수렴하는지 아니면 오히려 격차가 더 벌어지고 있는지를 분석한다(제5장).

여섯째, 세계화에 따라 증가 추세인 아시아에서의 이주 현황을 살펴보고 그로 인한 해외송금이 이주자 본국의 빈곤에 미치는 영향에 대해 실증연구를 실시한다(제6장).

일곱째, 세계화를 경제성장이나 빈곤감소와 성공적으로 연계한 대표적인 국가에 대한 사례연구를 실시한다. 개혁개방으로 괄목할 만한 경제성장과 빈곤감소를 달성하고 있는 베트남의 사례와 봉제업의 발전을 통해 빈곤감소에 힘쓰는 방글라데시의 사례를 각각 살펴본다(제7장, 제8장).

여덟째, 본 연구에서 실시한 조사와 분석을 바탕으로 세계화가 아시아의 빈곤감소에 미치는 영향을 강화하기 위한 정책적 방안을 제안한다. 정책적 시사점과 함께 한국의 역할도 제시한다(제9장).

제2절

본서의 의의와 특성

본서는 다음과 같은 의의(의미)에 근거하여 연구와 내용을 분석하고 기술하였다.

첫째, 시대적 과제인 빈곤의 중요성에 대한 인식이다. 세계화는 우리 시대를 규정짓는 주요 특징 중의 하나로 거스를 수 없는 대세이다. 이러한 상황에서 우리 관심은 경제성장이나 시장과 이윤의 확대와 같이 세계화가 가져다줄 수 있는 여러 과실에 쏠리는 경우가 많다. 그러나 이면에 세계화에 따른 부정적 측면들, 즉 빈곤과 불평등, 승자와 패자 등 부정적 부산물에도 주의를 놓쳐서는 안 된다. 그중에서도 빈곤문제에 대한 관심과 문제의식이 좀 더 필요하다. 세계화가 빈곤감소에 긍정적인 영향을 미친다는 연구가 많지만 또한 부정적인 영향을 미친다는 연구 결과 역시 존재하기 때문이다. 세계화에 대한 반대 목소리와 역행하는 조치들이 증대하는 것은 이와 무관하지 않다. 세계화가 빈곤에 미치는 영향력이나 관련성을 명확히 구명하고 긍정적인 영향을 극대화할 수 있는 방안을 모색할 필요가 있다. 세계화가 진전될수록 그 부정적 측면을 감소시키려는 노력은 지속가능성 (sustainability)의 담보를 위해서도 필요하다. 그러나 유감스럽게도 세계화를 경제성장과 경제발전에 연결짓는 연구에 비해 세계화와 빈곤의 관계를 구명하려는 노력은 상대적으로 미미하다. 특히 우리나라 학계에서의 연구는 매우 부족한 편이다.

둘째, 정책적(관리적) 선택의 관점을 유지하고 있다. 지금까지의 연구를 보면 세계화가 빈곤에 미치는 영향은 일률적이고 직접적이지는 않다. 둘 간의 관계 메커니즘에는 많은 요인이 개입하고 있다. 즉, 세계화는 정책적 선택에 따라 그 영향이 결정될 수 있고 그 과정에 정책적으로 개입할 수 있는 측면이 있다는 것이 많은 연구에서 밝혀지고 있고 본 연구에서도 일관되게 취하고 있는 관점이다. 본서에서는 세계화와 빈곤이라는 두 변수 간 매개 메커니즘을 구명하고 빈곤감소라는 긍정적 결과를 유도할 수 있는 정책적 선택방안을 발견하고 또 제시하려고 노력하였다.

셋째, 아시아에 대한 책임의식에 입각하고 있다. 우리나라는 값싼 노동력과 넓은 시장이 필요해 아시아로 활발하게 진출하고 있다. 향후에도 경제적 측면에서 아시아 각국과의 협력관계는 일층 강화될 전망이다. 그러나 구미와 비교하여 아시아에 커다란 중요성을 부여하고 있다고는 말하기 힘든 측면이 있다. 이 지역에서 세계화로 인해 얻는 이득만큼 이를 환원하려는 노력에는 개선의 여지가 많다. 아시아의 시장과 노동력이 중요한 만큼 그들의 사회적 문제에 공감하고 해결하려는 노력 역시 게을리해서는 안 될 것이다. 이는 규범적으로 뿐만 아니라 전략적인 측면에서도 필요하다. 따라서 아시아의 선도국 특히 한국, 중국, 일본 등의 국가는 아시아 고통의 근원 중 하나인 빈곤에 대한 책임의식을 가질 필요가 있다. 아시아 여러 나라는 세계화 과정에서 다른 지역에 비해 세계화에 따른 기회요인을 잘 포착하여 빈곤이 크게 감소되었지만 아직도 이 지역의 빈곤은 난제 중의 하나이다. 우리나라는 세계화 수혜국의 하나라는 측면에서 아시아의 빈곤 문제에 대한 관심과 노력이 필요한 시점이다.

본 연구는 다음과 같은 두 가지 점에서 기존 연구와 대비되는 특성과 차별성을 갖는다.

첫째, 세계화와 빈곤 주제와 관련한 기존의 연구가 대개 기술적(descriptive)이거나 정책 제안에 그쳤던 반면 본 연구는 현실적인 자료에 기반한 분석적이고 실증적(analytic and empirical) 연구를 하고 있다는 점이다. 본 연구에서는 수차에 걸쳐 독자적으로 계량적인 연구를 실시하고 그에 근거하여 정책방안을 제시하였다. 같은 정책적인 제안이라고 하더라도 과학적 방법론을 이용한 연구결과에 근거한 정책의 제시라면 보다 설득력이 커질 수 있을 것이다.

둘째, 본 연구에서는 방법론적으로 다양한 방법을 활용하고 있다는 점이다. 이론적 연구를 체계적으로 정리 분석하였고 이를 기반으로 여러 차례 실증연구를 실시하여 이론적 주장을 증명하였다. 또한 세계화를 빈곤감소와 성공적으로 연계하고 있는 베트남과 방글라데시의 사례를 연구하여 분석결과가 작동하는 실제상황을 확인하는 절차도 거쳤다. 연구과제를 구명하는 데 이론적 연구, 실증적 연구, 사례연구를 유기적으로 결합하여 활용하였다.

본 연구는 아시아 빈곤 문제라는 매우 큰 주제를 다루었고 장기간에 걸쳐 실증분석을 수행하는 등 연구자들은 나름대로 많은 노력을 기울였다. 그러나 연구를 마무리하는 시점에서 많은 한계와 아쉬움을 느낀다. 그 아쉬움의 많은 부분은 우선 주제가 매우 무겁고 깊다는 점에 기인한다. 의미 있는 연구결과를 내고자 하면 보다 장기적인 연구의 축적이 필요하다는 점에서 연구자의 역량 부족이 느껴질 때가 많았다. 또 빈곤문제의 특징상 데이터베이스가 잘 구축되어 있는 것도 아니다 보니, 실증연구의 완벽성을 기하는 데도 무리가 적지 않았다. 하지만 본 연구가 미답의 분야에 하나의 주춧돌과도 같은 역할을 할 수 있기를 기대하는 것으로 아쉬움의 일단을 자위해 본다.

제2장

빈곤 및 세계화

: 개념·측정·현황

빈곤의 개념과 측정

1. 빈곤의 개념

빈곤(poverty)은 명시적인 복지의 결핍을 의미하며, 여기에는 낮은 소득 그리고 존엄을 가지고 생존하는 데 필요한 기본적인 재화와 서비스를 확보하지 못하는 무능력을 포함한다. 이러한 빈곤은 절대빈곤과 상대빈곤으로 구분된다(Foster, 1998). 절대빈곤(absolute poverty)은 가계소득이 음식, 주거, 의복 등 '삶의 필수요건(basic necessities of life)'을 유지하는 데 필요한 수준보다 낮은 조건을 말한다. 그런데 삶의 필수요건을 확보하는 데 필요한 가계소득은 지역과 시기에 따라 다를 수 있다. 뉴욕과 아프리카가 다르고, 19세기에는 삶의 필수요건이 음식과 주거에 그친 반면 오늘날에는 전기, 취사, 기본 보건 등으로 확대될 수 있다. 상대빈곤(relative poverty)은 가계소득이 평균소득보다 일정 비율 낮은 조건을 말한다. 예컨대 상대빈곤의 기준치를 중위수 소득의 50%보다 적은 경우로 정할 수 있다.

2. 빈곤의 측정

빈곤의 측정방법에는 절대빈곤과 상대빈곤을 측정하는 방법이 있으며 전자는 다시 소득빈곤과 다차원빈곤 측정 방법으로 나뉜다.

1) 소득빈곤에 의한 절대빈곤의 측정

가장 널리 사용되는 빈곤측정 방법은 한 사람이 소비하거나 벌어들이는 화폐량으로 빈곤을 파악하는 방식이다. 이는 소득빈곤(income poverty)을 측정하는 방식이다. 절대빈곤은 가계소득이 삶의 필수요건 또는 최저생존기준(MLS: minimum living standards)을 충족하지 못하는 조건으로 정의되었다. 따라서 이의 측정을 위해서는 첫 과제가 최소한의 기본 요구 사항 또는 최저생존기준(MLS)을 규정하는 것이다. 즉, 최소한의 기본적인 필요 또는 최소한의 생활 수준을 충족해야 하는 칼로리 섭취량, 최소한의 의복, 최소한의 주거에 대한 기준을 정해야 한다.

이렇게 만들어진 최저생활의 바스켓에 들어간 항목에 대해 재화의 가격 데이터를 활용하여 이를 확보하는 데 필요한 최저의 가계소득이나 지출을 결정하면 이것이 절대빈곤을 가늠하는 기준(흔히 빈곤선)이 된다. 소득빈곤의 구체적 지표로는 다음과 같은 것들이 활용된다.

(1) 빈곤자비율

절대빈곤의 지표로 가장 널리 사용되는 것이 빈곤자비율(head count ratio)이다. 절대빈곤은 최소 소비 지출이나 1인당 소득 측면에서 특정 빈곤기준(선) 아래에 살고 있는 사람 수를 측정한다. N이 인구수, H가 소비지출 또는 소득 이하의 사람들의 수일 때, 절대빈곤의 빈곤자비율은 다음과 같다.

$$\text{빈곤자비율(HCR: headcount ratio)} = H \,/\, N$$

국제 수준의 절대빈곤을 측정하고 여러 국가의 빈곤 발생률을 비교하기 위해 세계은행은 1일 1.90달러(2015 PPP 기준)를 국제빈곤선 기준으로 정했다.

(2) 빈곤갭지수

앞서 설명한 빈곤자비율이 절대빈곤 측정에서 가장 널리 사용되는 수치이기는 하나 이는 중요한 결함이 있다. 빈곤자비율은 빈곤의 깊이나 심각성을 나타내주지 못한다. 예컨대 인도 농촌의 빈곤선이 1인당 월 소비 지출에 150루피(Rs)로 결정되어 있다면, 그것이 125루피든 80루피든 관계없이 모두 절대빈곤 상태로 동일하게 간주된다. 분명히 80루피인 가계의 빈곤은 125루피의 월별 지출이 있는 사람보다 더욱 심각하므로 이를 반영하는 지표가 필요하게 된다.

이러한 빈곤의 깊이를 반영할 수 있는 지표가 빈곤갭지수(poverty gap index)이다. 빈곤갭지수는 빈곤갭비율(poverty gap ratio) 혹은 PG지수(PG index)라고도 불리는 것으로, 빈곤선으로부터 떨어진 빈곤격차의 비율의 평균으로 정의하며(United Nations, 2003), 다음과 같이 계산한다.

$$PGI = \frac{1}{N} \sum_{j=1}^{q} \left(\frac{z - y_j}{z} \right)$$

z: 빈곤선, y_j: 빈곤자 j의 소득, q: 빈곤선 이하에 사는 빈곤자 전체인구

이 식의 계산에서 빈곤선 이상의 소득인 사람의 빈곤갭을 0으로 간주한다. 그런데 이 빈곤갭지수가 빈곤자비율보다는 개선된 것이라고 하더라도 결함이 없는 것은 아니다. 이 지수는 가난한 사람들 간의 불평등 효과를 무시하고 있다. 즉, 빈곤의 심각성을 충분히 나타내지 못한다. 예컨대 공식적 빈곤선이 1년에 500달러인 가계에 대해 생각해보자. 하나의 경우는 가계 1이 연 100달러의 소득, 가계 2가 300달러의 소득이 있다. 다른 하나의 경우에는 가계 1, 2가 모두 200달러의 연간소득이 있다. 두 경우 모두 빈곤갭지수는 60%로 동일하게 계산된다. 그러나 빈곤의 심각도라는 면에서 보면 첫 번째 경우가 보다 심각하다.

빈곤갭지수의 관련 지수 중에서 빈곤갭제곱지수(squared poverty gap index)가 있다. 이는 빈곤 심각성 지수(poverty severity index)라고도 하는 것으로서 빈곤갭비율을 제곱한 값을 평균하여 계산한다. 각각의 빈곤갭지수를 제곱함으로써 빈곤선 이하 빈곤자의 소득에 가중치를 둔 수치이다.

2) 다차원빈곤에 의한 절대빈곤 측정

앞에서 설명한 소득빈곤은 빈곤을 경제적 측면으로만 본 측정치이다. 그러나 빈곤은 경제적 측면뿐만 아니라 건강, 교육, 환경 등 사회문화적 요인이 포괄된 복합적인 개념이다.

빈곤을 측정하는 목적은 빈민을 위해 무언가를 하기 위함이다. 생활의 질을 추구하는 시대에서 빈곤 문제를 단순히 소득 기준만을 적용하여 분석하면 의미가 희석될 수 있다. Tokuyama & Pillarisetti(2009)는 인간 웰빙을 물질적인 생활수준지수(physical quality of life index), 경제자유지수(index of economic freedom), 여성권한척도(GEM: gender empowerment measure), 인간빈곤지수(HPI: human poverty index)와 인간개발지수(HDI: human development index)로 정리한 바 있다.

빈곤을 소득과 소비를 넘어서는 다차원으로 파악해야 하는 필요성에 따라 다차원빈곤(multi-dimensional poverty) 개념이 정립되고 다음과 같은 지표들이 개발되고 있다(Bourguignon & Chakravarty, 2019; 한인수, 2013).

① 인간개발지수(HDI: human development index): 유엔개발기구(UNDP)가 개발했으며, 한 국가에서 인간개발의 전반적인 발전을 측정하는 지표이다. 기대수명, 성인 문해율, 1인당 국민소득(구매력지수로 조정)의 세 요인의 합성치로 구성된다.

② 인간빈곤지수(HPI: human poverty index): 역시 유엔개발기구가 개발한 것으로서 한 국가의 인간개발을 저해하는 요소를 계량화한 지표이다. 이는 한 국가나 집단의 총체적인 빈곤을 표시하며 다음과 같은 요소로 구성된다.

• 40세 이전에 죽으리라고 예상되는 사람의 비율
• 성인의 문맹 비율
• 전반적인 경제적 보급
  – 보건의료나 안전한 물에 대한 접근이 결여된 사람의 비율
  – 5세 이하 저체중 아동의 비율

③ 다차원빈곤지수(MPI: multi-dimensional poverty index): 이는 소득이라는 차원을 넘어서서 다차원적으로 빈곤을 측정는 지표로서 유엔개발기구가 기존에 사용하던 인간빈곤지수를 대체하

기 위해 2010년 '옥스퍼드 빈곤 및 인간개발 이니셔티브(OPHI: Oxford Poverty and Human Development Initiative)'와 공동개발 한 지표이다(Alkire & Sumner, 2013). 이는 〈표 2-1〉에서 보는 바와 같이 세 차원 10개의 요인으로 구성된다. 각 항목의 가중 치는 동일하게 지표가 계산된다(Alkire et al., 2015).[2]

표 2-1 다차원빈곤지수를 구성하는 차원과 지표

차원	지표
건강	유아사망률, 영양
교육	취학연수, 등록아동
생활수준	취사연료, 화장실, 물, 전기, 주거(마루의 유형), 자산

자료: Alkire et al.(2015).

'옥스퍼드 빈곤 및 인간개발 이니셔티브'는 매년 국가별 브리핑 (country briefing)의 형태로 이 지수를 보고하고 있다.

3) 상대빈곤과 측정

생존에 필요한 기본요건을 충족하지 못하는 것도 빈곤이지만 동시 에 타인과 비교해서도 빈곤을 느끼게 된다. 상대빈곤(relative poverty) 은 한 나라에서 타인과 비교해서 소득수준이 낮음을 의미한다. 비교 대상이 되는 기준은 한 국가 국민의 중위수 소득의 50%나 60% 이하 를 의미하는데 보통 60%를 기준으로 할 때가 많다. 절대빈곤이 후진

---

2 MPI는 다음과 같이 계산한다. MPI= H×A. 여기에서 H: 다차원빈곤자비율(빈곤율), A: 빈곤자들의 다차원빈곤의 평균 강도(%).

국에서 중요한 수치라면 이는 상대적으로 부유한 선진국에서 유용한 수치가 된다.

상대빈곤은 특성상 한 특정 시기와 장소에서 기회의 평등이나 사회적 포용의 지표가 된다. EU는 상대빈곤을 가장 의미 있는 사회적 포용 지수로 널리 활용하고 있다. 일부 학자들은 상대빈곤은 단순히 '불평등'을 의미하는 것으로 빈곤이라는 용어는 적절하지 않다고 주장하기도 한다. 예컨대 한 국가의 모든 사람의 소득이 2배가 되어도 상대빈곤은 전혀 줄지 않기 때문이다(Ravallion, 2003).

3. 빈곤선의 설정과 측정방식의 발전

빈곤을 관리하기 위해 가장 먼저 해야 할 과제는 어떤 사람을 빈곤한 사람으로 규정할 것인가 그리고 그 수는 얼마나 되는가를 측정하는 것이다. 즉, 빈곤의 측정 문제이다. 이러한 빈곤 측정은 한 사람이 가질 수 있는 소득을 기준으로 정해졌다(Orshansky, 1969). 이때 가장 큰 문제는 상이한 통화로 가격이 매겨져 있는, 아주 다양한 재화와 서비스를 소비하는 매우 상이한 사람들의 생활 표준을 상호간에 비교하는 것이다. 특히 여러 나라나 여러 시기에 걸쳐 한 사람이 가난하다고 볼 수 있는 동일한 생활표준을 표시하는 공통의 기준점(빈곤선)을 정의할 필요가 있다(Castañeda et al., 2016). 그래서 빈곤(이 경우는 절대빈곤)을 규정하는 선(라인)을 정하게 되었다. 이러한 개념에서 정한 빈곤선(poverty line)은 생존을 위해 필수적이라고 생각되는 최저의 소득수준을 말한다.

빈곤선에는 대표적으로 다음 두 종류가 있다.

1) 국가빈곤선과 국제(글로벌)빈곤선

하나는 국가빈곤선(national poverty line)으로, 특정 국가에서 설정한
빈곤선이다. 이는 각국의 독자적인 필요성과 배경 그리고 규범 기준
을 고려해 설정된다. 당연히 선진국의 국가빈곤선은 저소득 국가나
중간소득 국가의 그것보다 높이 설정될 것이다. 각국은 빈곤과 관련
된 정책을 결정할 때 자국이 설정한 이 국가빈곤선을 활용한다.

　다른 하나는 특정 국가와 관계 없이 전 세계에 있는 절대빈곤층
을 공통적으로 구분할 수 있는 글로벌 빈곤선(global poverty line,
international poverty line)이다. 이는 하나의 단일 기준을 통해 빈곤을
규정하려는 목적에서 설정된 것으로서 지구상에서 절대빈곤의 척결
을 목표로 하는 세계은행(World Bank)이 주도적으로 설정하였다.

2) 글로벌 빈곤선 측정방식의 발전

1990년 세계은행 연구진이 글로벌 빈곤선을 결정하려는 시도를 하였
다. 그들은 세계 최빈층의 수를 파악하기 위하여 세계 최빈국의 기준
을 이용한 측정법을 제안했다. 즉, 지구상에서 대표적으로 가난한 나
라들의 빈곤선을 평균하는 방법을 고안했다. 그런데 각국의 물가수
준이 다르기 때문에 이를 조정할 필요가 있다. 각국의 빈곤선은 구
매력평가지표(PPP: purchasing power parity)를 이용하여 조정되었다.
PPP는 국제비교프로그램(ICP)이 수집한 세계의 물가 데이터를 기초
로 산출되었다. 이 PPP에 따라 최빈국의 빈곤선은 미국 달러로 환산
되고 이의 평균치를 구한 결과 1인당 하루 약 1달러라는 수치가 산출
되었다. 이것이 최초의 글로벌 빈곤선이었다.

세계은행이 설정한 '1일 1달러'의 기준은 새로운 PPP와 활용 대상 국가의 확대에 따라 2001년에는 1일 1.08달러로 변경되기도 하였지만 큰 변화가 있던 때는 2008년이다. 2005년에 나라마다 비교 가능한 물가 데이터가 더 많이 수집되고 새로운 PPP가 산출되면서 2008년에 15개국의 최빈국 국가별 빈곤라인의 평균을 이용하여 글로벌 빈곤라인의 개정이 이루어지게 되는데 이때 산출된 기준은 '1일 1.25달러'였다.

　세계은행은 이 기준을 2015년에는 다시 '1일 1.90달러'로 상향 조정한다. 2011년에 수집된 PPP를 활용할 수 있게 되었기 때문이다. 물가가 계속 올라 2005년에 1.25달러로 살 수 있는 것을 2011년에는 살 수 없게 되었기 때문에 기준을 올리는 것은 자연스러운 일이었다. 그들이 사용한 방법은 대상 최빈국의 인플레이션 비율을 평균해서 실질가치는 동등하게 하면서 명목상의 빈곤선을 올리는 방법이었다. 이러한 방법은 앞서 설정한 빈곤선과 같은 기반에서 빈곤층을 규정하는 것이 가능하게 해주는 장점이 있었다. 이러한 국제빈곤선의 발전과정이 〈표 2-2〉에 나와 있다.

표 2-2 세계은행 글로벌 빈곤선의 추이

	1979 'India line'	1990 'Dollar-a-day'	2001 '1.08/day'	2008 '1.25/day'	2015 '1.90/day'
출처	Ahluwalia et al.(1979)	World Bank (1990)	Chen and Ravallion (2000)	RCS(2009)	Ferreira et al.(2015)
상대적 물가수준 (ICP 자료)	1975 PPPs	1985 PPPs	1993 PPPs	2005 PPPs	2011 PPPs
사용되는 국가 빈곤라인	1(인도)	8개국	10개국	15개국	15개국(2008 년과 동일)
방법	인도 빈곤라인 (46백분위)	조사	중위수	평균	평균
빈곤선 (ICP 기준연도 USD)	0.56달러	1.01(1.00) 달러	1.08 달러	1.25 달러	1.88(1.90) 달러
빈곤선(1985 불변 USD)	1.12달러	1.01달러	0.8달러	0.69달러	0.91달러
사용되는 국가빈곤 라인(국가)	인도	방글라데시 인도네시아 케냐 모로코 네팔 파키스탄 필리핀 탄자니아	방글라데시 중국 인도 인도네시아 탄자니아 태국 튀니지 네팔 파키스탄 잠비아	차드 에티오피아 잠비아, 가나 기니비사우 말라위, 말리 모잠비크 네팔, 니제르 르완다 시에라리온 타지키스탄 탄자니아 우간다	2008과 동일

자료: Ferreira et al.(2015).

세계화의 개념과 측정

1. 세계화의 개념과 측정의 복잡성

글로벌라이제이션 또는 세계화(미국 영어: globalization, 영국 영어: globalisation)'는 전 세계의 사람, 기업, 정부 간의 상호 작용과 통합의 과정이다. 세계화는 복잡하고 다면적인 현상으로서, 지역과 국가 중심의 경제를 글로벌 단위의 규제를 받지 않는 전 세계의 시장경제로 통합하는 자본주의 확장의 한 형태로 간주된다(Guttal, 2007). 세계화는 운송 및 통신 기술의 발전을 배경으로 하고 있다. 이를 바탕으로 국제적인 상호 작용이 증가함에 따라 국제간에 무역, 아이디어, 문화의 교류가 이루어진다. 세계화는 이렇듯 다면적인 현상이기 때문에 이를 경제의 측면으로만 좁히느냐 아니면 문화적, 정치적 현상으로 확장하느냐에 따라 개념 정의가 달라지며 또한 측정도 복잡하게 된다.

경제적인 측면에서, 세계화는 상품과 서비스, 그리고 자본, 기술, 자료 등의 경제적 자원에 대한 개념이다. 국가 간 장벽이 제거됨으로써 재화와 자금의 교환 등 경제활동이 보다 자유화되고 그럼으로써 하나의 세계 시장 형성이 실현 가능하게 되는 것으로 본다.

한편 세계화를 경제적 차원을 벗어나는 것으로 파악하는 견해도 다수 존재한다. 예를 들면, 세계화를 시장통합과 기술 및 아이디어 확산, 사회 및 문화의 동질화 및 이러한 측면에서 지리적 제약의 감소 등이라고 정의하는 학자도 있으며(Waters, 1995), 세계화를 국가의 정치, 사회, 경제 및 정치기반 등의 측면에서 정의할 수도 있다(Mittleman, 2000).

세계화에 대한 인식이 증가하며 그 영향에 대한 관심과 연구도 늘어나게 되었다. 세계화에 따른 영향 연구하려면 이에 대한 측정이 필수적이다. 그런데 세계화의 개념이 복합적이고 다차원적이기 때문에 이의 측정도 다양한 형태로 진행되고 있다. 세계화의 정도를 측정하는 다양한 지표들을 정리하면 〈그림 2-1〉에서 보는 바와 같이 단일지수와 종합지수로 나누어 볼 수 있다.

2. 단일세계화지수

세계화의 경제적 측면을 강조하는 많은 연구에서는 무역 또는 외국 자본 흐름을 이용한 단일지수를 사용하고 있다. 단일세계화지수 중에는 무역세계화를 나타나는 무역의존도와 일반관세율이 있고 금융 세계화를 나타나는 해외직접투자 등 지수들이 있다. 그중에서도 세계화는 무역이 개방되고 외국인의 직접투자가 활발한 특징이 있음을 반영하여 초창기에는 무역개방도와 해외직접투자가 널리 사용되었다.

1) 무역개방도와 해외직접투자

무역개방도(openness to trade 혹은 무역의존도)는 수입과 수출의 합을 GDP로 나눈 비율로 측정된다. 그런데 이 지표는 경제규모가 작은 나라의 경우에는 개방적이지 않고도 수치가 크게 나올 수 있기 때문에 편향된 수치일 수 있다. 이러한 편향을 바로 잡기 위해 국가의 상대적인 규모(표본의 평균 GDP에 대비한 비율로서 한 국가의 GDP)를 반영하기도 한다(Bretschger & Hettich, 2002; Adam & Kammas, 2007).

해외직접투자(FDI: foreign direct investment)는 외국인직접투자(FDI)에 대한 개방성을 의미한다. 이것은 내외부 FDI 축적량의 합을 GDP로 나눈 비율로 구한다.

그림 2-1　세계화지수의 분류

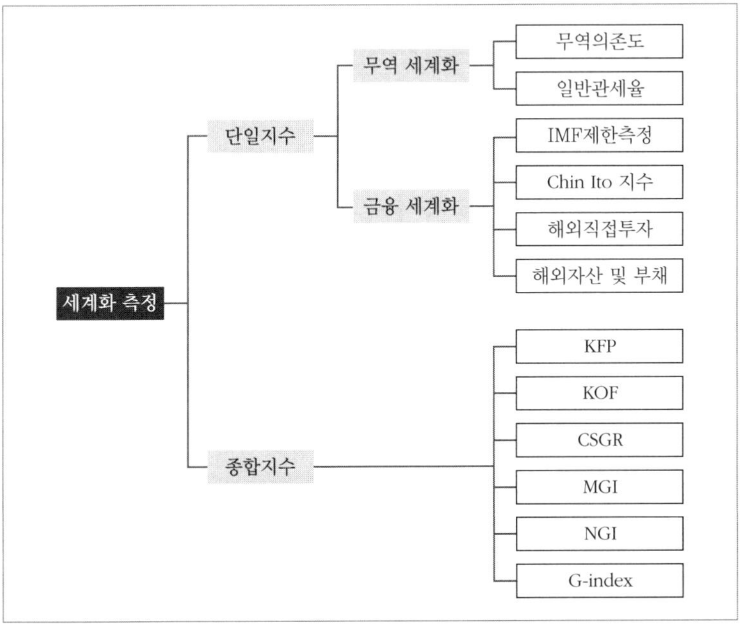

자료: Samimi et al.(2011).

2) 단일지수 측정의 문제점

그러나 세계화를 무역개방도나 해외직접투자와 같은 단일지수들로 측정하는 방법은 몇 가지 결점이 있다(Leibrecht et al., 2011).

첫째, FDI와 무역은 세계화 과정과 관련해서 서로 다른 경제적 측면을 포착하고 있다. 예를 들어, 이들 두 개념이 국내 경제에 대한 파급 효과가 다르기 때문에 무역이냐 외국인직접투자냐에 따라 국내 근로자에게 미치는 영향이 달라질 수 있다.

둘째, FDI는 자본 이동의 한 유형일 뿐이라는 점이다. 예를 들어, 소규모 국가는 지리적 장점이 없기 때문에 외국인직접투자를 많이 받지 못할 수도 있다. 그런데 이러한 국가가 경제가 매우 개방적이어서 엄청난 양의 유가증권이나 다른 유형의 자본을 받는다면 그러한 나라는 세계화가 크게 이루어지고 있다고 할 수도 있는데 FDI만으로 측정한다면 이러한 세계화가 나타나지 못하게 된다(Dharmapala & Hines, 2009).

셋째, 단일지수들은 무역 및 금융 관련 세계화 정책을 제대로 포착하지 못할 수 있다. 예컨대 보호 및 관세율은 한 국가에서 무역 제한의 심각성을 포착하며 정책 기반 변수이기 때문에 설명할 필요가 있는데 위의 지수들에서는 이러한 점을 반영하기 어렵다.

넷째, 무역과 FDI는 다각적인 세계화 현상의 경제적 측면만을 포착한다. 그러나 세계화 현상의 사회적, 제도적, 정치적 차원 측면을 배제한다면 편향된 추정치가 될 수 있다(Dreher et al., 2008). 정치적 환경이나 교역 및 자본 제한 측면도 포함되어야 세계화의 진정한 정도를 파악할 수 있다.

이상 설명한 이유 등으로 인해 2000년대 이후 무역이나 FDI 흐름

외에 사회적 또는 정치적 환경을 고려한 종합적인 세계화지수들이
나타나기 시작했다.

3. 종합세계화지수

종합세계화지수에서는 무역 및 FDI와 같은 경제적 차원 외에 다양한 변
수들을 결합한 지수가 개발되었다. 그중 대표적인 것은 다음과 같다.

1) KOF 지수

종합세계화지수 중에서 대표적인 것이 KOF(Konjunkturforschungsstelle：
경제연구소) 세계화지수이다. KOF는 취리히에 있는 스위스 경제연구
소(ETH)의 Dreher(2006c)가 개발하였다. 이 지수는 세계화를 폭넓은
관점에서 측정하려고 시도한다. 기존의 무역 및 금융 흐름 지표 외
에 국경을 초월한 노동이동이나 국제 전화 통화 등과 같은 폭넓은 지
표들을 활용하고 있다. 이 지수는 2002년 처음 도입되었는데 당시는
122개국에서 23개 변수를 사용하였다. 그 후 Dreher et al.(2008)이
다시 업데이트하였다.

이 지수는 세계화를 경제적, 사회적, 정치적 차원의 3차원으로 파
악한다. 또 세 차원은 다음과 같은 세부 항목들로 구성된다.

① 경제적 차원(economic globalization)은 무역의 실제 흐름, 해외
직접투자, 포트폴리오투자뿐만 아니라 이들 흐름에 적용되는
규제를 포함한다.

② 사회적 차원(social globalization)은 아이디어, 정보, 이미지, 사람의 확산으로 표현되며 구체적으로는 개인적 접촉(국제전화 트래픽, 이체, 여행, 외국인인구, 국제우편), 정보흐름(인터넷 이용자, TV 소유, 신문거래), 문화적 근접성(맥도날드의 점포 수, 이케아 숍

표 2-3 KOF의 주요 변수와 측정항목(2018)

차원	주요 변수		측정항목	
경제적 차원	경제적 세계화 (실질적)	무역 세계화 (실질적)	상품무역 무역상대국 다양화	서비스무역
		금융 세계화 (실질적)	해외직접투자(FDI) 대외부채 국제소득수지	유가증권 투자 외환보유고
	경제적 세계화 (법률적)	무역 세계화 (법률적)	무역규제 관세	무역세금
		금융 세계화 (법률적)	투자규제 자본계정 2	자본계정 1
사회적 차원	사회적 세계화 (실질적)	인적 세계화 (실질적)	국제통화량 해외여행	이체 이민
		정보 세계화 (실질적)	특허출원 하이텍 수출	외국인학생
		문화적 세계화 (실질적)	문화상품 무역 맥도날드 식당	개인서비스 무역 이케아 점포
	사회적 세계화 (법률적)	인적 세계화 (법률적)	전화가입자 국제공항	방문자유
		정보 세계화 (법률적)	TV 언론자유	인터넷 사용자 인터넷 대역
		문화적 세계화 (법률적)	성평등 지수 시민적 자유	교육비지출
정치적 차원	정치적 세계화 (실질적)	–	대사관 국제 NGO	UN 평화유지 임무
	정치적 세계화 (법률적)	–	국제조직 투자협약 파트너 수	국제협약

자료: Gygli et al.(2019).

의 수, 도서거래) 등으로 구성된다.

③ 정치적 차원(political globalization)은 정치적 협력의 정도를 나타
낸다. 대사관의 수, 국제기구의 회원, UN안보리 임무에의 참
여, 국제적 조약협정 수 등이 포함된다.

2018년에는 기존의 KOF 지수를 보다 정교화한 새로운 모형이 제
시되었다(Gygli et al., 2019). 새 세계화지수는 기존의 23개 변수 대신
에 43개 변수를 활용하고 있다. 뿐만 아니라 세계화 구성요인의 실질
적(de facto) 측면과 법률적(de jure) 측면이 경제성장에 다른 영향을
줄 수 있다는 측면에서 둘을 구분하고 있고 지수를 구성하는 각 항목
의 가중치도 적용 연도에 따라 달리하고 있다. 〈표 2-3〉에서는 2018
년도 KOF 지수를 구성하는 항목과 변수를 보여주고 있다.[3]

이러한 종합세계화지수가 개발되고 개선됨으로써 세계화가 경제
에 미치는 영향을 더 구체적으로 분석할 수 있게 되었다. 세계화 개
념이 포괄하는 여러 분야, 즉 국제무역, 금융통합, 국제노동이동, 기
술변화 등이 모두 고려되어 이 요인들이 경제성장에 미치는 영향을
고려할 수 있기 때문이다.

이 지수는 최대의 국가 수를 포함하고 있으며 데이터도 1970년도
부터 2015년까지 최장 데이터를 가지고 있다는 장점이 있다. 하지만
너무 많은 지표들을 사용하여 측정 가능한 국가 수가 감소할 수 있고
다양한 출처에서 대량의 이질적인 정보를 수집해야 하기 때문에 정
보의 적시성이 감소될 수 있다는 단점이 있다. 또한 일부 변수에 대
한 가중치를 무시할 수 있으며 불명확한 방법 제시로 인해 세부지수

---

3 KOF 지수의 자료원은 http://globalization.kof.ethz.ch/에서 참조 가능하다.

측정이 어렵다는 점도 유념할 필요가 있다(Samimi et al., 2012).

2) DHL 글로벌연결지수(Global Connectedness Index)

또 다른 세계화지수 중 하나는 뉴욕 대학의 Ghemawat & Altman (2016)
이 개발하고 DHL(글로벌 택배 및 배달 서비스)이 후원한 글로벌연결지
수이다. 지수의 구성과 비중은 〈표 2-4〉에 나와 있다. 하위 지수의
가중치는 대체로 세계 경제에서의 상대적 중요성과 일치한다. 이 지
수의 '깊이(depth)' 측정은 국내 경제(국내총생산)와 비교한 국제 흐름
의 비율인 반면, '넓이(breadth)' 측정은 동일한 지수를 세계 경제와 비
교한 것이다.

표 2-4 DHL 글로벌연결지수(2016)

(단위: %)

구성차원(비중)	'깊이' 구성요소(비중)	'넓이' 구성요소(비중)
1.무역(35)	1.1 상품무역(75)	1.1 상품무역(100)
	1.2 서비스 무역(25)	-
2. 자본(35)	2.1. FDI 스톡(25)	2.1. FDI 스톡(25)
	2.2. FDI 흐름(25)	2.2. FDI 흐름(25)
	2.3. 포트폴리오지분 스톡(25)	2.3. 포트폴리오지분 스톡(50)
	2.4. 포트폴리오지분 흐름(25)	-
3. 정보(15)	3.1 인터넷대역폭(40)	-
	3.2 국제통화 시간(分)(40)	3.2 국제통화 시간(分)(67)
	3.3 인쇄출판물 거래(20)	3.3 인쇄출판물 거래(33)
4. 사람(15)	4.1. 이주민(33)	4.1.이주민(33)
	4.2. 여행자(33)	4.2.여행자(33)
	4.3. 학생(33)	4.3.학생(33)

자료: Ghemawat & Altman(2016).

4. 종합세계화지수에 의한 세계화 현황

1) 세계화의 전반적 현황

다음은 종합세계화지수(KOF)에 의해 측정된 1970년부터 2015년까지의 세계화 현황을 살펴보자.

〈그림 2-2〉에서는 원형점이 있는 선이 전 세계 평균을 나타내는데, 이는 매년 상승하고 있지만 1985~1990년에는 상승속도가 좀 낮고 1990년대 이후부터 고속으로 증가하다가 2010년에 들어와서부터 낮은 증가율을 보이고 있다. 이것은 아마도 금융위기의 영향을 받았기 때문이라고 할 수 있다. 유럽 및 중앙아시아 지역의 세계화수준이 제일 높고 남아시아의 세계화수준이 제일 낮은 것을 보여주고 있다. 동아시아와 태평양 지역은 1990년부터 2000년까지 높은 증가율

그림 2-2 KOF의 전체 추세

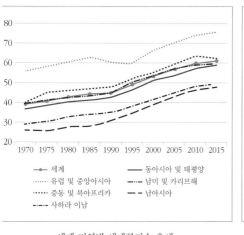

세계 지역별 세계화지수 추세   소득수준별 세계화지수 추세

자료: 이이림 외(2019a).

을 보이지만 2000년에 들어와서는 세계화의 성장속도가 높은 편이
아니다.

소득수준별로 세계화지수의 추세를 보면, 고소득수준 국가들의 세
계화수준이 제일 높고 저소득수준 국가들의 세계화수준이 제일 낮
다. 그리고 고소득 국가의 세계화 속도가 1985~1990년도에는 낮았
지만 2000년대 들어와서 높은 성장세를 보이고 있음을 알 수 있다.
하지만 2010년부터는 다시 낮은 속도로 세계화가 진행되고 있다. 전
세계의 세계화수준은 고소득수준 국가들의 세계화 추세의 영향을 많

그림 2-3 지역별 종합적 KOF 및 세분화된 KOF 추세

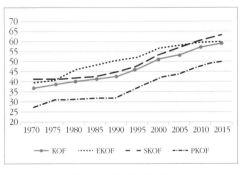

동아시아 및 태평양 지역

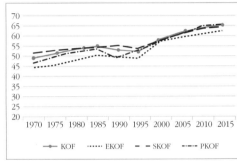

유럽 및 중앙아시아

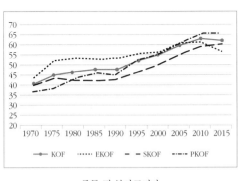

중동 및 북아프리카

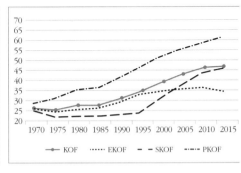

남아시아

자료: 이이림 외(2019a).

이 받고 비슷한 추세를 가지고 있다. 그러므로 세계화의 주도권은 여전히 고소득수준, 즉 선진국에 있다고 할 수 있을 것이다.

〈그림 2-3〉은 종합 세계화지수(KOF), 경제적 세계화지수(EKOF), 사회적 세계화지수(SKOF)와 정치적 세계화지수(PKOF)의 변화하는 추세를 지역별로 보여준다. 동아시아 태평양 지역에서는 KOF가 전체적으로 상승하는 추세이고 1990~2010년에 증가세가 제일 높고 2000년대에 들어와서는 증가세가 낮아지고 있다. 유럽 및 중앙아시아 지역은 동아시아 태평양 지역과는 달리 1985년부터 1995년 사이가 세계화 침체 기간이라고 할 수 있다.

2) 세부 차원들 간의 관계

KOF 세계화지수로 측정된 세계화의 전체적인 수준도 중요하지만 지수를 구성하는 세부 차원들 간의 관계 역시 관심의 대상이다. 앞서 살펴본 것처럼 KOF는 경제(EKOF), 사회(SKOF), 정치(PKOF)의 세 가지 차원을 포함하고 있다. 사회차원은 상당한 경제수준의 바탕이 있어야 되므로 경제차원과는 높은 상관관계를 가질 것으로 예상할 수 있다. 그러나 정치적 측면은 경제적인 부문이나 사회적 측면과는 어느 정도 분리될 수도 있기 때문에 둘 사이에는 높은 상관관계를 기대하기 힘들 수도 있을 것이다.

최근의 한 연구(이이림 외, 2019a)에서는 이러한 예측에 부합하는 분석결과를 보여주고 있다.(표 2-5) 세부 지수들 사이의 상관관계를 보면 경제차원과 사회차원은 0.78로 높은 상관관계를 가진 반면 정치차원과 경제차원, 사회차원과 정치차원은 각각 0.28과 0.31의 낮은 상관관계를 보여주고 있다.

표 2-5 KOF 세부 차원 간 상관관계

	KOF	경제차원(EKOF)	사회차원(SKOF)	정치차원(PKOF)
KOF	1.00	–	–	–
EKOF	0.78*	1.00	–	–
SKOF	0.87*	0.78*	1.00	–
PKOF	0.77*	0.28*	0.31*	1.00

주: * $p < 0.05$

자료: 이이림 외(2019a).

이러한 관계는 KOF 세계화지수 세부 차원 간의 산포도(scatter diagram)를 보여주는 〈그림 2-4〉에서도 확인할 수 있다. 그림에서 (a)는 경제차원과 사회차원의 관계를 보여주는데 우상향의 추세가 확연하여 높은 상관관계가 있음을 알 수 있다. 반면 경제차원과 정치차원 간 관계를 보여주는 (b)와 사회차원과 정치차원 간 관계를 보여주는 (c)에서는 일정한 추세를 발견할 수 없다.

그림 2-4 경제, 사회, 정치적 KOF 사이의 관계

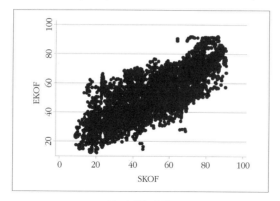

(a) 경제와 사회

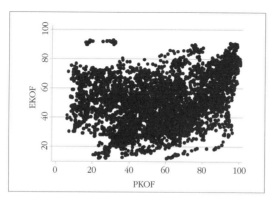

(b) 경제와 정치

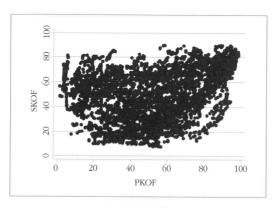

(c) 사회와 정치

자료: World Economic Outlook Database(2019)를 이이림 외(2019a) 재인용

아시아 경제성장과 빈곤 현황

1. 아시아 경제성장과 절대빈곤의 감소

20세기 말과 21세기 초반의 시기는 세계화로 특징지어질 수 있을 것이다(Milanovic, 2013). 같은 시기에 전 세계 경제는 빠른 속도로 성장하였다. 특히, 경제성장 지표 중의 하나인 GDP를 이용하여 세계 대륙별 경제성장을 분석한 결과를 보면 아시아 지역의 성장률은 놀라울 정도로 고속 성장하였다. 아시아대륙의 실질 GDP가 전 세계에서 차지하는 비중은 1960년대 16.8%에서 2015년 45.4%로 증가하였으며 이 과정에서 매년 5.7%의 높은 성장을 하였다. 〈그림 2-5〉와 〈그림 2-6〉은 21세기 초 10년간 유럽, 아메리카 지역 등 세계 타 지역의 경제성장률이 낮아지는 가운데, 아시아와 아프리카 국가들은 연평균 6.1% 경제성장을 보여주고 있다.

그러나 이러한 아시아의 고속성장은 명과 암을 지닌다. 아시아의 성장은 눈부시지만 빈곤 측면에서 보면, 아시아는 사하라 남부 아

그림 2-5 대륙별 GDP 증가율

(단위: %)

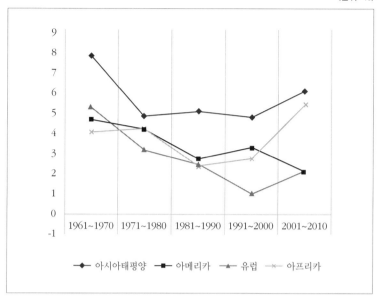

자료: World Economic Outlook Database(2019).

그림 2-6 대륙별 1인당 GDP 증가율

(단위: %)

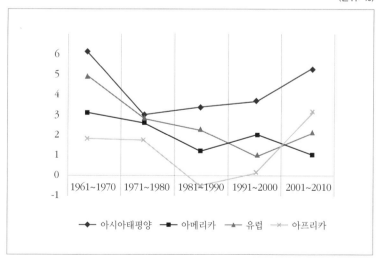

자료: World Economic Outlook Database(2019).

프리카와 더불어 세계빈곤인구의 대다수를 점한다. 이 지역의 인구가 많은 것도 그 한 이유이다. 1일 1.25달러의 국제빈곤선 기준에서 보면 〈표 2-6〉에서 보는 바와 같이 2008년에 동아시아와 태평양은 14.34%, 남아시아는 35.97%의 절대빈곤율을 보이고 있다. 아시아 전체로 보면 전 세계 절대빈곤 인구의 절반 이상을 점하고 있다.

표 2-6 빈곤선(1일 1.25달러 미만) 이하 인구비율

(단위: %)

지역	1990	1996	1999	2002	2005	2008
동아시아와 태평양	56.24	35.05	35.58	27.61	17.11	14.34
유럽과 중앙아시아	1.91	3.97	3.79	2.26	1.33	0.47
라틴아메리카와 카리브	12.24	11.09	11.86	11.86	8.66	6.47
중동과 북아프리카	5.75	4.79	5.01	4.17	3.45	2.70
남아시아	53.81	48.61	45.11	44.28	39.43	35.97
사하라 남부 아프리카	56.53	58.09	57.89	55.69	52.31	47.51
세계	43.05	34.83	34.07	30.76	25.09	22.43

자료: World Bank(2012), ProvacalNet.

그러나 그러한 절대빈곤은 〈표 2-7〉에서 보는 바와 같이 크게 개선되고 있다(World Bank, 2018). 1일 1.90달러의 새로운 빈곤선 이하인 사람들의 비율을 나타내는 자료에서 동아시아와 태평양은 2.3%, 남아시아는 12.4%로 낮아지고 있다. 이는 동아시아에서는 중국, 남아시아에서는 인도 등의 상황 개선에 힘입은 것이다.

동아시아는 절대 및 상대 빈곤이 모두 감소한 유일한 지역이다(Ravallion & Chen, 2013). 절대빈곤자 수가 1990년에 10억 4,700만 명이 2008년에 8억 4,000만 명으로 줄었고 최신 자료에 의하면 〈표 2-7〉에서 보듯이 2015년에는 4,700만 명으로 급격하게 감소하고 있

표 2-7 1일 1.90달러 국제빈곤선에서의 빈곤(2011 PPP 기준)

지역	빈곤자비율(%)		빈곤자 수(백만 명)	
	2013	2015	2013	2015
동아시아와 태평양	3.6	2.3	73.1	47.2
유럽과 중앙아시아	1.6	1.5	7.7	7.1
라틴아메리카와 카리브	4.6	4.1	28.0	25.9
중동과 북아프리카	2.6	5.0	9.5	18.6
남아시아	16.2	12.4	274.5	216.4
사하라 남부 아프리카	42.5	41.1	405.1	413.3
세계	11.2	10.0	804.2	735.9

자료: World Bank(2018).

다. 이는 거의 중국 때문이라고 보아야 한다. 중국에서는 빈곤자 수가 1990년 이래 2억 명 이상 감소했다. 남아시아에서도 2013년에 2억 7,400만 명의 절대빈곤자 수는 2015년에는 2억 1,600만 명으로 크게 줄어들었다.

빈곤자비율(headcount ratio, 이하 H)을 중심으로 대륙별 추이를 보면 1990년대에는 동아시아 및 태평양 지역, 남아시아가 전 세계 빈곤 인구의 약 78%를 차지하였지만 21세기에 들어서는 크게 감소하고 있다. 〈그림 2-7〉, 〈그림 2-8〉에서는 빈곤자비율의 대륙별 변화 추이를 보여주고 있는데 아시아 내에서도 동아시아 및 태평양 지역에서는 빈곤자가 급격히 감소하고 있는 반면 남아시아의 상황은 별로 개선되지 못하고 있음을 알 수 있다(이이림 외, 2019a).

2010~2013년 아시아에서는 전체 인구의 10.3%인 약 4억 명이 세계은행이 정한 1일 1.9달러 이하로 생활하는 절대빈곤 속에 살고 있다. 이는 전 세계 절대빈곤 인구의 52%에 해당하는 수치로 2000~2004년의 65%보다는 크게 개선된 것이다(UNESCAP et al., 2017).

그림 2-7 지역별 절대빈곤자비율

(단위: %)

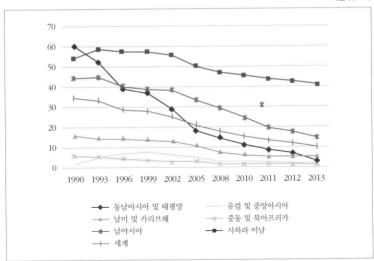

자료: 이이림 외(2019a).

그림 2-8 지역별 절대빈곤자 수

(단위: 백만 명)

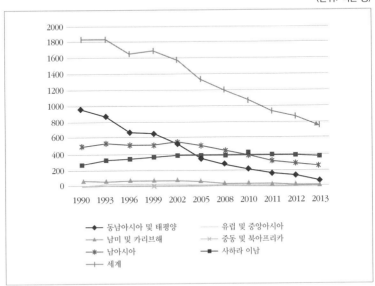

자료: 이이림 외(2019a).

2010년부터 2013년까지 아시아에서는 전체 인구의 10.3%인 약 4
억명이 세계은행이 정한 하루 1.9달러 이하로 생활하는 절대빈곤 속
에 살고 있었다. 그러나 2015년 기준에 의하면 〈표 2-8〉에서 보는
것처럼 아시아 전체 인구의 7%, 인구로는 2억 6,000만 명으로 크게
개선되고 있음을 알 수 있다. 이는 전 세계 절대빈곤 인구의 36%에
해당하는 수치로 2000~2004년의 65%보다는 크게 개선된 것이다
(Asian Development Bank, 2020). 1981년에 세계의 절대빈곤 인구에서
아시아가 차지하는 비율이 70%에 가까웠음을 생각하면 이 지역의 빈
곤감소가 얼마나 대단한 것인가를 알 수 있다. 아시아개발은행(ADB)
의 예측에 따르면, 아시아 개발도상국은 최근의 성장 궤적이 계속된
다면 2025년까지 절대빈곤을 퇴치할 수 있을 것으로 예상하고 있다
(Asian Development Bank, 2020).

표 2-8 아시아 개도국의 빈곤감소(1981~2015)

(단위: 백만 명, 괄호 안은 빈곤자비율(%))

	1981	1990	2002	2010	2015
아시아 개도국	1,604.8(68.1)	1,503.8(53.6)	1,107.2(33.1)	620.3(17.0)	263.9(6.9)
중앙아시아	6.3(11.4)	8.1(12.3)	22.3(31.1)	10.1(12.8)	5.3(6.2)
동아시아	876.5(84.7)	752.2(63.7)	405.7(30.5)	149.9(10.8)	10.1(0.7)
중국	875.3(88.1)	751.8(66.2)	405.4(31.7)	149.6(11.2)	10.0(0.7)
남아시아	506.4(55.7)	530.0(47.3)	546.4(38.6)	393.8(24.6)	212.4(12.4)
인도	409.4(57.4)	412.4(47.4)	445.4(40.9)	342.9(27.9)	175.7(13.4)
동남아시아	213.4(60.1)	210.4(48.8)	128.8(24.7)	63.2(11.0)	33.1(5.4)
태평양	2.2(49.9)	3.0(51.1)	4.0(45.7)	3.3(32.3)	2.9(25.7)
남미 및 카리브	49.5(13.5)	65.5(14.8)	63.1(11.8)	36.7(6.2)	24.3(3.9)
사하라남부아프리카	193.9(48.8)	280.2(54.7)	390.9(55.3)	408.5(46.5)	416.4(41.4)
개도국 전체	1,897.8(51.7)	1,892.9(43.2)	1,595.9(30.2)	1,084.9(18.4)	727.1(11.6)

자료: Asian Development Bank(2020).

2. 아시아에서의 지역별 · 국가별 빈곤 현황

다음은 아시아 지역의 지역별 · 국가별 빈곤의 추이를 살펴본다.

1) 지역별 빈곤

〈그림 2-9〉는 아시아에서 지역별로 전 세계 절대빈곤 인구에서 차지하는 비율의 추세(2000~2004, 2010~2013)를 보여주고 있다(UNESCAP et al., 2017). 그림에서 보듯이 아시아 태평양 지역은 여전히 전 세계 빈곤 인구의 절반 정도를 점하고 있다. 지역별로 보면 동 · 동북아시아는 2000~2004년(5년 평균)에 비해 크게 개선된 반면 남 · 서남아시아는 그렇지 못하다. 동 · 동북아시아에서 절대빈곤 인구비율이 크게

그림 2-9 지역별 전 세계 절대빈곤 인구에서 차지하는 비율

(단위: %)

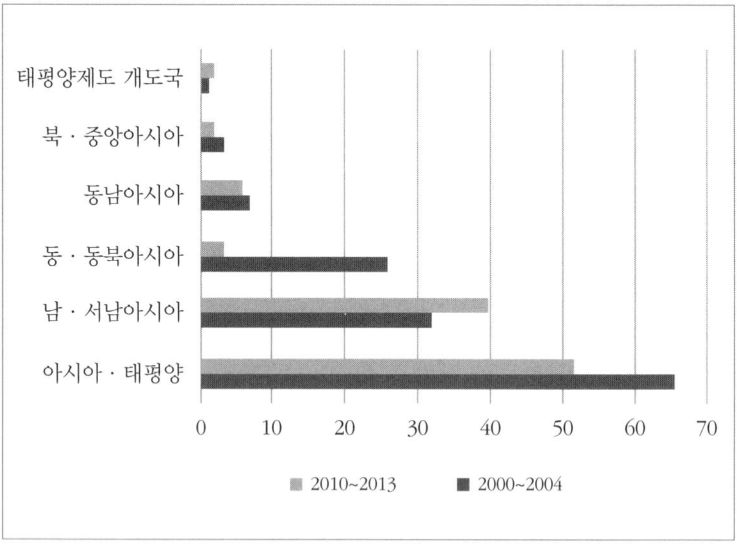

자료: UNESCAP et al.(2017).

그림 2-10 아시아 전체에서 차지하는 지역별 절대빈곤 비율

(단위: %)

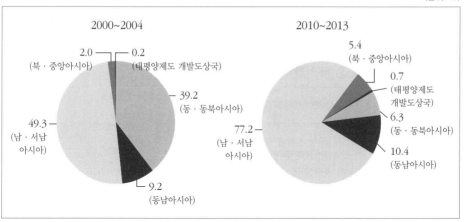

자료: UNESCAP et al.(2017).

하락한 이유는 중국의 빈곤감소에 크게 힘입은 것으로 판단된다.

아시아 지역 내에서 절대빈곤이 가장 심각한 지역은 남·서남아시아로 〈그림 2-10〉에서 보듯이 2010~2013년 기준으로 아시아 절대빈곤 인구의 75.5% 이상을 점하고 있다(UNESCAP et al., 2017).

2) 국가별 빈곤

다음은 아시아의 국가별 빈곤에 대해 살펴본다. 우선 세계은행이 국가별 비교를 위해 정한 1일 1.9달러 이하 생활자의 비율 정의에 의한 절대빈곤율은 〈그림 2-11〉과 같다. 타지키스탄과 인도에서 20%를 상회하고 있고 방글라데시, 네팔, 라오스, 필리핀 등이 10% 중반대를 기록하고 있다. 2000~2004년에 비해 2010~2013년에 가장 크게 개선된 나라는 중국이고 네팔, 방글라데시, 베트남 등에서도 큰 개선을 보이고 있다.

그림 2-11 아시아 국가별 빈곤자비율(2011 PPP)

(단위: %)

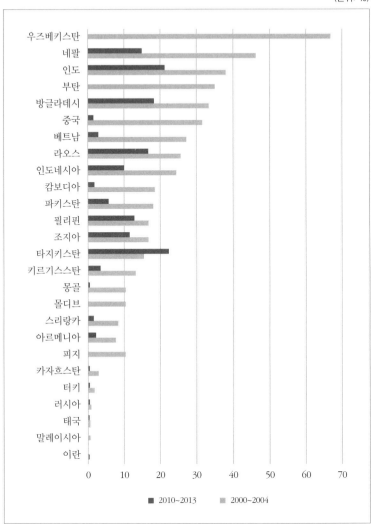

자료: UNESCAP et al.(2017).

국가가 스스로 설정한 국가빈곤선(national poverty line) 기준에 의한 절대빈곤율의 인구비율은 〈그림 2-12〉에 나와 있다.

그림에서 보듯이 2013년 기준으로 키르기스스탄, 타지키스탄, 방

그림 2-12 국가빈곤선 기준에 의한 국가별 빈곤인구 비율

(단위: %)

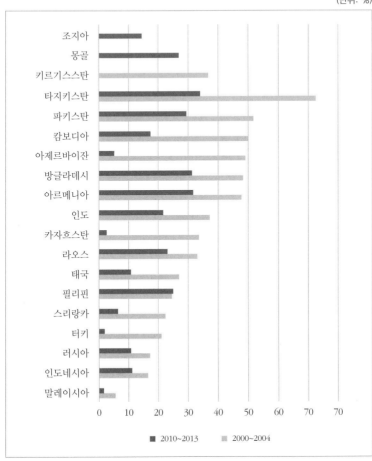

자료: UNESCAP et al.(2017).

글라데시, 아르메니아 등은 국민 30% 이상이 빈곤층에 속한다.

　국가별로는 빈곤율이 크게 감소한 시기에 다소 차이가 있다. 아시아에서의 빈곤감소를 시기적으로 크게 두 차례로 나누어볼 수 있다. 그 첫 번째는 1960~1980년대 초와 그 이후의 시기이다. 첫 번째 시기에는 동남아시아의 경제성장률이 높았고 따라서 빈곤이 크게 감소

그림 2-13 아시아 국가의 경제성장과 빈곤감소(1960년대~1980년대)

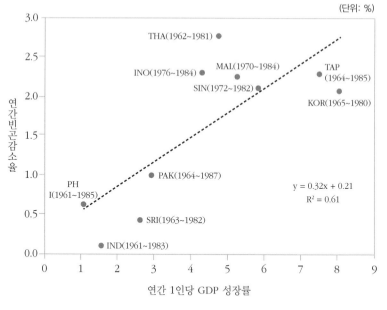

(단위: %)

연간 1인당 GDP 성장률

IND = 인도	INO = 인도네시아	KOR = 한국	MAL = 말레이시아	PAK = 파키스탄
PHI = 필리핀	SIN = 싱가포르	SRI = 스리랑카	TAP = 대만	THA = 태국

주: 빈곤율은 국가빈곤선에 의해 측정.

자료: Asian Development Bank (2020).

하였다. 국가별로 보면, 〈그림 2-13〉에서 보듯이 한국, 대만, 싱가포르 등에서 빈곤감소가 크게 이루어졌다.

두번째 물결은 1980년대부터 시작되어 오늘날에도 계속되고 있는 것으로서 〈그림 2-14〉에서 보듯이 인도, 중국 및 베트남 등 여러 국가가 포함되며, 빈곤감소는 경제개혁 및 경제성장 가속화와 광범위하게 일치한다. 결과적으로 이 나라들에서 빈곤층과 빈곤층의 비율이 급격히 감소했다.

아시아의 빈곤감소가 총량에서 크게 감소하는 데는 중국과 인도의

그림 2-14　아시아 국가의 경제성장과 빈곤감소(1981~2015) (국제빈곤선 기준)

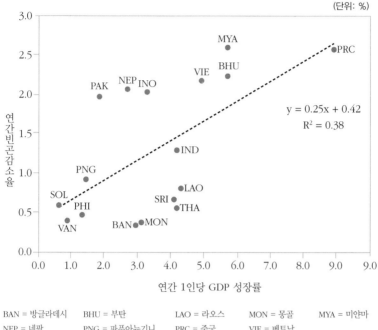

(단위: %)

$y = 0.25x + 0.42$
$R^2 = 0.38$

연간 1인당 GDP 성장률

BAN = 방글라데시　　BHU = 부탄　　　　LAO = 라오스　　MON = 몽골　　MYA = 미얀마
NEP = 네팔　　　　　 PNG = 파푸아뉴기니　PRC = 중국　　　 VIE = 베트남

역할이 매우 컸다. 중국과 인도는 1981년부터 2015년까지 아시아 개발도상국 빈곤 총량의 82% 감소에 기여했다. 그 결과 2015년까지 절대빈곤율은 약 7%(2억 6,200만 명)로 떨어졌다.

지난 수십 년 동안 아시아의 고도 경제성장은 또한 중산층의 상당한 출현을 가능하게 했다. 중산층을 1일 1인당 지출 3.20달러에서 32달러(2011 PPP)까지로 정의한다면 1981년에 아시아 개발도상국 인구의 13%만이 중산층으로 간주될 수 있었다. 그러나 2015년에는 중산층 인구비율이 69%로 증가했다(Asian Development Bank, 2019).

3) 다차원빈곤 개념에 의한 국가별 빈곤

앞서 살펴본 세계은행 1일 1달러 기준과 국가빈곤선 기준은 모두 화폐량으로 표시된 소득기준이다. 그래서 이들을 소득빈곤(income poverty)이라고 부른다. 그러나 빈곤을 보다 포괄적으로 파악하려면 화폐량으로 측정할 수 없는 요소도 포함시킬 필요가 있다. 그래서 개발된 것이 다차원빈곤(multi-dimensioal poverty) 개념이다.

본 연구의 연구자들이 참여한 최근의 한 연구(이이림 외, 2019a)에서는 19개 아시아 국가들 빈곤율의 추이를 비교하고 있다. 빈곤율로는 빈곤자비율(H)과 다차원빈곤 개념의 하나인 인간개발지수(HDI)가 사용된다. H 지수는 하루에 지불하는 화폐량으로서만 평가되기 때문에 빈곤의 정도를 종합적으로 표시하기에 부족하다는 관점에서 개발된 것이 HDI 지수로서 이는 교육, 건강, 수명 등이 포함된 보다 종합적인 빈곤의 지표이다(McGillivray & White, 1993).

연구결과[4]에 의하면 연구대상 19개국의 1990년 H 평균수준은 0.247이고 2013년에는 0.053이어서 빈곤 개선효과를 보이고 있다. 같은 기간 내에 HDI 평균수준은 0.574에서 0.07로 개선되었다. 연구대상 국가들의 각 연도 H 평균값을 기준으로 4분면[5]으로 나누어서 동태적 변화를 본 것이 〈그림 2-15〉이다. 이 그림에서 점선은 45도선을 나타낸다.

---

4 이하의 내용은 본서 저자들의 연구인 이이림 · 오근엽 · 한인수(2019a)의 분석결과를 참고한 것임.
5 1사분면: 평균보다 높은 수준지속. 2사분면: 평균보다 낮다가 평균수준보다 높게 변화됨. 3사분면: 평균보다 낮은 수준 지속. 4사분면: 평균보다 높은 수준에서 낮은 수준으로 변화됨.

그림 2-15   19개국 H의 동태적 변화

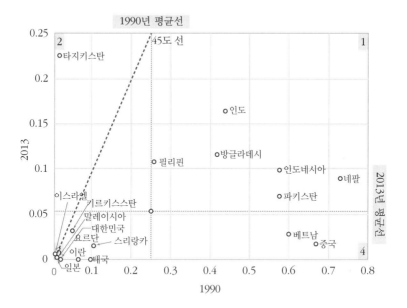

〈그림 2-15〉에서 보듯이 1사분면에 있는 국가들은 필리핀, 인도, 방글라데시, 인도네시아, 파키스탄, 네팔이며 이 국가들은 이전에도 빈곤율이 평균보다 높았고 여전히 빈곤수준이 높다. 2사분면에는 타지키스탄, 3사분면에는 아르메니아 등이 있다. 4사분면에는 베트남과 중국이 있는데 이 국가들은 평균보다 높았던 빈곤수준이 많이 개선되어 평균 아래로 떨어진 국가들이다. 한편 45도 선보다 아래쪽에 있는 국가는 이전보다 더 빈곤자비율이 감소한 국가를 의미하는데 타지키스탄을 제외한 대부분의 국가가 이에 속한다. 따라서 아시아 대부분의 국가에서 빈곤자비율이 감소하였다는 것을 알 수 있다.

〈그림 2-16〉은 인간개발지수를 대상으로 한 분석결과를 보여준다. 그림에서는 〈그림 2-15〉와 비교를 위해 HDI를 (1-HDI)로 변경하여 표시하였다. 그러므로 그림에서 나타난 가로축 및 세로축 수치

그림 2-16 19개국 HDI의 동태적 변화: 1-HDI

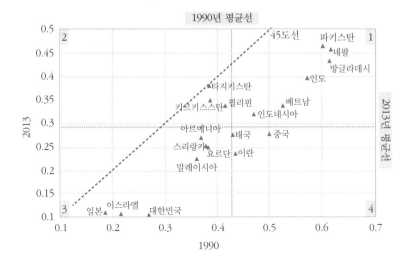

가 클수록 HDI 지수는 작음을 의미한다. H와 마찬가지로 전체적으로 대부분의 국가들은 45도 선 아래에 위치하는데 이는 1990년에 비하여 2003년에는 HDI가 개선되었음을 의미한다. 흥미로운 사실은, 〈그림 2-15〉의 빈곤자비율에 비하여 HDI 지수에는 두 기간 사이에 명확한 양의 관계가 보인다는 점이다. 하지만 〈그림 2-15〉에서 보다시피 중국이나 베트남과 같이 빈곤율이 이전에 높았지만 상당히 개선된 국가들이 다수 존재한다는 점에서 매우 희망적이라고 할 수 있다.

제3장

세계화와 빈곤의 관계에 대한 기존 연구

세계화는 빈곤에 어떤 영향을 미치는가? 세계화는 옹호론자들의 주장대로 지구상의 빈곤을 줄이는 데 기여했을까? 아니면 일부의 주장처럼 불평등과 빈곤을 더욱 심화한 것일까? 이와 관련하여서는 많은 주장과 연구가 제시되어 왔다. 그러나 이제까지 그 관계에 대한 명확한 결론에 도달하지는 못했다. 어떤 연구에서는 세계화가 진행되면서 절대빈곤이 크게 줄었다고 주장하는 반면 국내 또는 국제적으로 불평등이 심화되었을 뿐 아니라 오히려 가난한 사람들의 처지는 악화되었고 절대빈곤자도 증가했다는 주장도 제기된다.

이렇게 상반된 입장이 제기되는 이유에는 우선 연구방법론이나 변수 측정 등에서 여러 가지 문제가 있다는 것이 지적된다(Rodríguez & Rodrik, 2001; Wacziarg & Welch, 2008; Pacheco-López & Thirlwall, 2009; Singh, 2012). 또 그 둘 간의 인과관계를 구명하는 데 너무 많은 변수들이 개입되어 있고 때로는 고려된 변수에 따라 연구결과가 상반되게 나타나기도 한다. 양측이 모두 불합리한 인과관계를 주장하는 경향이 있었음이 지적되기도 한다(Bardhan, 2006). 세계화와 빈곤을 다룬 이제까지의 연구들을 정리해보면 다음과 같다.

제1절

무역과 빈곤의 관계에 대한 연구

세계화 진행에서 나타나는 대표적인 현상이 무역의 증대이기 때문에 무역이 경제성장이나 소득 나아가서 빈곤에 미치는 영향에 대한 연구는 비교적 일찍 시작되었다. 무역은 많은 연구에서 빈곤감소에 긍정적인 영향을 미칠 수 있는 것으로 여겨져 왔다. 빈곤을 감소시키려면 기본적으로 경제성장이 필요한데 무역은 그 경제성장의 엔진 역할을 할 수 있다고 생각했기 때문이다. 즉, 무역은 경제성장을 촉진하고 그 성장은 다시 빈곤을 감소시킨다는 주장이다(Bhagwati, 2004). 대외지향적 무역정책을 선호하던 1960년대나 70년대에는 수입대체 정책(수입을 대체하기 위해 국내생산을 촉진하는 산업화를 옹호하는 정책)에 반대되는 증거들이 실증연구를 통해서 제시되었다.

1. 무역자유화와 빈곤감소 긍정론

무역자유화나 무역 개혁이 빈곤을 감소시킬 수 있다는 이론적 근거는 매우 다양하게 제시되고 있다. 경제성장이 불평등 심화에 영향을 줄 수 있다는 측면이 있지만, 경제성장이 불평등을 심각하게 유발하지만 않는다면 경제성장 효과가 불평등 증가 효과보다 더 클 것이며 이는 빈곤을 감소시킬 것이라는 견해이다. 국제무역은 생산의 전문화, 재화나 용역의 교환, 다양한 최종재나 중간재의 이용 가능성을 통해 복지증대를 가져온다는 것이다.

또한 국제무역은 혁신을 유발할 수 있다. 재화나 용역이 거래되는 과정에서 체화된 기술적 정보가 국제적으로 교환되기도 하고 국가별로 연구의 중복이 제거될 수 있다. 더구나 무역으로 외국 기업과 경쟁하게 되면 국내 기업들은 경쟁에서 이기기 위해 혁신을 해야 된다는 유인이 강화될 수 있다.

무역자유화가 빈곤감소에 긍정적인 영향을 미친다는 대표적인 실증적인 연구로 Mitra(2016a)가 있다. 그는 무역이 빈곤에 통계적으로 유의한(significant) 영향을 미치는데 무역이 1% 증가하면 빈곤이 0.149% 감소하는 것과 연관되며 또한 평균관세율이 1% 감소하는 것은 빈곤이 0.4% 감소하는 것과 관계가 있다는 결과를 얻었다.

무역자유화를 통해 획기적으로 빈곤을 감소시킨 대표적 사례가 중국과 인도이다(Mitra, 2016a). 1980년대만 해도 중국과 인도의 절대빈곤 인구는 세계의 절대빈곤 인구의 절반 이상을 차지했다. 중국의 무역개혁은 1970년대 말부터 시작되었는데 1980년대와 1990년대에 가속화되었다. GDP에서 무역이 차지하는 비중이 1984년에는 18%였는데 2005년에는 70%로 늘어났다. 평균관세율은 1992년에는 32%였

그림 3-1 중국 무역의존도와 빈곤자비율 추이

(단위: %)

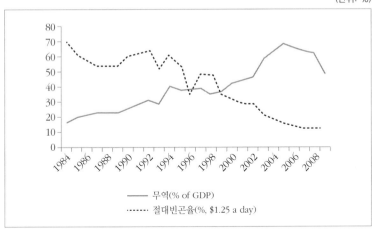

자료: Mitra(2016a).

는데 2009년에는 약 4%로 하락했다. 1992년과 2009년 사이에 국가 GDP는 연 8% 이상 급격하게 성장하면서 1일 1.25달러(당시의 국제빈곤선) 이하에 살던 인구의 비율은 69%에서 12%로 획기적으로 줄어들었다. 이 기간 동안에 7억 인구가 빈곤으로부터 벗어나게 되었다.

인도의 경우 GDP에서 무역이 차지하는 비중은 1988년의 13%에서 2010년에는 48%로 증가했다. 평균관세율은 80%에서 10%로 대폭 축소되었다. 그 기간 동안에 절대빈곤 인구는 53%에서 32%로 감소하였는데 가장 급격한 하락은 2005~2010년(42%에서 33%로) 사이에 진행되었다. 이 시기에 경제성장률도 매우 높았는데 글로벌 금융위기가 있었던 2008년을 제외하고는 8~10%의 고도성장이 있었다.

두 나라의 사례에서 보듯이 세계 경제의 대국인 두 나라에서 관세율의 하락에 따라 경제성장률도 높고 빈곤감소도 큰 폭으로 나타난 것을 알 수 있다. 이러한 추세에 인과관계(causality)를 확실히 밝히는 것은 쉽지 않지만 무역 분야의 개혁이 빈곤감소 효과를 보여주는 사

그림 3-2 인도 무역의존도와 빈곤자비율 추이

(단위: %)

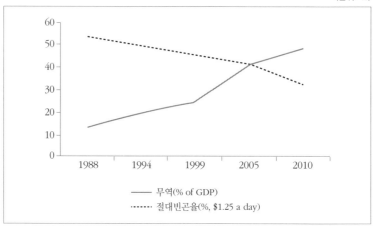

자료: Mitra(2016a).

례라고 할 수 있다.

무역자유화나 무역개방의 가장 큰 수혜국 중의 하나인 베트남에 대한 한 연구(Le, Singh & Nguyen, 2015)에서는 1980년대 도이머이로 불리는 개방정책이 경제성장과 빈곤감소에 미친 효과에 대해 실증연구를 수행하였다. 도이머이 정책 이후 연간평균 경제성장률이 1990년대에는 7%, 2000년대에는 8%에 이르고 있다. 빈곤자비율은 1983년에 58.7%, 1993년에는 37.4%, 2006년에는 15.9%로 큰 폭으로 하락하여 무역자유화가 베트남의 빈곤감소에 크게 기여하였음을 입증하고 있다.

2. 무역자유화와 빈곤감소 회의론

무역자유화가 빈곤감소에 미치는 효과에 대해 회의적인 입장이나 연구도 있다. 우선, 국가 간 회귀분석 연구에서 시간효과를 고려하면 무역과 빈곤감소 간의 관계는 유의성을 잃어버린다는 연구가 있다.

앞서 무역을 개방하여 빈곤감소에 성공한 대표적 긍정적 효과를 보여주는 중국과 인도의 사례에 대해서도 다른 주장이 제기되고 있다. 중국의 빈곤감소 효과에는 무역자유화가 본격화되기 이전 집단농장의 해체 같은 토지정책 등 다른 변수들의 영향이 더 컸다는 주장도 있다. 인도의 사례에도 지역수준의 연구로 내려가보면 일관성 없는 연구결과들이 보인다. 한 연구에서는 인도에서 무역자유화에 대해 높은 노출도를 지닌 산업에 고용이 집중되어 있는 지역에서 빈곤감소는 더 낮았다는 것을 보여주기도 한다(Topalova, 2007). 즉, 무역자유화에 대한 노출이 크면 빈곤감소는 후퇴한다는 것으로 해석할 수 있다. 이에 반해 근로자가 보다 큰 무역자유화에 직면한 인도의 주(州)나 지역의 도시, 농촌에서 전반적인 빈곤이 모두 감소하고 있다는 상반된 연구결과도 있다(Hassan et al., 2007). 문제는 노동이동성(mobility)의 존재 여부이다. 무역을 통해 이득이 발생할 수 있도록 축소되는 섹터로부터 팽창되는 섹터로 근로자들이 충분히 빠르게 재배치되는 것이 중요한데 이것이 자연스럽지 못한 곳에서는 빈곤감소가 제대로 진행되지 못하고 오히려 불평등을 강화시킬 수도 있다. 따라서 노동의 자연스러운 이동성을 방해하지 않는 탄력적인 노동시장규제(예컨대 노동법 등)가 존재하는 주에서는 빈곤감소 효과가 보다 크게 나타났다.

헥셔-올린 무역이론과 같은 표준적인 무역이론에 따르면 개발도상국에서 무역자유화는 가장 풍부한 생산요소인 비숙련근로자에게 가장 이득이 크리라고 예상할 수 있다. 그러나 산업부문 간 노동이동이 자유롭지 못하다면 이러한 효과가 나타나지 않을 수도 있다. 예컨대 무역자유화로 인해 생산이 감소하는 산업부문에 종사하고 있고 무역자유화 이후에도 다른 부문으로 이동하기 어려운 근로자는 피해를 볼 수밖에 없다. 더구나 수입품 가격이 더 저렴하다는 특성 때문에 비숙련근로자보다는 숙련근로자가 더 이득을 볼 가능성도 크다.

3. 연계 채널과 정책을 강조하는 입장

무역자유화와 빈곤감소 사이의 관계에 대한 또 다른 이론은 둘 사이의 관계는 직접적인 관계보다는 오히려 중간과정에 따라 좌우된다는 입장이다. 중간과정에는 둘을 연결하는 채널이나 관련 정책이 포함된다.

　무역자유화와 빈곤 간의 관계에 개입될 수 있는 여러 채널 중에는 소비, 생산 그리고 노동시장(임금과 고용) 등이 있다(Cali et al., 2015). 생산과 소비를 통한 순 후생효과는 한 개인의 순 소비나 생산이 수입재인가 혹은 생산재인가에 따라 많이 좌우된다. 예컨대 무역자유화가 이루어졌을 때 수입재 가격이 상대적으로 더 저렴하게 되는데 자신의 소비가 주로 수입재로 구성되는 노동자라면 후생효과가 더 커질 것이다. 그리고 노동시장을 통한 순 효과는 한 개인의 직업이나 산업에 의해 결정된다. 자신이 종사하는 산업이 수출 분야라고 한다면 무역자유화로 인해 자신이 종사하는 산업에서 생산하는 산출물의 가격이 상대적으로 상승할 것이므로 이익이 커진다고 보아야 한다. 이들 채널은 다시 관세인하의 결과로 발생하는 상품 가격변화에 영향을 받는다. 국내시장에 가격변화가 미치는 양상은 한 국가의 교통 인프라, 가장 가까운 항구로부터의 거리, 국제 바이어, 국내 소매업자와 유통업자의 상대적인 시장 파워 등에 의해 결정된다(Cali et al., 2015). 이런 모든 요인들이 복합적으로 작용하기 때문에 무역이 빈곤에 미치는 영향을 결정할 때는 이러한 요인들을 전체적으로 고려해야만 한다. 그리고 이러한 영향을 미치는 채널의 모습에 따라 무역이 빈곤에 미치는 영향은 다양하게 나타난다.

무역과 빈곤의 관계에서 긍정적 효과를 상정하는 이론이나 그 중간과정에서 여러 채널의 중요성을 강조하는 입장에서는 긍정적 효과를 극대화하기 위한 '적절한' 정책의 중요성을 강조한다(Bhagwati, 2004). 이러한 적절한 정책들 중에는 상품을 다각화해서 비교우위에 기초해 전문화를 추구하면서 세계시장에서 가격이 급하게 하락할 때는 이를 피할 수 있는 조치 등이 포함된다. 그리고 적당한 농업정책을 도입하고 금융발전을 추구하며 재산권을 보호하고 필수 인프라를 개발하는 조치들이 강구된다면 무역자유화는 빈곤감소에 긍정적인 효과를 가질 수 있다.

실제로 도로 정비율이나 탄력적인 노동시장, 금융발전 등이 무역자유화가 빈곤감소에 미치는 과정에 영향을 준다는 연구결과가 있다(Dix-Carneiro, 2014). 예컨대 경제적으로 낙후된 인도의 어느 지역에서는 무역자유화가 빈곤감소에 별로 영향을 미치지 못했는데, 왜냐하면 지역 여건이 가까운 항구로부터 너무 멀고 도로망이 정비되어 있지 않아 무역자유화에 따른 가격상의 이점을 별로 향유하지 못했기 때문이었다. 따라서 항구와 도로의 건설은 무역자유화가 빈곤감소에 미치는 긍정적 효과를 높여줄 수 있다.

또한 무역자유화의 이점이 있더라도 한 개인이 기업, 지역, 부문 간 직업이동에 따른 비용이 너무 크다면 그 효과는 작아질 수밖에 없다(Hollweg et al., 2014). 따라서 무역자유화가 빈곤감소에 미치는 효과를 높이려면 노동조정비용을 최소화하는 노동시장정책을 고안하는 것이 중요하다. 이러한 정책에는 실업보험 제공, 잘 설계된 무역조정지원 프로그램, 임금보조, 새로운 성장산업에 필요한 새로운 기술에 대한 교육 제공과 같은 것들도 포함될 수 있을 것이다.

4. 세계은행과 세계무역기구의 연구

1) 빈곤감소에 대한 무역자유화의 긍정적 효과

세계화의 주요 요소인 무역자유화 또는 무역통합의 효과에 대해서는 오랫동안 해묵은 논쟁거리였다. 그러나 거시경제 수준에서 대부분의 경험적 증거들은 무역개방이 일반적인 경제발전에 긍정적인 영향을 미치고 있다는 것을 보여준다. 다만 그 긍정적인 혜택이 모든 가계에 골고루 미친 것은 아니었다는 점에서도 의견이 일치한다. 여러 연구들이 무역으로부터 발생하는 이득의 분포가 한 국가 내에서도 소득수준이나 지역 등에 따라 달라지고 있다는 것을 보여주고 있다 (Yanikaya, 2003; Winter et al., 2004).

한편 무역의 효과에 대한 논쟁은 주로 선진경제에 미치는 영향에 대한 것이 핵심이었고 개발도상국 그중에서도 절대빈곤층에 미치는 영향에 대해서는 충분한 관심을 기울이지 못했다는 점도 지적된다. 이러한 측면에 대한 관심을 가지고 비교적 적극적으로 연구하는 곳이 세계은행(World Bank)과 세계무역기구(WTO)이다. 세계은행은 빈곤감소가 기관의 주요 목표 중의 하나이고 세계무역기구는 무역통합이 과제이므로 이들의 기본적인 기조는 공히 무역통합이나 자유화가 빈곤에 미치는 영향에 대해 긍정적일 수밖에 없다. 이 두 기관은 무역이 포용적 성장과 빈곤감소의 엔진이라는 기존 입장을 견지하고 있으며 이는 지속적 발전을 위한 2030 어젠다(Agenda for Sustainable Development)에서 인정되고 있다. 2015년에 세계무역기구와 세계은행(World Bank & World Trade Organization, 2015)이 공동으로 발간한 『빈곤종식에서 무역의 역할(The Role of Trade in Ending Poverty)』에서는 빈곤감소를 위해 무역이 중심적인 역할을 하며 개도국이 글로벌 경제에 적극적으로 통합되는 것이 2030년까지 절대빈곤의 종식이라는 목표를 달성하는 데 필수적이라는 점을 강조하고 있다.

그러나 2015년 공동보고서는 무역의 역할과 더불어 절대빈곤층이 직면하고 있는 도전이나 무역의 긍정적인 효과를 극대화하기 위한 전략도 함께 제시하였다. 보고서에 따르면 무역개방 혹은 무역성장만으로 절대빈곤을 종식시키기는 충분하지 않다. 절대빈곤층은 여러 제약조건에 직면하게 되는데 예컨대, 농촌이나 비공식 부문에서 일한다든지 취약한 환경에 거주한다든지 성별 불평등에 직면할 수 있는데 이런 제약조건들 때문에 무역으로 획득한 경제적 이득이 제약될 수 있다는 것이다. 그리고 무역이 빈곤감소에 미치는 긍정적 영향을 극대화하려면 그러한 제약요건들에 대처할 수 있는 정부정책의 시행이 필요함을 강조하고 있다. 그러한 정책에는 다음과 같은 것이 제시되었다(World Bank & WTO, 2015).

① 시장통합의 확대를 위한 무역비용의 저감
② 인적 · 물적 자본, 금융에의 접근, 거버넌스와 제도, 거시경제의 안정성과 관련된 환경개선
③ 가난한 중소업자들의 활동 촉진과 같이 빈곤에의 무역통합 영

향력 강화

④ 가난한 사람이 맞닥뜨리는 위험의 관리와 완화
⑤ 여러 나라의 가난한 사람들이 직면하는 무역 관련 제약요인을
더 잘 이해할 수 있는 정책홍보를 위한 자료와 분석의 개선

세계은행과 세계무역기구는 2018년에 같은 주제를 다룬 후속 보고
서를 발간했다(World Bank & WTO, 2018). 여기에서도 무역개방이 빈
곤을 감소시키는 핵심 요인이라는 입장을 견지하면서도 그 구체적인
메커니즘이나 영향을 미칠 수 있는 여러 변수들을 보다 심도 있게 구
명하고 있다.

무역은 여러 채널을 통해 가난한 사람의 소득에 영향을 미친다. 그
러한 채널에는 경제성장, 상대가격, 거시경제 안정성, 정부소득에 미
치는 효과 등이 포함된다. 또한 무역이 빈곤에 미치는 영향은 그 소
득이 어떻게 분배되느냐에 대한 가계 내에서의 결정에 좌우된다. 무
역 자체가 그러한 결정에 영향을 미치기도 한다. 예컨대 무역은 여성
의 입장을 강화시켜 줄 수 있다. 무역은 유아사망률을 감소시키거나
고등교육참가율 증대처럼 장기개발성과에도 영향을 미칠 수 있다.

무역은 또 경제성장을 자극해 가난한 사람에게 도움을 줄 수 있다.
가계는 보유한 자원(노동 등)을 팔거나 활용함으로써 소득을 얻게 되
는데 경제성장은 가난한 사람이 초기 자원(자본의 축적이나 인적자본
증대를 위한 교육)을 획득할 기회를 제공한다.

무역이 경제성장을 북돋우는 또 다른 메커니즘을 생각해보면, 무
역이 다음의 여러 통로를 통해서 기업의 혁신속도를 증가시키는 측면
도 존재한다. 첫째, 무역자유화는 시장규모를 늘리고 혁신에 대한 인
센티브를 높여준다. 둘째, 무역자유화는 수입품에 대한 접근을 개선

시킴으로써 지식 확산이 가능하게 된다. 셋째, 경제개방성 증대는 전형적으로 제품시장의 경쟁을 심화시킨다. 이렇게 경쟁이 심화되면 기업은 더욱 노력할 수밖에 없게 되고 그로 인해 생산성이 증가하면 사회나 가난한 사람이 얻을 수 있는 산출물이나 소득이 커질 수 있다.

또한 무역은 가난한 사람이 소비하는 물건의 가격을 낮추거나 생산품의 가격을 높임으로써 도움을 줄 수 있다. 가난한 사람은 생산자로서 자신의 생산물을 해외에 팔아 소득을 올릴 수 있다. 동시에 그들은 소비자이기 때문에 수입 물품의 저렴한 가격으로 인해 실질적인 소득이 더 커지는 측면이 있다. 따라서 무역자유화가 수입품 가격을 얼마나 낮출 수 있는가에 따라 가난한 사람의 이익이 얼마나 커질 것인지가 결정된다.

가난한 생산자가 무역 혜택을 얻은 한 예로 미국-베트남 FTA가 베트남의 빈곤감소에 큰 도움이 된 사례를 들 수 있다. 미국으로의 수출비용이 절감됨으로써 이득이 가장 큰 성(省)의 가계에서 빈곤율이 가장 크게 하락했다(McCaig, 2011). 또한 비공식 부문에서 일하던 사람에게도 혜택이 확대되었는데 수출기회가 생김으로써 영세기업에서 공식 부문으로 근로자의 재배치가 촉진되는 효과가 있었다(McCaig & Pavcnik, 2014).

따라서 무역자유화 등 무역개혁을 실시할 때에는 그로 인한 혜택이 절대빈곤층에 도달할 가능성을 증대하는 방식으로 시행될 수 있도록 정책적으로 유도하는 것이 과제이다. 무역개혁의 혜택은 그것이 시장과 연결되지 않는다면 가난한 사람에게 도달하지 못할 수도 있다. 도시에 사는 사람보다 기술도 부족하고 노동이동성도 떨어지는 농촌의 가난한 사람의 경우가 바로 그렇다. 1990년 인도의 무역자유화에 대한 한 연구(Topalova, 2007, 2010)에 따르면 인도의 빈곤율은 줄었지만 수입경쟁에 보다 많이 노출된 농촌에 살고 있는 가계에서는 빈곤감소의 정도가 약했다.

요컨대 위의 예에서 보듯이 국제무역이 빈곤감소에 미치는 영향은 그 과정에 몇 가지 채널이 존재한다는 것이 분명하다. 모든 가난한 사람들이 국제무역의 증가로 동일하게 영향을 받는 것은 아니다. 그 효과는 그들이 거주하는 곳(농촌 또는 도시)에 따라, 그들의 개인적 특성(기술, 성별), 무역정책변화의 유형(수입경쟁의 증대냐 또는 수출기회냐), 그들이 일하는 곳(산업, 기업, 공식/비공식 부문 등)에 따라 달라지게 된다.

2) 주요 정책 이슈

World Bank & World Trade Organization(2018)에서는 무역자유화의 혜택이 가난한 사람들에게 돌아갈 수 있는 정책적 배려 혹은 수단으로 다음과 같은 것들을 제시하였다.

첫째, 높은 무역거래 비용의 축소가 필요하다. 무역자유화가 경제에 주는 잠재적 이득을 실제로 현실 세계에서 실현하려면 개도국의 가난한 근로자와 소비자가 당면하는 높은 무역거래 비용을 감소시키는 데 초점을 둔 정책을 마련해야 한다. 높은 거래비용에는 관세 및 비관세 장벽, 운송과 유통 비용, 정보접근과 관련된 비용이 포함된다.

둘째, 국내 유통 네트워크를 기반으로 이루어지는 서비스 공급은 경쟁과 효율성의 확보가 필수적이다. 이는 가난한 사람이 무역의 이득을 누리는 데 매우 중요한 조건이다. 도로와 철도 인프라에 대한 접근의 결여는 가난한 수출업자의 소득을 줄이고 수입 완제품 및 중간재의 가격하락으로부터 얻을 수 있는 이득을 제한한다. 즉, 철도나 유통 부문에서 경쟁의 결여는 무역개혁의 효과가 가난한 사람에게 매우 적을 수 있다는 것을 의미한다.

셋째, 가난한 생산업자나 근로자가 수입품과의 경쟁에서 직면하게 되는 위험을 줄여야 한다. 무역자유화로 인해 수입품과의 경쟁에 노출되면 빈곤선 이하에 있거나 최근 벗어난 사람들의 취약성은 증대하게 된다(Magrini & Montalbano, 2012). 그래서 이런 위험에 대해 대처하고 무역을 통해 빈곤에서 벗어난 사람들이 지속적으로 고소득층이 되도록 하는 데 필요한 투자 정책이 필요하다. 구체적으로 다음과 같은 측면에서 정책적 배려가 있어야 한다.

우선 빈곤층이 금융에 쉽게 접근할 수 있어야 한다. 가난한 사람이 수출에 대한 새로운 기회를 가지려면 투자를 할 수 있어야 하고 동시에 금융(대출)에 접근할 수 있어야 한다. 그러나 가난한 나라에서는 이것이 특히 힘들다. 게다가 여성에게는 그러한 기회가 더욱 제약되므로 이러한 문제를 정책적으로 해결해야 한다.

다음으로 사회적 안전망과 보험의 확충도 필요하다. 개도국의 가난한 사람들은 공식적 보험이나 사회적 안전망에 접근하기 어려운 경우가 많다. 전형적으로 그들은 이런 서비스를 가족 네트워크에 의존하게 되는데 이는 지역별, 직업별 이동성을 제약할 수 있다.

제2절

외국인직접투자와 빈곤의 관계

1. 외국인직접투자와 빈곤의 연계구조

외국인직접투자(FDI: foreign direct investment, 이하 FDI)는 앞서 살펴본 무역자유화와 함께 세계화의 주요 구성요소 중의 하나이다. 그래서 FDI와 빈곤 간의 관계에 대해서는 일찍부터 많은 연구가 진행되어 왔다. 앞서 무역자유화와 빈곤 간의 관계가 그러했듯이 FDI가 빈곤에 미치는 영향에도 긍정적 연구결과와 부정적 결과가 공존한다.

　FDI와 빈곤 사이의 관계에 대한 연구결과들을 살펴보기에 앞서 FDI가 빈곤과 연계되는 구조를 살펴보자. FDI는 확산효과, 고용창출, 투자자본 증대 등의 경제적 효과를 가져올 수 있고 이들을 통해 빈곤감소와 연계되고 긍정적 영향을 미칠 수 있는 것으로 파악된다 (Meyer, 2004; Görg & Greenaway, 2004).

1) 확산효과

확산효과(spillover effects)는 수평적 확산효과와 수직적 확산효과의 두 범주로 나뉜다.

수평적 확산효과(horizontal spillover effects)는 외국기업으로부터 국내기업으로 기술이 이전됨으로써 생긴다. 이러한 지식확산은 전시효과(demonstration effect)나 노동이동을 통해 발생한다. 이 중에서 전시효과는 외국기업의 제품혁신을 국내기업이 모방함으로써 발생한다. 노동이동을 통한 확산효과는 외국인 자회사가 국내 근로자를 고용해 자기 수준의 기술수준으로 근로자에게 훈련을 제공함으로써 발생한다. 이러한 인적자본의 개선은 근로자의 복지에 두 가지 효과를 갖는다. 첫째는 국내 근로자 인적자본의 질을 높여주는 효과를 갖는다. 둘째는 외국기업에 고용된 근로자는 국내 동종 근로자들에 비해 나은 보수를 받는다. 또 제대로 훈련을 받음으로써 경쟁력이 향상되고 그들이 외자기업을 나와 국내기업에 고용이 되면 기술이전이 이루어진다. 그 외에 마케팅 기술, 관리기술 등도 함께 이전될 수 있다.

수직적 확산효과(vertical spillover effects)는 외국인 투자회사와 투자수혜국의 경제주체 간의 상호작용으로 실현된다. 수직적 확산은 전·후방 연계로 구성된다(Görg & Greenaway 2004; Liu et al., 2009). 후방연계(backward linkages)는 외국인 자회사가 국내기업으로부터 중간재를 조달하는 것을 의미한다. 중간재에 대한 수요가 증대되면 결과적으로 국내기업의 중간재 생산이 확대된다. 이러한 조달을 원활하게 하기 위해 외국기업은 조직과 경영에서 국내기업을 돕게 되고 이러한 활동을 통해 국내기업 제공 제품의 질이 높아지게 된다. 이러한 과정에서 국내기업의 신기술 도입을 도와주게 되고 재료 확보에도 도움을 주게 되어 질이 높은 제품생산에 중요한 기술적 지원을 제공하게 된다. 전방연계(forward linkages)는 외국인 투자회사에서 생산한 산출물을 사용하는 산업이 성장하는 경우에 발생한다(Sumner, 2005; Liu et al., 2009). 이때 전방연계 효과가 얼마나 클 것인지는 연계의 강도나 투자회사가 속한 부문에 좌우된다.

그 외에 투자회사의 진입모드(entry mode) 역시 투자수혜국이 얻는 복지증대에 중요한 역할을 한다. 예컨대 공장설립형 외국인직접투자는 소유권 이전이 포함되는 인수의 경우와 비교하여 경쟁과 고용이 증대되는 새로운 비즈니스를 창출한다는 점에서 경제적 효과가 더욱 크다. 국내와 외국 기업 간 기술격차, 국내기업의 흡수능력, 국가의 제도역량, 외국기업 특성도 산업 내부 또는 산업간 확산 효과를 결정하는 요인에 속한다.

2) 고용창출과 투자자본 증대

FDI는 위에서 설명한 확산 효과 외에도 경제성장과 고용기회 창출에 필수적인 투자 자본을 증가시켜주는 효과가 있다. 따라서 FDI로 투자가 늘면 경제성장이 되고 이러한 경제성장은 빈곤감소에 중요한 역할을 하게 된다.

그러나 FDI와 빈곤 간의 관계는 그리 간단치가 않고 그 과정에 많은 요인들이 연관된다. FDI의 효과는 FDI 유입의 순 효과와 이윤·로열티의 송금, 외국 투자회사에서 지급되는 회사 내 대여금에 좌우된다(Sumner, 2005). FDI 유입의 결과로서 투자자본의 증대는 FDI와 국내자본이 보완적인가 대체적인가의 관계에 의해서도 좌우된다(De Mello, 1999). 그 둘이 보완적일수록 빈곤감소의 효과는 크다. 한편

FDI가 국내투자를 대체한다면 이는 국내기업의 구축(crowding out) 효과를 갖게 되고 빈곤감소 효과는 제한될 것이다.

앞서 언급했던 FDI의 도입 형태(mode)도 빈곤감소 효과에서 중요한 역할을 한다(Magombeyi & Odhiambo, 2017). FDI가 인수 합병의 형태인지 공장설립형인지에 따라 효과는 차이가 난다. 인수와 합병은 자본이나 산업활동의 증대를 가져오지 못하고 소유권의 변화에만 그친다. 이런 형태의 FDI는 복지를 높이는 효과가 작다. 반면 공장설립형 투자는 고용창출 등 효과가 크다.

FDI 효과는 투자회사의 지향과도 관련이 있다. FDI가 시장추구나 원료추구형일 때 빈곤에 미치는 효과가 작으나 수출추구형일 때는 효과가 크다. 또한 후술하게 될 '바닥으로의 경주(race to the bottom)' 이론에서 보듯이 FDI 자회사가 낮은 노무비, 낮은 세금, 낮은 사회적 기준을 추구한다면 경제성장과 빈곤감소에 미치는 FDI 유입의 전체적인 효과는 제한적이 될 것이다(Klein et al., 2001). 한편 '정상으로의 경주(race to the top)'의 사례에서서처럼 FDI가 투자유치국의 복지증진으로 연계된다면 FDI의 효과는 상대적으로 클 것이다(Bu & Wagner, 2016).

FDI를 통해 늘어나는 조세도 빈곤에 영향을 미칠 수 있다. 조세는 정부수입을 늘리고 기초서비스를 제공하는 역량을 높이며 빈곤감소에 필수적인 재분배 프로그램을 가동할 수 있게 해준다(Klein et al., 2001).

투자유치국의 발전정도도 FDI의 효과에 영향을 미친다(Meyer & Sinani, 2009). 경제발전의 수준은 FDI의 도입으로부터 이득을 끌어내고 필요한 숙련노동을 제공하며 국가가 빈곤감소에 도움이 되는 FDI 정책을 만들 수 있는 능력 등을 결정한다. FDI의 효과는 사회적 역량 수준은 높으면서 소득수준은 낮은 국가에서 가장 강하게 나타날 것이다(Kemeny, 2010). 이러한 사회적 역량에는 후원적인 제도적 프레임워크, 효과적 커뮤니케이션, 잘 교육된 노동력, 인프라 지원 등이 포함된다.

2. 외국인직접투자(FDI)와 빈곤 관계에 대한 실증연구

FDI와 빈곤 간의 관계를 다룬 실증연구들은 〈표 3-1〉에서 보는 것처럼 FDI가 빈곤감소에 긍정적 효과가 있다는 연구, 부정적 효과를 미친다는 연구나 유의한 효과를 발견하지 못한 연구 등으로 대별된다. 그러나 표에서 보는 것처럼 긍정적 연구결과가 다수인 것을 알 수 있다.

1) 긍정적 연구결과

FDI의 긍정적 효과를 구명한 연구에는 다음과 같은 것들이 있다. Jalilian & Weiss(2002)는 ASEAN 지역에서의 해외직접투자와 빈곤의 관계를 다루는데 FDI와 빈곤감소 간 양(+)의 관계가 있음을 밝히고 있다. Calvo & Hernandez(2006)는 개발도상국에서의 인간개발과 해외직접투자의 영향력과 부패에 미치는 효과를 연구하고 있는데 마찬가지로 FDI는 빈곤감소에 긍정적 영향을 미친다는 연구결과를 내놓고 있다.

　Reiter & Steensma(2010)는 개발도상국에서 FDI 정책과 부패의 영향력에 대해 연구하였는데 FDI와 빈곤감소의 관계에서는 긍정적 관계를 보고하고 있다. Gohou & Soumare(2012)는 해외직접투자가 아프리카의 빈곤을 감소시키는지 그리고 지역적 차이는 존재하는지를 연구하였는바 중앙 및 동 아프리카에서 FDI와 빈곤감소 간에 양(+)의 관계가 있음을 보고한 바 있다. Zaman et al.(2012), Mahmood & Chaudhary(2012), Shamim et al.(2014) 등은 파키스탄을 대상으로 비슷한 연구를 수행하여 거의 비슷한 연구결과를 도출하였다. Fowowe & Shuaibu(2014)는 '아프리카에서 FDI는 빈곤층에 좋은 것인가'에 대해 연구를 진행하였는데 역시 FDI의 빈곤감소 효과를 발견하였다.

Ucal(2014) 연구는 개발도상국의 관점에서 FDI와 빈곤 간의 관계에 대한 패널분석을 실시하였는데 역시 긍정적 효과를 밝히고 있다. Bharadwaj(2014)는 개발도상국에서 해외직접투자와 빈곤과의 관계에서 실질 및 금융통합의 효과를 다루고 있는데, FDI는 분명한 빈곤감소 효과가 있다고 주장한다. Israel(2014)은 나이지리아에서, Soumaré(2015)는 북아프리카에서, 그리고 Uttama(2015)는 동남아시아를 대상으로 비슷한 연구를 수행하여 FDI의 빈곤감소 효과를 입증하고 있다.

FDI가 빈곤감소에 미치는 긍정적 효과를 보여주는 대표적인 연구의 구체적 내용을 정리하면 〈표 3-1〉과 같다(Magombeyi & Odhiambo, 2017).

표 3-1 긍정적 결과를 얻은 실증연구들

저자	제목	지역/국가	변수	방법론	영향
Jalilian and Weiss (2002)	ASEAN 지역에서의 해외직접투자와 빈곤	ASEAN	• 초등학교 등록률 • FDI/GDP • 국내투자/GDP • 하위 1/5의 평균 소득	불균형 패널 자료	FDI와 빈곤감소 간 양(+)의 관계
Reiter and Steensma (2010)	개발도상국에서의 인간개발과 해외직접투자의 영향력과 부패	개발도상국	• 인간개발지수 • FDI 유입정책변수 • 부패 • 해외원조	불균형 패널 자료	FDI와 빈곤감소 간 양(+)의 관계
Zaman et al. (2012)	파키스탄에서 해외직접투자와 친빈곤층 성장정책 간 관계	파키스탄	• 빈곤자 수 • FDI 스톡 • 지니계수 • 인플레이션 • 환율	최소자승법 (OLS)	FDI와 빈곤감소 간 양(+)의 관계
Gohou and Soumare (2012)	아프리카에서 해외직접투자는 빈곤을 감소시키는가 그리고 지역적 차이는 존재하나?	아프리카	• 인간개발지수 • 1인당 GDP • 경제변수 • 기업환경 • 제도의 질 • FDI 유입	패널자료 분석	중앙 및 동 아프리카에서 FDI와 빈곤감소 간 양(+)의 관계
Mahmod and Chaudhay (2012)	파키스탄에서 해외직접투자와 빈곤감소	파키스탄	• FDI/GDP • 빈곤자 수 • 건강과 교육에 대한 정부지출 • 경제성장	자기회귀시차 (auto-regressive distributed lag) 모형	FDI와 빈곤감소 간 양(+)의 관계
Shamim et al. (2014)	파키스탄에서 빈곤감소에 미치는 해외직접투자의 영향	파키스탄	• 빈곤자 수 • FDI • GDP • 금융발전 • 공공투자	• 시계열자료 • 공적분방법	FDI와 빈곤감소 간 양(+)의 관계
Fowowe and Shuaibu (2014)	해외직접투자는 빈곤층에 좋은 것인가?: 아프리카에서의 새로운 증거	아프리카	• 빈곤자 수 • FDI • 거시경제 안정성 • 제도의 질 • 인프라 • 기대수명 • 금융발전	GMM	FDI와 빈곤감소 간 양(+)의 관계

표 3-1 계속

저자	제목	지역/국가	변수	방법론	영향
Ucal (2014)	개발도상국의 관점에서 해외직접투자와 빈곤 간의 관계에 대한 패널분석	개발도상국	• FDI • 인플레이션 • 인구성장 • 고용 • GDP 성장률 • 1인당 소득성장	불균형 패널 자료	FDI와 빈곤감소 간 양(+)의 관계
Baradwaj (2014)	해외직접투자와 빈곤 논쟁의 재현: 실질 및 금융통합의 효과	개발도상국	• 빈곤자율 • 빈곤갭 • 무역개방도 • 인플레이션 • 문해율 • GDP	패널 자료 회귀	FDI와 빈곤감소 간 양(+)의 관계
Israel (2014)	나이지리아에서 빈곤 감소에 미치는 해외직접투자의 영향력	나이지리아	• 빈곤자율 • FDI • 인적자본개발 • 인플레이션 • 정부지출 • 인프라 • 부채	시계열 자료	FDI와 빈곤감소 간 양(+)의 관계
Soumare (2015)	북아프리카국가에서 해외직접투자는 복지를 증진하는가?	북아프리카	• HDI • 1인당 GDP	동태적 패널 자료 회귀	FDI와 빈곤감소 간 양(+)의 관계
Uttama (2015)	동남아시아에서 해외직접투자는 빈곤감소	동남아시아	• 무역개방도 • FDI • 빈곤자 수 • 경제적 요인 • 금융적 요인 • 정치적 요인 • 인프라 요인	공간 패널데이터	FDI와 빈곤감소 간 양(+)의 관계

자료: Magombeyi & Odhiambo(2017).

2) 부정적 연구결과 혹은 유의하지 않은 연구결과

FDI가 빈곤에 미치는 긍정적 연구결과만 있는 것은 아니다. 많지는 않지만 두 변수 사이에 부정적인 관계가 있다는 연구결과도 있고 아니면 둘 간에 유의한 관계를 발견하지 못했다는 연구결과도 존재한다.

부정적 효과를 주장하는 연구들에는 Huang et al.(2010), Ali et al.(2010)의 연구 등이 있다. Huang et al.(2010)은 라틴아메리카와 동아시아에서의 FDI와 빈곤 간의 관계를 연구한 바 FDI와 빈곤감소 간에는 음(−)의 관계가 있다고 보고하였다. Ali et al.(2010) 연구 역시 파키스탄에서는 둘 간에 부정적 관계가 있었다는 연구결과를 내고 있다.

그리고 FDI와 빈곤 간에 유의한 효과를 발견하지 못한 연구도 있다. Tsai & Huang(2007)은 타이완의 사례에서 FDI가 빈곤감소에 영향을 주었다는 증거를 발견하지 못했다고 주장하였다. FDI가 아프리카에 미치는 영향에서 지역간 차이를 연구한 Gohou & Soumaré(2012)에서는 앞서 살펴보았듯이 중앙아프리카나 동아프리카 지역에서는 FDI가 빈곤감소에 긍정적 영향을 미쳤지만 남, 북 아프리카에서는 둘 간에 유의한 관계를 발견하지 못했다는 주장을 펴고 있다. Ogunniyi & Igberi(2014)는 나이지리아에서 FDI와 빈곤감소에 대한 연구를 수행한 결과 두 변수 간 유의한 관계를 발견하지 못했다고 보고하였다. FDI와 빈곤감소 간 부정적 연구나 유의한 관계를 밝히지 못했다는 연구결과들을 정리하면 〈표 3−2〉와 같다(Magombeyi & Odhiambo, 2017).

표 3-2 부정적 혹은 유의하지 않은 결과를 얻은 실증연구들

저자	제목	지역/국가	변수	방법론	영향
Huang et al. (2010)	대내외 해외직접투자와 빈곤: 라틴아메리카와 동아시아	동아시아와 라틴아메리카	• 최저5분위수의 평균소득 • 개방도 • 정부최종지출 • FDI/GDP	불균형 패널 자료	FDI와 빈곤감소 간 음(-)의 관계
Ali and Nishat (2010)	외국자본의 유입은 파키스탄의 빈곤층에 도움이 되는가?	파키스탄	• 빈곤 • FDI 유입 • 교육지출 • 환율 • 유아사망률 • 여성등록 • GDP	최소자승법 (ARDL)	FDI와 빈곤감소 간 음(-)의 관계
Tsai and Huang (2007)	개방, 성장과 빈곤: 타이완의 사례	타이완	• 최저5분위 평균소득 • 정부지출의 몫 • 개방도 • 정부소비에서의 사회적 안전	시계열 자료	FDI와 빈곤감소 간 유의하지 않은 관계
Gohou and Soumare (2012)	아프리카에서 해외직접투자는 빈곤을 감소시키는가 그리고 지역적 차이는 존재하나?	아프리카	• 인간개발지수 • 1인당 GDP • 경제변수 • 기업환경 • 제도의 질 • FDI	패널 자료분석	남아프리카와 북아프리카에서의 유의하지 않은 관계
Okinmule gun (2012)	나이지리아의 빈곤감소에 미치는 FDI 영향력	나이지리아	• HDI • 1인당 소득	벡터 자동회귀	FDI와 빈곤감소 간 유의하지 않은 관계
Ogunniyi and Igberi (2014)	나이지리아의 빈곤감소에 미치는 해외직접투자의 영향력	나이지리아	• 실질 1인당 GDP • 총고정자본형성 • FDI 유입 • 인적자본 • 인프라 • 실업 • 인플레이션 • 정부규모	최소자승법 (OLS)	FDI와 빈곤감소 간 유의하지 않은 관계

자료: Magombeyi & Odhiambo(2017).

확장된 개념의 세계화와
빈곤의 관계에 대한 연구

다음은 무역개방(자유화)이나 FDI와 같이 세계화의 경제적 측면을 다
룬 것이 아니라 정치 사회적인 측면을 포함해서 복합적이고 확장된
개념의 세계화를 다룬 연구에 대해 살펴본다. 복합적인 세계화 개념
을 이용해서 빈곤감소와의 관계를 다룬 연구들은 세계화 지지론, 세
계화 부정론, 절충적 주장으로 나누어볼 수 있다.

1. 세계화 지지론

세계화를 지지하는 많은 사람들은 세계화가 전 지구적으로 경제성장
을 가져오고 따라서 빈곤감소에도 긍정적인 영향을 미친다고 주장한
다. 이들은 세계화의 추세와 효과에 대해서 낙관적이기 때문에 낙관
주의자라고도 불린다.

1) World Bank의 주장

세계화가 빈곤에 미치는 효과에 대해 가장 긍정적이고 낙관적인 주장을 하는 곳은 세계은행이다. 세계은행의 가장 중요한 목표 중의 하나가 지구상의 빈곤감소이고 밀레니엄 개발목표를 구체적으로 정하고 빈곤감소를 위해 노력해왔기 때문에 이러한 경향은 이해할 만하다.

세계은행은 브레튼우즈협정과 WTO 체제로 이어지는 세계화의 확산 시기에 숫자상으로 절대빈곤이 크게 감소하였다는 점을 강조하고 있다. 세계은행 조사에 따르면 1987년과 1998년 사이에 개발도상국과 전환국 경제에서 하루 1달러 미만으로 사는 인구의 비율은 28%에서 24%로 감소했다. 또한 1998년 세계적으로 빈곤을 겪은 사람들은 1980년에 비해 2억 명이나 감소한 것으로 추산했다(World Bank, 2002b). 밀레니엄 개발목표(MDGs)에 따르면 세계는 계획보다 5년 앞당겨 빈곤감축 목표에 도달했다. 개발도상국에서 하루에 1.25달러 미만으로 사는 사람의 비율은 1990년 47%에서 2010년 22%로 감소했다. 극심한 빈곤 상태로 사는 사람들은 1990년보다 2010년에 약 7억 명이 감소했다(United Nation, 2014). Chen & Ravallion(2004)은 2001년의 빈곤 인구가 20년 전보다 거의 4억 명 감소한 것으로 추정하며 1981년부터 2001년까지의 추세가 계속된다면 1990년의 하루 1달러이하의 절대빈곤층의 빈곤율은 2015년까지 거의 절반까지 감소할 것으로 예측했다.

최신 자료에 의하면 2015년에 전 세계 절대빈곤층은 10%(2013년 11%)로 최저치를 기록하고 있다. 개정된 기준인 '1일 1.9달러 미만'으로 생활하는 절대빈곤층은 2013년에 비해 6,600만 명 감소한 7억 3,600만 명이 되었다(World Bank, 2018).

세계은행은 이러한 배경에 세계화의 시대에 많은 나라가 이룩한 성장이 있음을 지적하고 있다. 그리고 그러한 성장은 무역자유화와 같은 세계화가 촉진했다는 것이다. 실제로 국제빈곤선으로 측정된 빈곤이 개방경제보다는 폐쇄경제에서 더욱 심했던 사실을 주장의 증거로 제시하고 있다.

그러나 세계은행의 이러한 낙관적인 주장은 여러 학자들에 의해 도전을 받고 있다. 대표적으로 세계은행의 빈곤 추정치에는 여러 이유로 많은 오류가 보인다는 지적이 있다. 측정상 오류가 발생하는 원천에는 여러 가지가 있지만 첫째는 빈곤자율이 빈곤선에 매우 민감하다는 것을 들 수 있다. 빈곤선 부근의 소득분포 모양에서 빈곤선이 약간만 움직여도 빈곤자가 크게 증감하는 형태로 되어 있다. 예컨대 중국의 최근 연구에서는 빈곤선이 10% 증가하였는데 빈곤자율은 20%가 증가했다(Wade, 2004). 둘째는 측정상의 오류는 빈곤자율이 소득과 지출에 대한 가계조사의 신뢰성에 매우 민감하기 때문에 발생한다. 세계은행이 사용하는 가계조사의 품질이 국가마다 큰 차이가 있고 표준 방식을 사용하지 않을 때도 많다. 조사대상이 되는 재화와 서비스가 누락되기도 하고 조사설계가 모두 일정하지 않은 데서 적지 않은 오차 발생의 우려가 있다는 것이다. 세계은행의 빈곤현황 발표와 관련하여 측정의 신뢰성과 관련된 문제가 꾸준히 제기되고 있다(Wade, 2004; Ravallion, 2003; Deaton, 2002).

2) 여타의 긍정적 연구들

세계화를 지지하는 이들은 세계화의 한 특성인 무역자유화 등이 개도국의 경제성장에 도움을 주고 이것이 다시 빈곤을 감소시키는 엔진 역할을 한다는 주장을 편다(Ying et al., 2014; Kilic, 2015). 그리고 그 진전 속도는 경제 개방화에 비례하고 있다는 것이다. 대표적인 연구가 Kraay & Dollar(2001)에 의해 이루어졌다. 그들에 따르면 경제 정책의 자유화가 성장을 통해 세계 빈곤의 감소에 큰 역할을 했다는 것이다.

Sachs & Warner(1995)는 개도국에서 개방경제는 연평균 4.49% 성장한 반면 폐쇄경제는 연간 0.69%밖에 성장하지 못했다는 근거를 제시하면서 세계화의 긍정론 쪽에 가세하고 있다. 그들은 단기적으로는 세계화와 무역자유화의 결과로서 산업과 직무가 대체될 수도 있지만 장기적으로는 고용기회나 소비가 증가하게 된다고 주장한다.

Köhler(2002)는 세계화 지지론자들의 일반적인 논리에 기초해 세계화 과정에서 나타나는 지식의 확산, 분업의 증대, 생산성 증가, 직접투자 증대 등이 성장의 동인으로 작용하여 과거 50년간 인간의 복지에서 유례가 없는 성과를 낳았다고 주장하고 있다.

Collier & Dollar(2002)는 처음에는 세계화에 대한 우려 때문에 연구를 시작하였으나 세계화를 둘러싼 문제를 광범위하게 조사하면서 세계화의 이점을 파악하려 노력하였다. 최종적으로 그들은 세계화가 빈곤감소에 도움이 된다는 것을 확인하였다. 그러나 지원 정책이 이러한 혜택을 더 배가할 수 있다는 단서도 달고 있다.

Bardhan(2006)도 세계화의 빈곤감소 효과에 대해 설명한다. 세계화는 시장을 개방하고 신기술 사용을 넓히며 노동분업을 확장한다. 그 결과 많은 사람들이 지난 수십 년간 절대빈곤에서 벗어났다. 이러한 현상은 특히 중국, 인도, 인도네시아 등에서 뚜렷하게 나타났다. 1981년부터 2001년 사이에 1달러 이하로 사는 농촌인구 비율이 중국에서는 79%에서 27%로, 인도에서는 63%에서 42%로, 인도네시아에서는 55%에서 11%로 감소했다. 세계화는 경제통합을 통해 이들 나라에서 경제발전과 빈곤감소를 도왔다. 이들 국가에서 개방성의 증대는 가난한 사람이 자본, 지식, 기회에 접근할 수 있는 가능성을 늘려주었던 것이다.

Bandow(2013)는 경제학자들이 세계화와 빈곤감소 사이의 인과관계를 구명하는 것이 어렵다는 것을 인정하면서도 개방성과 성장 간의 강한 관계를 발견한 다른 경제학자들의 연구를 인용하면서 세계화가 빈곤감소에 미치는 긍정적 효과를 강조하고 있다.

2. 세계화 부정론

세계화 부정론자들은 세계화가 빈곤에 부정적인 영향을 끼치고 있다고 주장한다. 이들은 지지론자들과 달리 세계화의 효과에 대해 비관적인 입장을 취하고 있어 비관론자로도 불린다.

부정론의 주장은 대개 다음과 같은 몇 가지로 분류된다. 첫째, 세계화는 양극화를 심화한다. 부자는 더욱 부자로, 가난한 사람은 더욱 가난하게 만들어 불평등이 심화되고 그 결과 빈곤이 더 심해지게 된다는 것이다. 둘째, 세계화에는 필연적으로 이득을 보는 측과 손해를 보는 측, 즉 승자와 패자가 생기게 된다. 셋째, 세계화로 인해 자본의 자유로운 이동성이 커지는데 이 때문에 금융 위기가 자주 발생하게 되며 그 최대 피해자는 가난한 사람이라는 것이다.

1) 불평등으로 인한 빈곤 심화[6]

이 진영의 많은 학자들은 세계화가 경제성장을 가져오지만 불평등은 오히려 심화될 수 있다는 점을 지적한다. 그들은 세계화가 가난한 사람보다는 힘 있는 세력에 유리하게 작용하는 측면에 주목한다. 세계화의 양상을 보면 가난한 사람보다는 상위 계층에 이익이 집중되는 경우가 많을 수 있다는 것이다. 특히 세계화 과정에서 강력한 다국적 기업들이 이익을 극대화하면서 가난한 사람들에게 해를 끼칠 수 있다는 점을 강조하고 있다(Rahim et al., 2014).

이러한 우려는 세계화 지지자들 가운데에서도 발견된다. 지지자들 가운데는 세계화에 따른 개방과 경제성장이 빈곤을 줄이는 충분조건이 못 된다고 주장하면서 불평등 심화를 우려한다. 일부 지역에서의 빈곤감소와 생활조건 향상이 인상적이긴 하지만 여전히 빈곤은 만연할 뿐만 아니라 숙련노동자와 비숙련노동자, 공식부문과 비공식 경제 사이에 차이가 발생하고 경제적, 사회적, 정치적 기회라는 측면에서 격차는 더 벌어지고 있다는 것이다(UN, 2003).

Akoum(2008)은 높은 성장률을 기록하는 국가에서 빈곤감소에 성공하고 있는가를 실증연구를 통해 구명하고자 하였다. 연구 결과는 높은 경제성장률이 반드시 낮은 빈곤율을 의미하지는 않는다는 것이었다.

본서의 대상인 아시아에서는 1990년대 이래 가속화된 경제성장이 빈곤감소에는 괄목할 만한 성취를 보였지만 소득 불평등은 오히려 확대되었다는 것이 일반적인 평가이다(Asian Development Bank,

---

6 세계화에 따른 불평등 심화 자체가 바로 세계화로 인해 빈곤이 심화되는 것을 의미하지는 않는다. 하지만 빈곤 계층의 빈곤 정도가 더 심해짐으로써 불평등 문제는 빈곤 문제와 매우 밀접한 관계가 있다.

그림 3-3 아시아 제국의 지니계수 변화

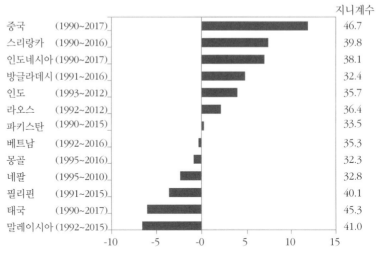

주: 오른쪽 숫자는 최종 연도의 지니계수.

자료: World Bank(2019), PovcalNet Database. http://iresearch.worldbank.org., Retrieved 20 May 2019.

2020). 1960~1980년대에는 '공정성이 함께한 성장(growth with equity)' 패턴이 있었지만 1999년 이후에는 중국, 인도, 인도네시아 등 인구가 가장 많은 세 국가를 포함하여 많은 국가에서 〈그림 3-3〉에 나온 것처럼 지니(Gini)계수로 표시된 소득 불평등이 증가했다.

그림에서 보면, 가계 소비 지출 데이터를 기반으로 계산한 인도의 지니계수는 1993년과 2012년 사이에 4포인트 증가했으며 인도네시아의 1990년과 2017년 사이에는 7포인트 증가했다. 중국의 1인당 가처분소득의 지니계수는 1990년과 2017년 사이에 거의 12포인트나 증가했다. 평등의 또 다른 주요 척도라고 할 수 있는 1인당 부(富)의 지니계수는 부의 분배가 소득 분배보다 훨씬 더 불균등하다.[7] 〈그림

---

[7] 물론 이렇게 1인당 가처분소득을 사용하여 계산한 지니계수의 크기가 크다고 해서 바

그림 3-4 아시아 국가에서의 부(富) 지니계수(2018)

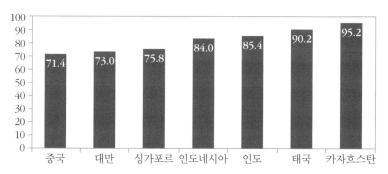

자료: Credit Suisse(2018).

3-4〉에서 보듯이 2018년 인도, 인도네시아, 카자흐스탄, 태국의 부의 지니계수는 80보다 높다. 싱가포르, 중국, 대만 등에서 70~76의 범위에 있다(Credit Suisse, 2018).

여러 실증 연구들에서 일부 아시아 국가에서는 부의 불평등이 증가하는 것을 보여주고 있다. 예를 들어, 중국에서 상위 10% 가구가 소유한 부의 지분은 1990년 41%에서 2015년 67%로 증가했다. 인도에서는 1991~2012년 동안 같은 비율이 51%에서 63%로 증가했다(WID, 2019). 이러한 추세에 따라 아시아 개발도상국에서는 억만장자의 수가 급격히 증가했다. 《포브스》에 따르면, 1987년 아시아 개발도상국의 10억 달러 자산가(순자산)는 14명이었다. 그러나 2000년에는 47명, 2019년에는 698명으로 증가했다(Forbes, 2019).

이러한 불평등의 심화는 결국 기존의 빈곤층을 더욱 빈곤하게 만

로 일반적인 의미에서의 지니계수를 비교할 수 있는 것은 아니다. 따라서 지니계수는 시간에 따른 변화를 분석하는 것은 의미가 있지만 일반적인 지니계수, 일인당가처분소득을 이용한 지니계수와 같은 방법의 결과를 직접 비교하면 안 된다.

들 수밖에 없다. 혹은 설령 빈곤층의 삶이 약간 나아진다고 해도 세계화로 인해 불평등이 심화하면 상대적인 빈곤이라는 측면에서는 악화될 수밖에 없다.

물론 이러한 불평등의 원인이 세계화에만 기인하는 것은 아니다. 세계화와 동반된 기술 진보가 오히려 불평등을 심화시킨 것으로 평가된다. 기술 진보는 다음의 두 채널을 통해 소득분배에 영향을 미치게 된다(Asian Development Bank, 2020). 첫째, 기술의 진보는 자본에 대한 수요에 비해 노동수요를 줄이고 그럼으로써 임금보다는 자본에 대한 수익률을 높이는 결과를 초래한다. 두 번째 채널은 기술이 부족한 비숙련 노동력보다 숙련 노동력에 대한 수요를 늘리는 것이다. 이로 인해 이른바 '기술 프리미엄(skill premium)'이라는 것이 생겨 숙련, 비숙련 간 임금격차를 심화시킨다. 기술 진보가 최근 소득 불평등의 증가에 어떻게 기여했는지에 대한 광범위한 합의가 있지만, 세계화가 소득분배에 어떤 영향을 미쳤는가에 대한 의견이 다양하다.

2) 승자와 패자

세계화가 빈곤감소에 미치는 긍정적 효과를 주장하는 지지자들 내에서도 세계화 때문에 가난한 사람들 사이에 승자와 패자가 발생한다는 것을 인정하는 경우가 많다. 예컨대 세계화 과정에서 멕시코의 중소 규모의 옥수수 경작자는 소득이 감소한 반면 대규모 경작자는 번창하였다(Borraz & Lopez-Cordova, 2007). 수출 부문이나 외국인 투자가 이루어진 부문의 가난한 근로자는 무역과 투자개혁에서 이득을 본 반면에 이전에는 보호를 받았지만 이제는 수입경쟁에 노출된 부문에서의 빈곤율은 증가하였다. 또한 한 나라 내에서도 무역개혁은 농업생산자에게는 타격을 준 반면에 그 농산물을 이용하는 도시 및 농촌 소비자에게는 득이 되었다.

3) 글로벌 금융위기

세계화에 따라 자본이 국경을 넘어 자유롭게 이동하면서 취약한 국가에서는 금융위기가 발생했다. 이러한 금융위기는 가난한 사람에게 더 큰 타격이 되었다. 인도네시아에서는 1997년 외환위기 후에 빈곤율이 50% 이상 증가했다. 멕시코의 빈자들은 1995년 페소 가치의 급락 후유증으로부터 아직 회복하고 있지 못하다(Asongu, 2012).

4) '바닥으로의 경주' 가설

세계화가 가난한 사람들에게 손실이 된다는 세계화 회의론자들 중 대표적 이론 중의 하나가 '바닥으로의 경주(race to the bottom)' 가설이다. 이 이론에 의하면 자본과 노동이 국경을 초월하여 이동하는 세계화가 세계인의 부의 증대를 가져오는 것이 아니라 근로자의 노동조건 악화나 환경파괴로 이어진다는 것이다. 세계화의 진전에 따라 국제적으로 투자 유치 경쟁을 하다 보니, 사회적으로는 바람직하지만 기업이 싫어하는 정책을 투자유치국 정부가 적극적으로 없애려는 경향이 존재하는데 이를 바닥으로의 경주라고 말한다(Tonelson, 2002). 이러한 현상은 조세, 환경규제, 근로조건 등의 영역에서 두드러지게 나타난다(Davies & Vadlamannati, 2013).

이러한 현상이 어느 분야에서 나타나든 그 과정은 유사하다. 노조 결성이나 단체교섭권 같은 엄격한 노동기준은 인건비를 높인다. 따라서 다른 조건이 동일하다면 외국인 투자는 낮은 근로기준과 값싼 노무비를 찾아 이동할 것이다. 그 결과 외국인 투자를 유치하려 경쟁하는 나라들 간에는 외국인 투자를 용이하게끔 문턱을 낮추어 근로자의 권리를 제한하는 바닥으로의 경주가 불가피하게 되는 것이다.

세계화 진전과 그에 따른 국제조세나 환경규제에 미치는 이러한 효과에 대해서 이를 입증하는 실증적 연구가 다수 존재한다. 이에 비해서 근로조건에서의 바닥으로의 경주에 대해서는 상대적인 관심이 적었다. 그러나 최근의 한 연구가 주목을 받고 있다(Davies & Vadlamannati, 2013). 이 연구에서는 18년간 135개국 자료를 이용하여 근로자가 단체교섭을 할 수 있는지, 모든 형태의 강요된 노동을 거부하거나 항의할 권리 여부와 같은 노동권리의 척도를 조사하였다. 전체 37개의 지표를 이용해 국가별 노동권리를 지수화하였는데, 여기에 최저임금이나 실업수당 등은 빠져 있다. 한 국가의 최고점은 56점인데 135개국 샘플의 평균은 26.6으로 나타났다. 국가별로 살펴보면 예상대로 시민권리가 높은 국가들이 높은 노동기준을 가지고 있었는데 부유한 OECD 국가들이 개발도상국보다 높은 기준을 가지고 있었다.

이 연구에서 주목할 만한 것은 〈그림 3-5〉에서 보듯이 1980년대 1990년대에는 노동권리 지표가 크게 떨어지고 있다는 점이다. 연구자들은 이것이 외국인직접투자에 대한 경쟁 때문으로 추론하고 있다. 그리고 일련의 회귀분석을 통해 노동기준지수에 영향을 미치는 요인들을 밝히고 있다. 여기에는 국가 간 경쟁의 증거가 발견되는데 여러 나라의 노동기준이 하락하면 그밖의 나라들도 따라서 하락하는 경향이 있다. 또 WTO 회원국이 되면 노동권리지수가 낮아지는 것도 밝히고 있다.

연구자들에 의하면 바닥으로의 경주는 좀 더 미묘한 형태로도 나

그림 3-5 근로기준에서의 바닥으로의 경주

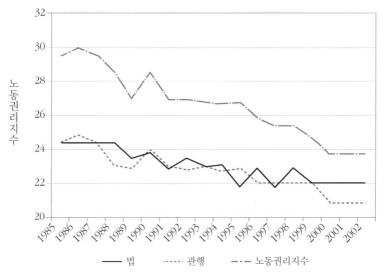

자료: Davies & Vadlamannati(2013).

타난다. 그림에서 보듯이 국가들이 근로자에게 불리한 법을 경쟁적으로 제정하지만 그런 경쟁은 표시가 크게 나지 않을 수도 있다. 진짜 문제는 법 제정의 문제라기보다는 노동법을 강제하는 강도나 관행에 문제가 있을 수 있다는 점이다. 그림에서 노동의 관행은 보다 낮은 수준으로 하락하고 있는 것을 확인할 수 있다. 결론적으로 이 연구는 근로기준에서 바닥으로의 경주 상황을 실증적으로 입증한다고 할 수 있다.

그러나 이러한 이론에 대한 반론도 만만치 않다. 세계화가 가난한 사람들에게 부정적으로 작용할 수 있는 측면도 있지만 또한 근로자들이 직면한 상황을 개선할 수 있는 메커니즘을 제공할 수 있는 측면도 분명히 존재한다(Mosley, 2017). 다국적 기업의 확산과 글로벌 공급망의 확대에 따른 경주가 항상 바닥을 향하는 것만은 아니며 그 과정에서의 승자가 항상 기업만은 아닐 수 있다. 다국적 기업은 비용에만 신경을 쓰는 것이 아니라 제품 품질이나 노동력의 질에 대해서도 관심을 가지며 기업의 평판을 중시하기도 하기 때문에 국내 기업보다 높은 임금 프리미엄을 제공하기도 한다. 물론 직접투자한 다국적 기업보다는 글로벌 하청 기업들이 문제를 자주 야기하기도 하지만 이는 다국적 기업과 투자유치 국가 정부의 역할에 따라 개선될 수 있는 문제라는 것이다. 그리고 무엇보다도, 자율성이 떨어지는 도시의 공장 일이라도 그것은 근로자의 입장에서 보면 농촌에서 어린 나이에 결혼하거나 소득이 별로 안 되는 농촌 일보다는 나을 수 있다는 점에 유의해야 한다.

3. 연계 채널과 정책 중요성

세계화와 빈곤 간의 관계에 대한 또 다른 입장은 둘 간의 관계가 직선적이고 단선적인 관계가 아니라 여러 요인들이 얽힌 매우 복잡한 과정으로 보는 것이다. 이러한 입장에서는 세계화와 빈곤의 관계는 연계 채널(transmission channel)의 성격이나 정부의 정책 등에 의해서 규정된다고 생각한다. 이러한 입장은 세계화의 긍정적 효과를 상정한다는 점에서 긍정론의 범주에 포함시킬 수도 있지만 그 과정은 여러 채널을 통해 이루어지고 그 채널이나 정부정책의 성격에 따라 그 효과가 달라질 수 있다는 입장이다.

이러한 입장 중 대표적인 것은 세계화–성장–빈곤의 연계 구조를 강조하는 연구이다(Nissanke & Thorbecke, 2007; Nissanke, 2015). 그들은 세계화에 따른 성장이 빈곤발생을 감소시킬 수 있는 것은 분명하지만 핵심은 성장의 구조와 패턴이라고 주장한다. 즉, 세계화가 빈곤과 연결되면서 경제성장이 중요한 역할을 하지만 성장 그 자체보다도 성장의 분배구조가 국가 간에 또는 국가 내에 승자와 패자를 가르게 만든다. 어떤 범주의 가난한 사람들에게 발생하는 패자는 임금의 상대적 절대적 변화에 극히 취약한 경우가 많다. 이들 패자가 발생하지 않도록 하려면 국가나 글로벌 수준에서 효과적인 보완책이나 사회적 안전망을 구축해야 한다. 결론적으로 그들은 세계화의 이익을 극대화하고 부정적 효과를 상쇄시키기 위해 정부가 적극적으로 친빈곤층(pro-poor) 경제성장과 분배정책을 시행하도록 주문하고 있다.

정책의 중요성을 강조하는 또 다른 연구는 미국 NBER(National Bureau of Economic Research)의 연구가 있다. 이 연구소 연구위원인 Ann Harrison은 경제학자 15명과 세계화와 빈곤에 관한 연구를 종합한 저서를 편집하면서 이 문제와 관련해서 다음과 같은 결론을 내고 있다(Harrison, 2007).

첫째, 많은 증거가 세계화와 빈곤 간의 관계가 간접적이라는 사실을 보여준다. 개도국이 지난 20년간 세계무역체계에 통합될수록 세계의 빈곤은 분명 꾸준히 감소했다. 그러나 세계무역체계에의 통합과 세계의 빈곤이라는 두 현상 간에 뚜렷한 인과관계에 대한 증거는 별로 발견되지 않는다.

둘째, 세계화 좀 더 구체적으로 말하면 무역과 외국인 투자 개혁은 개도국의 수출부문이나 외국 투자를 받은 부문의 가난한 사람들에게는 도움을 주었다.

셋째, 세계화에 동반된 금융위기는 가난한 사람들에게 많은 피해를 주었다.

넷째, 세계화는 가난한 사람들을 승자와 패자로 갈랐다.

이들이 내린 결론 중 가장 중요한 골자는 가난한 사람들이 세계화의 혜택을 받을 수 있는 가능성은 매우 크지만 이를 위해서는 적절한 보완 정책과 제도가 마련되어야 한다는 것이다. 그러한 제도나 정책 중에는 인적자원이나 인프라에 대한 투자, 농부에 대한 대출과 기술 지원을 촉진하는 정책, 거시경제의 안정성을 촉진하는 정책 등이 포함된다. 또한 세계화가 승자와 패자를 양산한다는 점에서 패자를 위한 사회안전망 정비의 필요성도 강조하고 있다.

제4절

소결

이 장에서는 세계화가 빈곤에 미치는 영향에 관한 기존의 이론적, 실증적 연구들을 살펴보았다. 이들은 크게 긍정효과 연구, 부정효과 연구, 연계 채널과 정책의 중요성을 강조하는 연구로 대별되었다. 세계화가 빈곤에 미치는 연구결과는 혼재되어 있지만 지금까지의 연구는 다음과 같이 정리할 수 있다.

첫째, 부정효과의 연구도 일부 존재하지만 긍정효과의 연구가 대다수임에 비추어 세계화는 빈곤감소에 효과적일 수 있다.

둘째, 그러나 세계화는 빈곤과 직선적, 단선적으로 연결되지는 않을 가능성이 크다. 중간 연계구조의 성격이나 정부 정책에 따라 둘 간의 관계가 정해질 수 있다. 세계화 과정에서 경제주체가 어떤 성장정책과 복지정책으로 대응하느냐에 따라 빈곤감소의 효과를 극대화하고 부작용을 최소화할 수 있다. 따라서 개발도상국에서는 친빈곤층 정책과 사회안전망 구축이 필요하다.

결국, 세계화의 과정이 빈곤감소로 연결되는 것은 자연적인 결정

과정이라기보다는 경제주체의 선택 영역에 속하는 것이라는 것이 잠
정적인 결론이다.

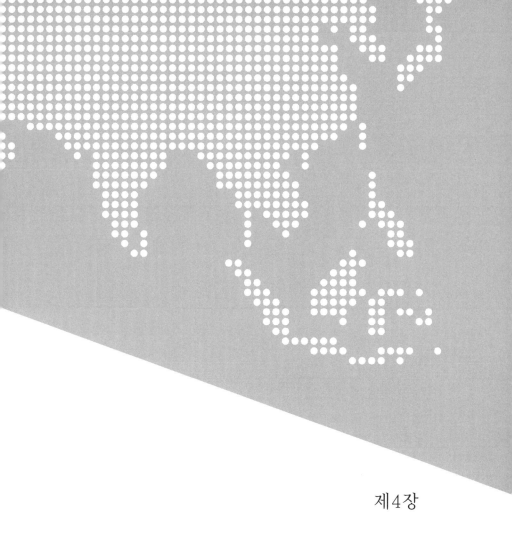

제4장

세계화가 아시아 국가의 경제성장과
빈곤에 미치는 영향 실증 분석

제1절

머리글

앞 장에서 논의했듯이 세계화는 경제적 측면뿐만 아니라 사회적
인 측면과 정치적인 환경 요인으로 구성되어 있으므로 측정하기 매
우 어려운 지수이다. 이러한 이유로 지금까지 연구해 온 세계화에
관한 실증적 연구들은 경제적 측면의 세계화를 대표로 하여 세계
화와 경제성장의 관계를 분석하는 것이 대부분이다. 예를 들면 무
역의존도가 경제성장에 미치는 영향(이희재, 2007; Chang, Kaltani &
Loayza, 2009), FDI가 경제성장에 미치는 영향분석(Mankiw et al.,
1992; Grossman & Helpman, 1991; Barro & Sala-i-Martin, 1995) 등을
들 수 있다. 이들 연구에서는 단순히 경제적 세계화의 한 측면만 분
석하였기 때문에 세계화의 전체적인 영향에 대한 연구라고 보기는
어렵다는 한계가 있다. 그래서 본 장에서는 Dreher(2006a, 2006b)와
Dreher & Gaston(2008)의 세계화지수인 KOF와 세 가지 세부 지수인
경제적 세계화지수(Economic Globalisation), 사회적 세계화지수(Social
Globalisation)와 정치적 세계화지수(Political Globalisation) 등을 모두

이용하여 세계화를 분석한다. 이때, 단일 세계화지수로 경제발전문제 또는 빈곤문제를 다룰 때는 유의한 결과를 얻을 것으로 예상할 수 있지만 복합적 세계화지수라면 여러 요인들을 같이 고려하여 만든 지수인 만큼 서로에 대한 영향이 다르므로 그 결과를 예측하기 어려울 것이라는 점에 유의해야 한다.

세계화는 경제 및 사회에 긍정적인 영향을 끼치기도 하지만 다른 한편으로는 많은 문제를 일으키고 있다. 앞 장에서도 논의했지만, 장기적으로 볼 때 높은 수준의 인적자본과 강력한 금융 시스템을 갖춘 세계화된 국가, 즉 미국과 영국 같은 선진국은 세계화의 성장 효과로부터 이익을 얻는다(Leitão, 2012; Chang & Lee, 2010). 그와 반대로 불공정 분배 등으로 인해 더 부유한 국가나 개인이 글로벌 시장에서 이익을 보고 빈곤한 국가나 개인은 손실을 보게 됨으로써 국가 내 또는 국가 간에 양극화가 심화하여 사회 불안정 또는 세계적인 파동이 일어날 수 있다. 장기적으로 볼 때 세계화는 불가피하지만 단기적으로는 많은 갈등을 일으킬 수 있다(Chang & Lee, 2010; Mutascu & Fleischer, 2011). 세계화가 빈곤에 미친 영향에 대한 연구들을 살펴보면 세계화가 빈곤을 심화하는지 아니면 완화하는지에 대한 명확한 답을 제시하지 못하는 경우가 많다(Yanikaya, 2003).

이러한 상황에서 본 장에서는 아시아 지역에서 세계화와 경제성장 및 빈곤의 관계에 관한 문제를 다루고자 한다. 특히 아시아 지역을 분석대상으로 하되 데이터 수집이 가능한 전체 아시아 국가 33개국과 그중에서도 공적개발원조(ODA)를 받는 19개국을 대상으로 하여 빈곤과 세계화 사이에는 어떤 관계가 있는지를 측정한다. 또한 세계화가 빈곤 그 자체에 미치는 영향을 분석하고 소득수준에 미치는 영향 사이에 어떤 차이점이 있는지를 또한 분석한다. 그뿐만 아니라

ODA 국가들을 대상으로 세계화를 상대적으로 높은 수준과 낮은 수준으로 세분화하여 그들이 빈곤수준과 소득수준에 미치는 영향을 더 구체적으로 분석한다.

데이터 및 연구모형

1. 실증분석 모델

본 장에서 사용하는 모델은 다음과 같다. 식 (4-1)에서는 단순히 세계화가 빈곤이나 소득수준에 어떤 영향을 미치는지 확인하고 더 나아가서 통제변수를 고려했을 때 또 어떻게 다르게 나타나는지 확인한다. 종속변수 y는 두 경우로 나누어서 볼 수 있는데 하나는 빈곤(poverty)을 대표하는 빈곤자비율 H(Headcount Ratio), 빈곤갭지수 PG(Poverty Gap Index), 빈곤갭제곱지수 SPG(Squared Poverty Gap Index)이고 또 하나는 소득수준을 대표하는 1인당 실질소득 PRGDP(Personal Real GDP)로 하였다. GI는 세계화지수이고 Dreher(2006c), Chang & Lee(2010) 등이 사용한 세계화지수 KOF 및 세분화된 경제적 세계화지수(EKOF), 사회적 세계화지수(SKOF)와 정치적 세계화지수(PKOF)를 사용하였다. γ는 통제변수로 사용되는데 경제, 사회 및 정치가 영향을 주는 면이 있어서 통제변수로 넣어서

그들의 효과를 분석한다. 이 모델의 ρ_t 부분은 연도효과를 고려한 것이다.[8]

$$\log y_{it} = \alpha + \beta_1 \log y_{it\text{-}1} + \beta_2 \log GI_{it} + \beta_3 \gamma_{it} + \rho_t + \varepsilon_{it} \qquad (4\text{-}1)$$

다음으로, 세계화지수의 평균을 기준으로 세계화수준이 높은 국가와 낮은 국가로 구분하여 세분화된 dummy 변수를 넣어서 분석을 진행한다.[9] 모델은 다음과 같다.

$$\log y_{it} = \alpha + \beta_4 \log y_{it\text{-}1} + \beta_5 \log GI_{it} + \beta_6(\log GI_{it}) * dummy$$
$$+ \beta_7 \, dummy + \beta_8 \, \gamma_{it} + \rho_t + \varepsilon_{it} \qquad (4\text{-}2)$$

여기에서 세분화된 세계화로 EKOF, SKOF, PKOF가 있는데 그들의 평균을 구하여 평균 이상이면 1, 평균 이하면 0으로 표시한다. $GI_{it} * dummy$는 세계화를 진행하는 국가 중 세계화가 높은 수준이면 세계화가 어떻게 영향을 미치는지 알려줄 수 있다. 만약에 종속변수로서 빈곤수준지수를 넣었을 때는 β_6가 음(−)의 값이면, 세계화의 수준이 높은 국가들에서 세계화가 빈곤감소를 더 촉진한다는 것으로 볼 수 있는 반면 양(+)의 값이면 반대 효과를 일으킨다고 해석할 수

8　빈곤율을 결정하는 주요 변수는 교육, 문화 등 여러 요인이 있다. 예컨대 내륙(land-locked) 여부 등도 주요 국가 특성이다. 하지만 실증분석 모형에서는 결정요인을 찾는 것이 주목적이 아니기 때문에 종속변수의 시차변수를 모형에 포함함으로써 이러한 주요 변수들을 일괄 고려하는 효과를 가질 수 있다. 또한 세계화는 해당 기간뿐 아니라 차후에도 지속적으로 어느 정도 영향을 미칠 수 있다고 보는 것이 당연하다. 이러한 내용도 종속변수의 시차변수를 포함함으로써 고려되고 있다.

9　세계화지수 자체를 변수로 포함하여 분석을 진행할 수도 있지만 다중공선성 문제가 발생하기 때문에 더미 변수를 넣어서 효과를 분석하였다.

있다. 소득수준이 종속변수일 때는 이 계수의 값이 양(+)의 값이 나와야 소득증가를 더 촉진한다고 볼 수 있는데, 음(−)의 값이면 오히려 세계화수준이 높은 국가군에서는 세계화로 인한 소득증가 속도가 느리다는 것이다. β_7의 경우 세계화수준이 높고 낮음에 따른 빈곤수준과 소득수준의 차이를 볼 수 있다. 예를 들면 종속변수가 빈곤율 등을 나타낼 때 이 계수가 음(−)의 값이 나오면 이것은 세계화수준이 높은 국가군에서는 빈곤수준이 더 낮은 것을 의미한다.

본 분석에서 가장 보편적인 OLS 방법으로 추정할 수 있으나 빈곤지수 자료 중에 0이 있을 때 이 값에 로그를 취하면 빈곤지수가 없는 자료로 누락하게 될 우려가 있다. 또한 만약에 오차항에 이분산(heteroskedasticity)이 존재하면, Silva & Tenreyro(2006)에서 지적한 바와 같이 자료를 누락하면 추정결과에 편의가 발생할 가능성도 있다. 그러므로 이런 문제들을 해결하기 위해서 누락된 추정치들을 함께 활용할 수 있는 푸아송유사최우추정법(PPML: Poisson Pseudo-Maximum-Likelihood)을 이용하여 분석을 진행한다. 이 분석방법은 이분산을 제어하는 분석방법 중에서 결과에 편의(bias)가 가장 적다고 평가되고 있다. 그러므로 여기에서도 PPML 분석방법을 이용하여 분석을 진행하였다.

2. 데이터 설명

본 장에서는 빈곤과 세계화의 관계 및 세계화가 빈곤과 소득수준에 미치는 영향을 분석한다. 1981년부터 2013년까지의 데이터를 사용하며 분석대상은 동아시아 환태평양 9개국, 중앙아시아 10개국, 중동 5

개국, 남아시아 6개국 및 고소득 국가 3개국 총 33개 국가를 대상으로 측정한다. 뿐만 아니라 그중에서도 빈곤수준이 상대적으로 낮은 ODA 국가 총 19개국[10]을 추가로 측정하였다. 아시아 전체 국가 그룹과 아시아 ODA 국가 그룹으로 나누어 비교분석을 하였고, 이어서 ODA 국가들 위주로 세계화수준의 높고 낮음의 차이에 따라 세계화가 빈곤에 미치는 영향력의 크기가 어떻게 차이가 나는지에 대해서도 분석을 진행했다. 빈곤지수는 데이터상 추출하기 어려운 문제점이 있어서 3년마다 빈곤지수가 나오고 있기 때문에 그 부족한 부분을 동일변화율로 계산하여 보완하여 연도별 패널데이터를 구성하였다. 상세한 데이터지표는 〈표 4-1〉과 같다.

표 4-1 데이터 설명 및 예상부호

변수정의	자료원	단위	구체적 의미
1인당 실질 GDP	PWT 9.0(2018)	백만 달러	실질 GDP/인구
빈곤자비율(HC)	World Bank(2019), PovcalNet		소득이나 소비가 1.9달러 빈곤선 이하인 자의 비율
빈곤갭지수(PG)			빈곤라인 1.9달러와 빈곤라인 미만 인구의 평균소득 격차의 빈곤라인에 대한 비율의 평균치. 즉, 빈곤라인 미만 인구의 소득 또는 소비수준과의 괴리를 표시하는 지표
빈곤갭제곱지수(SPG)			빈곤라인 1.9달러 미만 인구의 평균소득과 빈곤라인 격차의 빈곤라인에 대한 비율의 제곱의 평균치. 즉, 빈곤의 중도를 의미
EKOF	KOF(2018)	%	무역과 금융의 정책 실행 및 규정
SKOF			개인관계, 정보 및 문화 등 분야 포함
PKOF			평화활동 및 국제조직단체 가입 현황
APEC 가입 여부[11]		더미변수 0/1	가입한 연도를 기준으로 가입 전은 0이고 가입 후는 1로 표시

3. 데이터 탐색적 분석

정리한 데이터를 이용하여 먼저 탐색적으로 빈곤수준과 세계화 사이의 관계에 대해서는 〈그림 4-1〉에서 보여주고 있다. 빈곤은 EKOF, SKOF, PKOF와 음(-)의 관계인 것으로 예상된다.

소득수준과 세 가지 세계화의 관계를 보면 〈그림 4-2〉와 같다. 소득수준과 EKOF와 SKOF는 양(+)의 관계이고 비슷한 추세인 반면 PKOF와는 음(-)의 관계로 나타나고 있다. 정치가 불안정한 국가일수록 소득수준이 높다는 말인데 이는 소득수준이 높은 중동의 산유국 때문이라고 할 수 있다.

10 동아시아 환태평양국가: 중국, 인도네시아, 라오스, 말레이시아, 몽골, 미얀마, 필리핀, 태국, 베트남
중앙아시아: 카자흐스탄, 키르키스스탄, 타지키스탄, 투르크메니스탄, 우즈베키스탄
남아시아: 방글라데시, 인도, 몰디브, 네팔, 파키스탄
11 본 연구에서 사용된 아시아 국가들의 APEC 가입 현황
1989년: 한국, 일본, 인도네시아, 말레이시아, 태국, 필리핀, 싱가포르, 브루나이
1991년: 중국
1998년: 베트남, 러시아

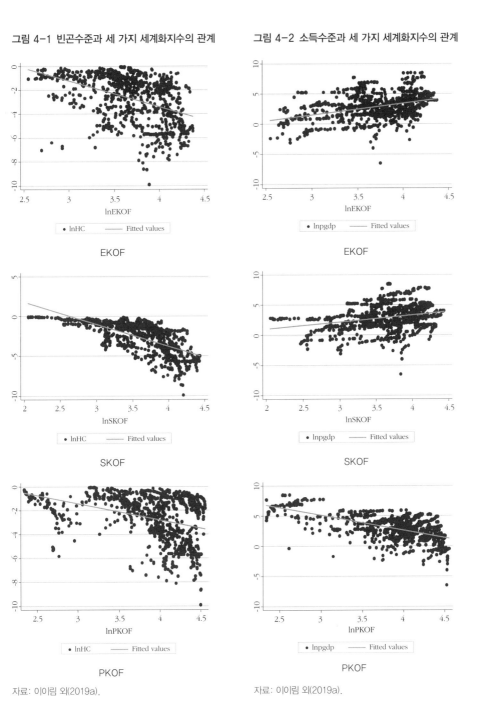

그림 4-1 빈곤수준과 세 가지 세계화지수의 관계

EKOF

SKOF

PKOF

자료: 이이림 외(2019a).

그림 4-2 소득수준과 세 가지 세계화지수의 관계

EKOF

SKOF

PKOF

자료: 이이림 외(2019a).

분석 결과 및 해석

식 (4-1)을 바탕으로 두 그룹 국가들을 대상으로 분석한 결과는 〈표 4-2〉와 〈표 4-3〉과 같다. 〈표 4-2〉는 아시아 전체 국가에 대해서 분석한 결과이고 〈표 4-3〉은 아시아 ODA 국가들만 분석한 결과이다. 빈곤지수로는 빈곤자비율(H), 빈곤갭지수(PG)와 빈곤갭제곱지수(SPG)를 사용하여 분석하고 소득수준을 나타내는 1인당 실질 GDP(PRGDP)를 사용했을 경우의 분석 결과와 비교할 수 있다. 데이터에서 빈곤지수는 낮으면 낮을수록 빈곤이 적은 것을 나타낸다.

〈표 4-2〉와 〈표 4-3〉에서 보면, 전년도의 빈곤수준은 다음 해의 빈곤수준과 밀접한 관계가 있음을 알 수 있다. 또한 표에서 대체로 빈곤지수는 네 가지 세계화지수와 음(-)의 관계를 나타내고 있다. 즉, 세계화지수는 빈곤감소에 긍정적인 영향을 미친다. 세계화지수를 세분화하여 설명하면, 〈표 4-2〉에서 EKOF는 빈곤자비율 감소에 영향을 미치고 다른 변수에는 유의한 영향을 미치지 못하고 있으며 〈표 4-3〉에서는 EKOF가 소득수준에 유의한 양(+)의 효과를 미치

표 4-2 아시아 전체 국가에서 세계화가 빈곤 및 소득수준에 미치는 영향

	빈곤자비율(H)				빈곤갭지수(PG)			
$\log y_{it-1}$	0.946*** (0.013)	0.952*** (0.012)	0.950*** (0.013)	0.959*** (0.012)	0.928*** (0.016)	0.950*** (0.015)	0.937*** (0.015)	0.949*** (0.016)
KOF	−0.100*** (0.030)	−	−	−	−0.172*** (0.042)	−	−	−
EKOF	−	−0.030* (0.017)	−	−	−	−0.012 (0.022)	−	−
SKOF	−	−	−0.032* (0.017)	−	−	−	−0.051** (0.022)	−
PKOF	−	−	−	−0.013 (0.011)	−	−	−	−0.030* (0.016)
상수	0.279*** (0.098)	0.044 (0.057)	0.036 (0.047)	−0.006 (0.040)	0.428*** (0.134)	−0.080 (0.083)	0.008 (0.065)	−0.015 (0.055)
관측 수	919	876	919	919	919	876	919	919
R^2	0.969	0.968	0.969	0.969	0.969	0.967	0.969	0.968
	빈곤갭제곱지수(SPG)				1인당 실질 GDP			
$\log y_{it-1}$	0.919*** (0.022)	0.950*** (0.019)	0.931*** (0.018)	0.944*** (0.021)	0.965*** (0.013)	0.957*** (0.013)	0.960*** (0.012)	0.901*** (0.028)
KOF	−0.240*** (0.059)	−	−	−	−0.002 (0.098)	−	−	−
EKOF	−	0.012 (0.030)	−	−	−	0.140 (0.090)	−	−
SKOF	−	−	−0.067** (0.027)	−	−	−	0.110* (0.064)	−
PKOF	−	−	−	−0.046** (0.023)	−	−	−	−0.200*** (0.067)
상수	0.583*** (0.179)	−0.198 (0.127)	−0.282** (0.122)	−0.011 (0.073)	0.315 (0.408)	−0.642 (0.516)	−0.141 (0.268)	1.396*** (0.396)
관측 수	919	876	919	919	966	920	966	966
R^2	0.968	0.965	0.968	0.966	0.969	0.972	0.970	0.967

주: * $p<0.01$ ** $p<0.05$ *** $p<0.001$
( )는 표준편차.
자료: 이이림 외(2019a).

는 것으로 나타나고 있다. SKOF는 〈표 4-2〉에서 빈곤감소와 소득증가에 모두 긍정적인 영향을 미치지만 〈표 4-3〉에서는 빈곤감소에만 긍정적인 영향을 미치고 있다. PKOF는 〈표 4-2〉와 〈표 4-3〉에서 빈곤감소에 긍정적 영향을 미치는 것으로 보인다. 단, 〈표 4-2〉에서 소득증가에 부정적인 영향을 미치는 것으로 나타나고 〈표 4-3〉에서는 소득증가에 유의한 영향을 미치지 못하는 것을 알 수 있다. 이것은 중동의 산유국들이 포함되어 분석되었기 때문인 듯하다. 정치적으로 불안하고 세계화수준이 낮은 이들 국가들의 소득수준은 가장 높기 때문에 이러한 결과가 나온 것으로 보인다.

〈표 4-2〉에서 세 가지 지수(H, PG, SPG)를 이용할 때 KOF는 각각 0.1, 0.17, 0.24 정도로 유의한 음(-)의 영향을 보여주고 있다. 이는 종합적인 세계화가 빈곤감소에 긍정적인 영향이 있음을 의미한다. 하지만 세계화를 세분화하여 경제적 측면, 사회적 측면, 정치적 측면으로 나누어보면 다른 결과를 보여준다. 경제적 측면에서는 H에 대해서만 0.03이라는 10%의 유의수준에서 음(-)의 영향을 미치고 다른 빈곤지수에 대해서는 유의하지 않은 결과를 얻었다. 사회적 측면에서는 세 가지 빈곤지수에 대해 각각 0.032, 0.051, 0.067의 음(-)의 유의한 영향이 있음을 보이고 있다. 정치적 세계화는 PG와 SPG에 각각 0.03과 0.067의 음(-)의 유의한 영향이 있는 것으로 나타나고 있다.

이러한 결과들을 종합적으로 보면, 경제적 세계화가 빈곤감소에 미치는 영향이 가장 약하고 그다음으로는 정치적 세계화이고 제일 강한 역할은 사회적 세계화라는 것을 알 수 있다. 그중에서도 H에 대한 영향이 제일 낮고 다음으로는 PG, SPG에 미치는 영향이 상대적으로 높은 것으로 보인다. 그러므로 빈곤수준에서는 단순히 해외자

4-3 아시아 ODA 국가에서 세계화가 빈곤과 소득수준에 미치는 영향

	빈곤자비율(H)				빈곤갭지수(PG)			
ogy_{it-1}	0.944*** (0.018)	0.956*** (0.017)	0.950*** (0.013)	0.959*** (0.012)	0.933*** (0.018)	0.964*** (0.016)	0.945*** (0.016)	0.956*** (0.017)
KOF	−0.111*** (0.031)	−	−	−	−0.182*** (0.044)	−	−	−
EKOF	−	−0.031* (0.016)	−	−	−	−0.016 (0.019)	−	−
SKOF	−	−	−0.035** (0.016)	−	−	−	−0.051** (0.023)	−
PKOF	−	−	−	−0.022 (0.014)	−	−	−	−0.050** (0.022)
상수	0.321*** (0.098)	0.058 (0.051)	0.055 (0.044)	0.039 (0.048)	0.464*** (0.129)	−0.048 (0.065)	0.022 (0.061)	0.093 (0.075)
관측 수	560	517	560	560	560	517	560	560
R^2	0.970	0.970	0.970	0.970	0.976	0.974	0.976	0.975

	빈곤갭제곱지수(SPG)				1인당 실질 GDP			
ogy_{it-1}	0.929*** (0.024)	0.968*** (0.019)	0.945*** (0.017)	0.952*** (0.023)	0.982*** (0.011)	0.978*** (0.011)	0.987*** (0.013)	0.989*** (0.006)
KOF	−0.245*** (0.065)	−	−	−	0.031 (0.029)	−	−	−
EKOF	−	0.000 (0.024)	−	−	−	0.038* (0.020)	−	−
SKOF	−	−	−0.061** (0.028)	−	−	−	0.001 (0.022)	−
PKOF	−	−	−	−0.079** (0.038)	−	−	−	0.011 (0.014)
상수	0.607*** (0.182)	−0.134 (0.094)	−0.001 (0.078)	0.119 (0.104)	0.114* (0.064)	0.102* (0.057)	0.160** (0.064)	0.134** (0.059)
관측 수	560	517	560	560	563	517	563	563
R^2	0.976	0.975	0.976	0.976	0.981	0.986	0.981	0.981

주: * $p<0.01$ ** $p<0.05$ *** $p<0.001$
( )는 표준편차.
자료: 이이림 외(2019a).

금 이동 증가, 관세율 인하 등 경제발전 정책을 세우는 것도 중요하지만 안정화된 정치환경 또는 사회환경이 더 중요하다는 것을 의미한다.

소득수준을 종속변수로 하여 분석하면 SKOF의 경우 0.11의 양(+)의 값을 나타내고 있어 사회 환경의 영향 역시 중요하다는 것을 알수 있다. 하지만 정치적 세계화는 소득수준과 음(-)의 관계를 갖는 것으로 보이는데 아마도 중앙아시아 지역의 많은 국가들은 소득수준이 높지만 불안정한 정치 환경 속에 있어 정치적 세계화가 아주 낮은 수준에 머무르고 있는데 이들 국가들이 포함되어 있기 때문으로 보인다. 이상의 결과에서 볼 때, 한 국가가 빈곤을 감소시키거나 소득수준을 높이려고 할 때는 경제적인 측면보다 사회의 안정적인 기반이 더욱 중요하다는 결론을 얻을 수 있다.

〈표 4-3〉에서 빈곤수준 중심으로 보면 세 가지 지수(H, PG, SPG)를 이용할 때 KOF는 각각 0.11, 0.18, 0.25의 유의한 음(-)의 값을 보이고 있다. 이는 종합적인 세계화가 빈곤감소에 긍정적인 영향을 주고 있음을 의미한다. 하지만 세계화를 세분화하면 그 효과가 다르게 나타나고 있다. 경제적 세계화는 H에 대해서만 0.03이라는 10%의 유의수준에서 음(-)의 영향을 미치고 다른 빈곤지수에 대해서는 유의하지 않는 결과를 보여준다. 사회적 세계화는 세 가지 빈곤지수에 대해 각각 0.035, 0.051, 0.061의 음(-)의 유의한 영향을 보이고 있다. 정치적 세계화는 PG와 SPG에 각각 0.05과 0.080의 음(-)의 유의한 영향이 있는 것으로 나타나고 있다. 이것으로 보아 〈표 4-2〉에서와 마찬가지로 경제적 측면의 세계화가 빈곤감소에 미치는 영향이 가장 약하고 그다음으로는 정치적 세계화의 영향이고 사회적 세계화가 가장 큰 영향을 미치는 것으로 해석할 수 있다.

소득수준을 분석하면 EKOF만이 0.04로서 양(+)의 값을 보여주고 있는데 이는 위의 〈표 4-2〉에서와는 달리 소득수준의 향상은 경제적인 세계화의 영향을 받고 있다는 것을 나타낸다. 결국, 한 국가의 빈곤 개선에는 경제적 세계화의 영향에 비해 사회적 세계화 또는 정치적 세계화가 중요한 역할을 하지만 경제적인 세계화는 빈곤개선 그 자체보다는 소득수준의 향상에 긍정적인 영향을 미치는 것으로 보인다.

국가 특성과 세계화 효과 관계 분석

국가별 특성이나 조건에 따라 빈곤에 미치는 세계화의 영향이 다를 수 있다. 이러한 측면을 분석하기 위해 본 절에서는 지역별, 혹은 국가 특성별로 국가들을 구분하여 회귀분석하고 그 결과로부터 시사점을 얻고자 한다.

1. 지역별 분석

〈표 4-4〉는 세계화의 대표적 변수인 해외직접투자(FDI)나 무역의존도와 빈곤 사이의 관계를 지역별로 나누어 회귀분석한 결과를 보이고 있는데 FDI는 해외직접투자의 GDP 대비 비율이며 TO는 무역의존도이다. 표의 모든 지역에서 FDI의 계수가 음수로 나오고 있다. 이는 FDI가 빈곤율 감소에 긍정적인 영향을 미치는 것을 의미한다. 다만 무역의존도(TO)는 중앙아시아 지역을 제외한 다른 지역 빈곤율

	(1) CA	(2) EA	(3) SA	(4) SEA	(5) WA
lfdi	−0.557** (0.221)	−0.268*** (0.085)	−0.188*** (0.030)	−0.017 (0.124)	−0.424*** (0.073)
Constant	−2.141*** (0.484)	−4.124*** (0.718)	−2.800*** (0.698)	−2.751*** (0.860)	−4.194*** (0.821)
Observations	70	101	172	150	99
R^2	0.1577	0.2119	0.0544	0.0107	0.0669
	(6) CA	(7) EA	(8) SA	(9) SEA	(10) WA
lto	2.180*** (0.751)	−1.232*** (0.373)	−0.826*** (0.263)	−1.571*** (0.359)	0.831 (0.611)
Constant	−12.776*** (3.436)	0.768 (1.890)	0.650 (1.192)	4.382** (1.714)	−8.038*** (2.739)
Observations	73	104	183	155	103
R^2	0.1340	0.0148	0.0888	0.4557	0.0030
	(11) CA	(12) EA	(13) SA	(14) SEA	(15) WA
lfdi	−0.862*** (0.218)	−0.070 (0.105)	−0.184*** (0.034)	0.104 (0.121)	−0.422*** (0.073)
lto	2.742*** (0.706)	−0.471 (0.432)	−0.078 (0.273)	−1.867*** (0.377)	0.676 (0.545)
Constant	−14.280*** (3.246)	−2.240 (1.753)	−2.494** (1.271)	5.598*** (1.754)	−7.089*** (2.534)
Observations	69	101	172	150	99
R^2	0.3161	0.0564	0.0668	0.4738	0.0497

주: * $p<0.01$ ** $p<0.05$ *** $p<0.001$
주: CA: 중앙아시아, EA: 동아시아, SA: 남아시아, SEA: 동남아시아, WA: 서아시아
자료: 이이림 외(2019a).

감소에 긍정적인 영향이 있는 반면 중앙아시아에는 부정적인 영향을 미치는 것으로 나타난다. 이는 중앙아시아가 해안이 없기 때문인 것으로 유추할 수 있다.

2. 소득수준, 교육수준의 효과 분석

이제 국가의 어떤 특성에 따라 세계화가 빈곤에 미치는 영향의 정도가 달라지는가를 보기 위해 다양한 회귀분석을 수행하였으며 그 결과를 〈표 4-5〉와 〈표 4-6〉에 나타내었다. 표에서 교육수준은 중등교육등록률을 이용하여 구분하였다. Hi-in은 고소득국가 더미변수이며 Hi-edu는 교육수준이 높은 국가를 나타내는 더미변수이다. Hi-in_FDI는 고소득국가 더미변수에 FDI 비율을 곱한 값이다. 이의 계수 값이 음수이면 고소득국가에서 FDI의 빈곤율감소효과가 더 크다는 것을 의미한다. 마찬가지로 Hi-in_TO는 '고소득국가더미×무역의존도'를 나타내는 변수이며 이 변수의 값이 음수이면 고소득국가에서 무역의 빈곤감소효과가 더 크다는 의미이다.

다른 한편으로 교육수준에 대해서도 같은 원리를 이용하여 더미변수를 곱해주어 새로운 변수를 창출하였는데 예컨대 Hi-edu_FDI 변수의 계수가 음수이면 FDI가 빈곤감소에 미치는 효과가 교육수준이 높은 국가에서 더 크다는 것을 의미한다.

표에서 분석한 결과를 보면, FDI와 TO는 빈곤율과 음의 관계가 있기 때문에 경제적 세계화의 대표적 변수인 FDI나 무역의존도는 빈곤개선에 긍정적인 영향을 미친다고 볼 수 있다. 이는 앞에서 분석한 결과와 같다. 추가로 국가별 소득수준의 높고 낮음에 따라 소득수준의 더미변수를 넣어서 분석한 결과 소득수준이 높은 국가의 빈곤율이 낮은 것을 볼 수 있다. 또한 경제적 세계화가 빈곤율에 미치는 영향의 크기에는 소득수준이 유의한 영향을 미치지는 못하는 것으로 보인다. 하지만 교육수준의 높고 낮음에 따라 교육더미변수를 넣어서 분석한 결과 교육수준이 높은 국가는 빈곤율이 낮게 나타났는데 이는 당연한 것으로 보인다. 그런데 FDI는 교육수준이 높은 국가에서 빈곤율 감소 촉진효과가 더 크지만, 무역의존도는 오히려 교육수준이 높은 국가군에서 빈곤율의 감소효과가 더 작은 것으로 나타나는데 이는 흥미로운 발견이다.

표 4-5 소득수준 지역별 국가 구분 분석 1

	(1)	(2)	(3)	(4)	(5)
*ln*FDI	−0.229*** (0.032)	−	−0.218*** (0.034)	−0.246*** (0.036)	−
*ln*TO	−	−0.601*** (0.183)	−0.210 (0.193)	−	−0.534** (0.211)
Hi−in	−	−	−	−2.310*** (0.601)	−0.913 (1.745)
Hi−in_FDI	−	−	−	0.088 (0.078)	−
Hi−in_TO	−	−	−	−	−0.354 (0.398)
Const	−3.069*** (0.362)	−0.567 (0.845)	−2.191** (0.882)	−2.302*** (0.347)	−0.060 (0.949)
No Obs	592	618	591	592	618
R^2	0.0136	0.0348	0.0223	0.3024	0.3398

주: * $p<0.01$ ** $p<0.05$ *** $p<0.001$

자료: 이이림 외(2019a).

표 4-6 소득수준 지역별 국가 구분 분석 2

	(6)	(7)	(8)	(9)	(10)
*ln*FDI	−0.240*** (0.038)	−0.188*** (0.037)	−	−0.131*** (0.038)	−0.158*** (0.040)
*ln*TO	−0.137 (0.221)	−	−1.274*** (0.224)	−1.059*** (0.233)	−0.858*** (0.249)
Hi−in	−0.222 (1.827)	−	−	−	0.907 (1.690)
Hi−in_FDI	0.140* (0.084)	−	−	−	0.201** (0.083)
Hi−in_TO	−0.515 (0.423)	−	−	−	−0.706* (0.396)
Hi−edu	−	−1.511** (0.662)	−9.541*** (1.674)	−11.700*** (1.748)	−11.295*** (1.630)
Hi−edu_ FDI	−	−0.148** (0.073)	−	−0.304*** (0.075)	−0.332*** (0.077)
Hi−edu_TO	−	−	1.884*** (0.368)	2.419*** (0.385)	2.310*** (0.373)
Const	−1.723* (0.983)	−2.484*** (0.405)	2.769*** (0.992)	1.860* (1.032)	1.703 (1.050)
No Obs	591	592	618	591	591
R^2	0.3203	0.1390	0.2947	0.2966	0.5210

주: * $p<0.01$ ** $p<0.05$ *** $p<0.001$

자료: 이이림 외(2019a).

3. 세계화수준 기준 구분 분석

세계화의 영향을 더 구체적으로 분석하고자 세분화된 세 가지 세계화를 각각 평균치를 구하여 상대적으로 세계화가 높은 수준과 상대적으로 낮은 수준으로 나누어서 세계화가 빈곤자비율(H)에 미치는 영향을 더 구체적으로 분석했다. 경제적 세계화 평균은 40.36, 사회적 세계화 평균은 35.24이고 정치적 세계화 평균은 54.26이다.

분석 결과에 따르면 경제적 세계화에서는 빈곤수준 분석에 있어서 '더미변수와 세계화지수 GI의 곱하기 항'이 10% 유의수준에서 0.142의 음(−)의 값을 가지는 것을 볼 수 있으며, 소득수준 분석에서는 1%의 유의수준에서 0.013의 양(+)의 값을 가지므로 경제적 세계화의 수준이 상대적으로 높은 국가에 한해서 경제적 세계화를 진행하면 할

표 4-7 세계화수준에 따른 국가 구분 분석

	종속변수 = 빈곤수준			종속변수 = 소득수준		
	EKOF	SKOF	PKOF	EKOF	SKOF	PKOF
y	0.940*** (0.020)	0.935*** (0.020)	0.963*** (0.016)	0.977*** (0.010)	0.989*** (0.014)	0.991*** (0.006)
lnGI	0.023 (0.023)	−0.049*** (0.017)	−0.016 (0.021)	−0.022 (0.020)	−0.025 (0.033)	0.021 (0.025)
dummy*GI	−0.142* (0.084)	−0.287** (0.125)	0.001 (0.068)	0.013*** (0.004)	0.007 (0.005)	−0.003 (0.005)
상수	−0.116 (0.075)	0.089* (0.045)	0.014 (0.073)	0.222*** (0.074)	0.218 (0.981)	0.063 (0.107)
관측 수	517	560	560	517	563	563
R^2	0.970	0.971	0.970	0.986	0.981	0.981

주: * p<0.01 ** p<0.05 *** p<0.001
( )는 표준편차.
자료: 이이림 외(2019a).

수록 빈곤도 감소하고 소득도 증가하는 영향이 있다고 보인다. 그중에서도 소득증가에 미치는 영향이 더 유의하다. 하지만 경제적 세계화수준이 낮은 국가는 경제적 세계화를 추진하더라도 별로 유의하지 않은 것으로 나타났다.

사회적 세계화의 경우를 보자. 빈곤수준이 종속변수인 경우 GI의 계수가 1% 유의수준에서 0.049의 음(−)의 값을 보여주고 있으며 '더미와 GI를 곱한 항'의 계수가 5%의 유의수준에서 0.287의 음(−)의 값을 가진다. 이것은 사회적 세계화수준이 상대적으로 낮은 그룹이나 높은 그룹이나 모두 빈곤감소에 긍정적인 영향을 미치고 있음을 보여준다. 다만 사회적 세계화가 상대적으로 높은 국가의 빈곤감소 속도가 상대적으로 낮은 국가보다 훨씬 빠르다. 정치적 세계화의 영향을 분석한 결과는 유의하지 않은 것으로 나타났다. 그러므로 세계화지수 중에서 정치적 세계화의 영향이 제일 약하고 사회적 세계화의 영향은 세계화수준이 높은 나라이든 낮은 나라이든 주로 빈곤수준에 미치는 반면 경제적 세계화는 세계화수준이 높은 국가에서 주로 빈곤이나 소득수준에 유의한 영향을 미치게 된다.

제5절

소결

본 장에서는 아시아 국가들의 세계화가 1인당 소득과 빈곤에 어떠한 영향을 미치는지에 대해서 실증분석을 실시하였다. 아시아 전체 33개국을 대상으로 하였고 비교적 소득수준이 높은 19개국은 별도 분석을 통해 비교하였다. 세부적 세계화지표를 이용하여 상대적으로 세계화가 높은 그룹과 낮은 그룹의 분석결과를 토대로 세계화가 빈곤수준 및 소득수준에 미치는 영향을 분석하였다. 또한 아시아의 지역별 및 국가별 특성을 고려한 분석도 실시하였고 세계화의 세부 차원별 효과도 검증하였다.

분석한 결과에 의하면, 전체적으로 세계화는 아시아 국가들의 1인당 소득수준 증가나 빈곤감소와 유의한 관계를 갖는 것으로 나타났다. 즉, 세계화는 각국의 1인당 소득을 높이고 빈곤을 감소시키는 효과가 있는 것으로 해석된다.

세계화지수를 세분화하여 분석한 결과, 경제적 세계화보다는 오히려 사회적 세계화나 정치적 세계화가 빈곤과 밀접한 관계가 있는 것으로 나타났다. 이는 빈곤감소에는 경제적 세계화도 중요하지만 이를 빈곤감소와 연결하는 데는 사회적, 정치적 세계화, 즉 사회적, 정치적 인프라 환경과 정책의 구축 필요성을 시사하는 것이다. 세계화가 소득에 미치는 영향 면에서는 아시아 전체 국가들과 비교적 고소득 국가들을 비교할 때 다소 상이한 결과가 나타났다. 아시아 전체 국가를 대상으로 분석했을 때는 사회적 세계화가 주로 소득수준을 증가시키는 데 유효하지만 고소득 국가들 대상으로 분석한 결과에서는 오히려 경제적 세계화가 소득증가에 유의한 결과를 나타내고 있다. 고소득 국가에서는 경제적 세계화가 소득향상에 미치는 효과가 상대적으로 크다는 것을 알 수 있다.

아시아 국가들을 지역별, 국가별 특성을 고려하여 세계화와 빈곤의 관계를 분석한 결과를 보면 우선 지역과 관계없이 FDI는 빈곤감소에 긍정적인 영향을 미치는 것으로 나타났다. 국가별 소득수준을 고려한 분석에서는 고소득 국가에서 FDI의 빈곤감소 효과가 컸다. 국가별 교육수준을 고려한 분석에서는 교육수준이 높은 국가에서 경제적 세계화가 빈곤에 미치는 효과가 상대적으로 크게 나타나고 있다. 즉, 국가가 일정한 교육수준을 유지해야 빈곤감소와 같은 경제적 세계화의 과실을 향유할 수 있게 된다는 것이다.

끝으로 세분화된 세계화 진행 수준별로 소득과 빈곤에 미치는 효과를 비교하였다. 경제적 세계화는 세계화수준이 높은 국가에서 빈곤이 더 감소하며 소득이 더 증가하는 효과가 있다. 사회적 세계화는 주로 빈곤수준에만 영향을 미쳤고 이는 세계화수준이 높은 국가에서나 낮은 국가에서 모두 나타났다. 반면, 정치적 세계화의 영향은 별로 크지 않았다.

이러한 연구결과는 아시아에서 빈곤감소가 세계화에 따른 경제성장에 의해 자동적으로 해결되는 문제가 아니라 사회적, 정치적 환경에 의해 더 큰 영향을 받을 수 있는 복잡한 문제라는 점을 시사하고 있다.

하지만 본 연구는 아시아 국가들을 대상으로 한 것이므로 지역 특성이 있음을 감안하면 전 세계적인 일반화 가능성에는 물론 제약이 있을 수 있음에 유의할 필요가 있다.

제5장

무역이 아시아 국가 간
빈곤율 수렴에 미치는 영향

머리글

본 장에서는 세계화에 따라 아시아 각국에서 증가하는 무역이 실제로 아시아 국가들의 빈곤 상황에 어떤 영향을 미치는가를 살펴보고자 한다. 구체적으로는 무역이 증가할 때 아시아 국가들 사이에서 각국의 빈곤 정도가 수렴하는지 아니면 오히려 그 격차가 더 벌어지고 있는지를 실증연구를 통해 구명하고자 하는 것이다.[12]

이러한 연구가 필요한 배경은 세계화에 따라 불평등이 심화되고 있다는 주장 때문이다. 이는 비단 한 국가 내에서뿐만 아니라 국가 간에도 발생할 수 있는 상황이다. 즉, 세계화의 승자와 패자가 나뉠 수 있는 소지가 있는 것이다. 본 연구는 이러한 주장에 대한 하나의 대답이 될 수 있다.

본 연구에서는 빈곤의 측정지표로 기존에 널리 사용되는 '빈곤자비율' 외에 '인간개발지수'를 병행하여 사용한다. 본 연구에서 빈곤지표

---

12 본 장의 실증분석 부분은 이이림 · 오근엽 · 한인수(2019a)를 수정한 것임.

를 확대한 이유는 빈곤자비율이 한 국가의 빈곤문제를 표현하기에는 부족한 한계가 있기 때문이다. 보다 종합적인 지수라고 할 수 있는 인간개발지수를 활용하여 국가들 사이의 빈곤수준 수렴 여부를 분석하고자 한다. 이 지수들을 이용하여, 아시아 국가의 빈곤이 전체적으로 감소하고 있음을 보여주고, 각국의 빈곤수준이 상호 수렴하는 것인지 아니면 격차가 더 커지는 것인지를 측정한 후 무역의존도(trade openness)를 이용하여 세계화가 수렴 또는 격차 확산 현상에 미치는 영향을 분석하게 된다. 물론 이러한 연구는 빈곤문제나 혹은 소득 불평등 문제 분야에서 더욱 중요하다고 생각되는 국내 계층 간 문제를 대체할 수 있는 것은 아니며 그에 관해서는 더욱 심도 있는 연구가 필요하다.

빈곤문제는 소득수준과 매우 밀접한 관계가 있다. 따라서 빈곤문제는 경제성장과 긴밀히 연결되어 있다. 앞 장에서 논의했듯이, 경제성장이 빈곤을 확실히 감소시킨다는 연구가 있는 반면, 소득 불평등을 심회시켜 양극화 현상이 일어나고 모든 계층을 포용하지 못하는 성장이 나타나거나 혹은 비포용적 성장이 나타난다고 하는 주장도 있다(Asian Development Bank Outlook, 2014; Balakrishnan et al., 2013).

사실 빈곤수준의 수렴(convergence) 문제의 분석에는 경제성장 분야에서 발전하는 소득수준의 수렴 문제 분석에서 이용하는 방법을 이용할 수 있기 때문에, 여기에서는 소득수준 수렴 문제에서의 분석방법과 연구결과를 차용하고자 한다. 소득수렴 문제는 내생적 경제성장이론과 신고전파 경제성장이론 사이의 논쟁과 직접 연관이 있다. 예컨대, Baumol(1986)은 선진 16개국을 대상으로 1870년부터 1979년까지 경제성장의 수렴현상이 발생하는지에 대해 검증하여 절대적 수렴(unconditional convergence) 현상을 발견하였지만, De Long(1988)은 표본국가 수를 늘리고 1인당 실질소득의 측정오차를 고려하여 다시 측정하여 분석한 결과 수렴이 나타나지 않는 것으로 보고하였다. 이후 Barro & Sala-i-Martin(1992)은 모든 국가가 동일한 소득수준으로 수렴하는 것은 아니기 때문에 서로 상이한 조건들을 통제해야 수렴현상을 찾을 수 있다고 주장하는 '조건부 수렴(conditional convergence)' 현상을 주장하였다.

아시아 지역을 대상으로 하는 Michelis & Simon(2004) 연구에서는 아세안 지역은 수렴현상이 나타나지 않았고 APEC 16개국은 약한 소득수렴현상이 나타났다. 김지욱(2010)은 아시아 지역 23개국을 대상으로 소득수준의 수렴현상뿐만 아니라 성장률 수렴현상도 나타난다고 주장하였다. 실제로 동아시아 지역을 집중적으로 분석하면 대부분 수렴현상이 나타난다. 예컨대 심승진(2004), 송정석과 김현석(2010)은 그러한 결과를 보여주고 있다.

이들 연구에서는 세계화 변수를 고려했을 때 소득 수렴속도가 더 빠르게 증가한다는 연구들이 많았다. 특히 동북아시아에서는 높은 경제성장률을 유지하면서 무역개방에 따라 소득수렴현상도 나타나고 있는데 이를 통해 독보적인 경제공동체가 구축되고 있다고 주장하였다(송정석·김현석, 2010). 하지만 강달원(2016)은 전체적으로 아시아 국가에서 수출비중의 증가는 평균소득증가율로 이어지지만 지역별로 나누어서 볼 때에 남아시아의 수출비중은 소득증가율과 음의 관계를 보여주고 있다.

이와 같이 경제성장률이나 소득을 위주로 하는 분석은 많지만 빈곤문제를 고려하여 특정 빈곤지수를 사용하여 빈곤수렴을 분석한 연구는 거의 없다. 사실, 세계 경제의 발전 추세를 보면 높은 성장률을 보임에도 특히 개도국에서는 여전히 많은 빈곤문제가 해결되지 못하고 있다(Winters et al., 2004; Goldberg & Pavnic, 2007a; b). 또한 자유무역은 후진국에 경제성장과 빈곤감소에 부정적인 영향을 준다고 하는 주장도 있다(Looi Kee et al., 2009). Amelia(2012)는 '하루 2달러'를 빈곤라인 기준으로 할 때 무역은 빈곤과 양의 관계가 있으나 하루 1.25달러 빈곤라인을 고려할 때에는 무역이 증가할 때 빈곤율이 낮아진다고 주장하고 있다. 이렇게 빈곤 측정방법이 다양하기 때문에 연구분석 결과들도 다양해지는 경향이 있다.

연구 방법

1. 빈곤의 측정

빈곤은 복합적이고, 역동적이며, 다층적이면서 동시에 다양한 의미를 가지는 개념이다(김윤태·서재욱, 2015). 빈곤이 무엇인지, 인간다운 생활과 최저생활이 무엇인지 학자와 정치인의 주장이 일치하기도 어렵다.

제2장에서 자세하게 설명하였듯이 빈곤을 측정하는 빈곤지표는 크게 소득기준 빈곤지표와 다차원적 빈곤지표로 나누어진다. 소득기준지표에는 빈곤자비율(H: headcount ratio), 빈곤갭지수(PGI: poverty gap index), 빈곤갭제곱지수(squared poverty gap index) 등이 있다. 다차원적 빈곤지표로는 인간개발지수(HDI: human development index), 인간빈곤지수(HPI: human poverty index), 다차원빈곤지수(MPI: multi-dimension poverty index) 등이 있다.

본 장의 실증분석에서는 빈곤의 측정지표로 소득기준 빈곤지표의 하나인 빈곤자비율(H)과 다차원적 빈곤지표의 하나인 인간개발지수

(HDI)를 사용하였다.

빈곤자비율(H)은 세계은행의 전문적인 빈곤 관련 자료 PovcalNet 에서 제공하는 빈곤자비율을 사용하였으며 2011년 구매력평가(PPP) 기준 하루 지출액 1.9달러 이하인 사람의 수가 전체 인구에 차지하는 비중을 의미한다.[13] H가 낮은 수치이면 빈곤자비율이 낮아서 빈곤이 개선되었다고 할 수 있어서 H 숫자는 작으면 작을수록 좋다.

본 실증분석에서는 빈곤측정지표로 H 외에 인간개발지수(HDI)를 병행, 사용하고 있는데 이는 몇 가지 의미를 갖는다. 빈곤자비율은 빈곤을 파악할 때 소득기준의 경제적 측면만을 반영하는 반면 HDI 는 빈곤을 경제적 변수뿐만 아니라 지역의 문화, 교육, 의료 등 지역 사회의 현황과 발전 정도를 포함하는 광의의 개념으로 확장하고 있 다. 또한 결과적으로 이는 빈곤 측정의 타당성을 개선하여 연구결과 의 신뢰성 향상에도 기여할 수 있다.

Mustafa et al.(2017)은 12개 아시아 국가를 대상으로 분석하여 HDI 향상은 경제성장을 촉진하는 방향으로 영향을 주지만 경제성장 은 인간개발의 발전을 방해하는 방향으로 영향을 주는 것으로 나타 난 바 있다. 세계화는 또한 경제성장과 인간개발에 모두 양(+)의 영 향을 주는 것으로 나타났다. 하지만 Cashin et al.(2001)이 100개 국가 를 대상으로 1975~1998년 데이터를 이용하여 분석한 결과 무역의존 도는 HDI를 사용하여 측정한 빈곤과는 유의한 관계가 없는 것으로 나타났다. 이러한 결과는 다른 빈곤지수를 사용한 경우와는 다른 결 과이다(Ravallion, 2007; Hoekman & Olarreaga, 2007). 다차원적인 지 표 중의 하나인 HDI를 이용한 연구들 중 다른 국가와의 격차 문제를

---

13 PovcalNet(http://iresearch.worldbank.org/PovcalNet.

다룬 연구는 많지 않다. 그러므로 HDI를 이용하여 빈곤수렴 여부를 측정한 것은 빈곤문제 연구에서의 계량적 연구 범위를 확장하는 데 일조할 수 있다.

HDI는 각 차원의 최솟값, 최댓값을 이용하여 다음 식으로 계산된다.

$$각\ 차원지수 = \frac{실질값-최솟값}{최댓값-최솟값} \qquad HDI=(I_{수입}*I_{교육}*I_{건강})^{1/3}$$

이 지표에 대해서는 여러 비판이 있음에도 불구하고[14] 하나의 측면만 측정하는 전통적 지표에 비해 여러 측면을 고려한 지수이기 때문에 큰 의의가 있다(UNDP, 2015). HDI는 0과 1 사이의 값을 가지게 되며 1에 가까울수록 인간개발수준이 높다는 것을 의미하므로 빈곤은 적다고 할 수 있다.

표 5-1 HDI 3차원 계산 기준

차원	지표	최소	최대
건강수준	기대수명 연수	20	85
교육수준	기대학교 연수	0	18
	평균교육 연수	0	15
생활수준	1인당 GNP(2011 ppp$)	100	75,000

HDI는 UNDP의 인간개발 데이터(Human Development Data)에서 제공하는 자료를 활용하였다.[15]

---

14 예컨대 Low & Aw(1997)는 이 지수에 최솟값과 최댓값의 기준이 있으므로 각 시기 사이에는 실제적으로 비교하기 어렵다는 것을 지적하고 있다.

15 United Nations Development Programme, Human Development Data(http://hdr.undp.org/en/data).

2. 수렴의 측정

1) 시그마(σ) 수렴

시그마 수렴(σ-convergence) 검정 방법은 특정 시기의 분산 정도를 비교함으로써 지역 간 격차의 감소 혹은 증가 여부를 측정하는 방법이다. 즉, 표준편차가 시간에 따라 감소하면 격차도 감소하며, 시간에 따라 증가하면 격차 역시 증가하는 것으로 해석할 수 있다. 하지만 많은 경우 변수 자체의 수준이 증가 혹은 감소하는 방향으로 추세를 가질 수 있기 때문에 절대적인 표준편차 크기 이외에도 변이계수(CV: coefficient of variation=표준편차/평균)를 이용하여 표준화된 표준편차를 제시한다.

2) 베타(β) 수렴

베타 수렴(β-convergence) 분석은 절대적 수렴을 다루는 Baumol(1986)과 조건부 수렴인 Barro & Sala-i-Martin(1995)의 기본모형을 이용하였다. 경제성장 분야에서 소득수준 수렴에 관한 실증분석의 주요 연구인 Baumol(1986), Barro & Sala-i-Martin(1991; 1992; 1995) 등에서는 각국의 초기 조건과 성장률 사이의 관계를 분석하여 수렴 여부를 측정하고 있다. 초기에 경제수준이 낮은 국가에서 성장률이 높고 초기에 높은 국가에서 성장률이 낮다면 시간이 흐름에 따라 경제가 수렴하게 된다는 논리이다. 본 장에서는 Barro & Sala-i-Martin(1995)에서 제시된 식 (5-1)을 이용한다.

$$\frac{1}{T} * \log\left(\frac{y_{iT}}{y_{i0}}\right) = \alpha - [1 - e^{-\beta T}/T] * \log y_{i0} + \gamma * X_i + \mu_i \qquad (5\text{-}1)$$

y_{iT}: i 국가의 말기 H 또는 HDI

y_{i0}: i 국가의 초기 H 또는 HDI

X_i: i 국가의 무역의존도

μ_i: 오차항

y_{iT}, y_{i0}는 각각 i 국가의 말기 및 초기 H와 HDI를 나타내며, X_i는 각 국가의 경제적 세계화지표인 무역의존도이다. $\beta > 0$이면 빈곤수준은 각 국가 간에 수렴한다는 것을 의미하며 아시아 각국 사이의 격차는 감소하는 것으로 해석할 수 있다. 반면 $\beta < 0$이면 격차는 더욱 확대되는 상황을 나타낸다. 또한 β의 값은 각 국가 간의 연평균 수렴률 혹은 수렴속도를 나타낸다.

X_i는 통제변수로서 이 변수가 없다면 절대수렴(absolute convergence)을 나타내는 식이 되며 X_i를 고려하면 조건부 수렴(conditional convergence)의 식이 된다. 일반적으로 조건부 수렴은 절대수렴현상이 나타나지 않지만 국가별 상이한 조건들을 통제할 때 수렴현상이 나타나는 경우를 말한다. 하지만 본 장에서는 이 통제변수 자체가 주요 관심 변수이다. 즉, 여기에 세계화변수를 넣은 후 계수(β)의 크기변화를 분석함으로써 세계화변수가 수렴속도에 미치는 영향을 고찰한다.

3. 대상 국가 및 자료원

급속한 경제성장 속에서도 빈곤문제가 여전히 매우 중요한 아시아 지역의 국가들에 대해 1990~2013년 데이터를 이용하여 수렴 여부를 측정하고 또한 두 시기로 나누어서 1990~2005년의 15년간 및 2005~2013년의 8년간 빈곤수렴 여부를 측정한다.[16] 분석 대상 시기에 두 지수 모두 존재하는 아시아 국가는 19개국[17]이다. 분석에 이용한 H, HD와 무역의존도는 각각 PovcalNet, UNDP(2015)와 세계은행에서 구하였으며 HDI 측정을 위한 세 항목 중 수입과 건강 데이터는 세계은행의 자료에서, 교육은 UNESCO(2015)에서 구했다.

표 5-2 사용자료 및 자료원

변수	측정데이터	단위	데이터 출처
빈곤자비율(H)	매일 1.9달러(2011 PPP) 빈곤라인		World Bank(2018), PovcalNet
생활수준	1인당 GNP(2011 PPP$)	달러	//
건강	기대 수명 연수	년	//
교육	평균 학교교육 연수	년	UNESCO(2015)
	기대 학교교육 연수		
인간개발지수(HDI)	인간개발지수		UNDP(2015)
무역의존도	수출과 수입 대비 GDP	%	World Bank(2018), PovcalNet

자료: 데이터 출처를 바탕으로 저자 작성

[16] 1990년, 2005년과 2013년을 초기 연도 및 말기 연도로 사용한 이유는 데이터 구득 문제 때문이다. H는 1981년부터 2013년까지 3년 간격으로 데이터가 구축되어 있으며 HDI는 1980년부터 2014년까지 5년 간격으로 데이터가 존재하므로 같은 시점의 데이터가 존재하는 경우를 찾은 결과 이 연도를 사용하였다.

[17] 아르메니아, 방글라데시, 중국, 인도, 인도네시아, 이란, 이스라엘, 일본, 요르단, 대한민국, 키르기스스탄, 말레이시아, 네팔, 파키스탄, 필리핀, 스리랑카, 타지키스탄, 태국, 베트남.

분석 결과 및 해석

1. 탐색적 분석

시기별로 H와 HDI의 관계를 그림으로 살펴보면 〈그림 5-1〉과 같다. 그림에서 나타난 바와 같이 아시아 국가들의 평균 H는 감소하는 추세가 보이고 HDI는 증가하는 추세를 보여준다. 또한 무역의존도는 대체로 증가하는 추세이다. 이것은 시간에 따라 경제가 발전하여 빈곤이 감소하였음을 의미하며 무역은 일정 부분 이러한 빈곤감소에 기여했을 것으로 추측할 수 있다.[18]

---

[18] 지면을 절약하기 위해 그림에서는 나타내지 않지만, 아시아 국가 중에서 인구밀도가 높고 빈곤감소 속도가 상대적으로 빠른 중국과 인도 그리고 경제적인 주도권을 가진 한국과 일본 등 4개 주요 국가에 대해 세 지수 추이를 살펴본 바 있다. 중국과 인도는 H가 1990~2013년 동안 급속히 감소했고 생활의 질을 나타내는 HDI도 한국과 일본보다는 빨리 성장해 왔지만 아직도 차이는 크다. 하지만 한국과 일본은 이미 빈곤율이 매우 낮기 때문에 2000년대에 들어와서는 거의 개선되지 않고 있다.

그림 5-1 H, HDI와 무역의존도의 평균추세(전체 및 각 국가별)

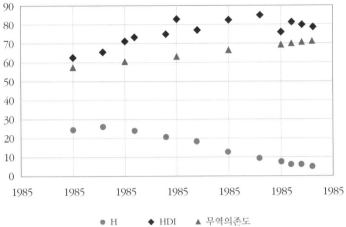

● H   ◆ HDI   ▲ 무역의존도

자료: 이이림 외(2019a).

이제, 빈곤율 수렴 여부를 분석하기 위해 일단 각 변수의 성장률과 초기연도의 관계를 그림으로 나타내 보았다. 초기연도 수준이 높은 국가에서 증가율(혹은 성장률)이 낮고 초기 수준이 낮은 국가에서 증가율이 높으면, 즉 초기 수준과 증가율 사이에 음(-)의 관계가 있으면 시간이 흐름에 따라 수렴한다고 할 수 있을 것이다.

〈그림 5-2〉에서 H 지수와 HDI의 변화를 보면 증가율은 초기연도의 지수와는 음의 관계를 가지는 것처럼 보이는데 이 기간 동안 각 국가의 지수가 상호간 수렴하는 경향이 있다는 것을 의미한다. HDI에서 나타나는 기울기가 H의 경우보다 훨씬 가파르기 때문에 HDI의 수렴 현상이 더 확실하게 나타날 것이라고 예상할 수 있다.

그림 5-2 H, HDI의 초기수준과 증가율의 관계

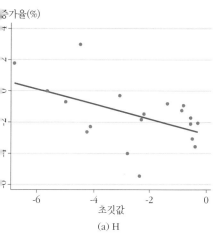
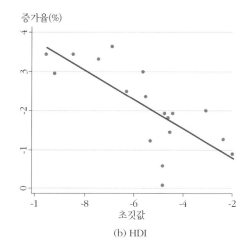

(a) H

(b) HDI

자료: 이이림 외(2019a).

2. σ 수렴 분석결과

먼저 σ 수렴 여부를 검증하기 위해 표준편차를 계산하여 연도별로 분석하였다. 〈그림 5-3〉의 왼쪽 그림에서 보면 1990~2013년까지 표준편차는 H의 경우 감소 추세이지만 HDI는 그 추세의 방향이 분명

그림 5-3 H와 HDI의 표준편차와 변이계수

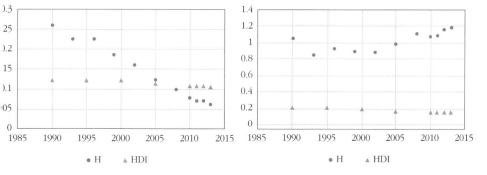

자료: 이이림 외(2019a).

하지 않다. 또한 표준편차의 문제점을 감안하여 표준편차를 평균으로 나누어서 계산한 변이계수가 오른쪽 그림에 나타나 있다. 이 경우 H는 감소하다가 증가하는 것으로 보여 추세가 분명하지 않지만 HDI는 감소하는 추세를 나타내고 있다.

3. β 수렴 분석 결과

1) 전체기간(1990~2013)

분석대상 기간 전체인 1990년부터 2013년까지의 횡단면 자료를 이용하여 식 (5-1)의 모형을 회귀분석한 결과가 〈표 5-3〉에 나타나 있다. 표에서는 무역의존도를 통제변수로 포함하지 않은 경우와 포함한 경우를 보이고 있다. 전자는 이른바 절대수렴(absolute convergence) 혹은 무조건부 수렴(unconditional convergence)을 나타내며 후자는 상대수렴(relative convergence) 혹은 조건부 수렴(conditional convergence)이라고 할 수 있다.

절대수렴 분석의 경우 H와 HDI에서의 β가 모두 양의 부호이긴 하지만 HDI에만 1% 유의수준에서 유의하다. 따라서 H는 각 국가 사이에 H가 수렴한다고 볼 수는 없을 듯하다. 하지만 보다 종합적인 지수라고 할 수 있는 HDI는 β가 유의한 양의 값으로 나타났기 때문에 국가들 사이에 수렴하는 경향이 있다고 해석된다.

무역이 미치는 영향을 분석하기 위해 무역의존도를 통제변수에 포함한 경우를 해석해보자. 무역변수를 통제변수에 포함한다는 의미는 설명변수가 종속변수에 미치는 영향을 측정함에 있어 해당 통제변수의 영향력을 배제하고 β값을 측정한다는 의미를 갖는다. 따라서 무역 변수를 포함했을 때 β(수렴속도)가 커진다면 결국 무역이라는 변수가 수렴속도를 감소시킨다는 의미로 해석할 수 있다. 반면 β가 작아지면 수렴속도가 증가하는 것으로 해석할 수 있다.

표 5-3 1990~2013년 24년간 수렴측정

	(a) 절대수렴		(b) 상대수렴	
	(H)	(HDI)	(H)	(HDI)
α 상수	-0.122*** (0.03)	-0.000 (0.00)	-0.003 (0.11)	0.006 (0.01)
β 수렴속도	0.029 (0.02)	0.021*** (0.01)	0.038 (0.02)	0.018*** (0.01)
γ TO	–	–	-0.033 (0.03)	-0.001 (0.00)
관측치 수	19	19	19	19
R^2	0.271	0.799	0.326	0.810

주: * p<0.10, ** p<0.05, *** p<0.01, ( )는 표준편차.
자료: 이이림 외(2019a).

표에서 보면 무역의존도 변수를 포함해서 회귀분석하였을 때, 유의하지는 않지만, β값이 0.029에서 0.038로 증가한 것을 볼 수 있다. 통계적으로 유의하지 않기 때문에 정확하게 해석할 수는 없지만, 무역이 이 기간 동안 아시아 국가들 사이에 H라는 측면에서는 국가 간 수렴에 기여하지 못했다고 해석된다. HDI 경우는 무역변수를 포함할 경우 1% 유의수준에서 0.021에서 0.018로 감소하고 있다. 따라서 무역은 수렴속도를 증가시킨 것으로 해석할 수 있다.

무역의존도 변수의 계수인 γ를 보면 무역의존도가 H 감소나 HDI 증가에 유의한 영향을 미치지 않는다는 것을 보여준다. 이는 앞의 그림에서 탐색적 분석을 한 것과는 달리 엄밀한 비선형회귀분석에서는 무역과 빈곤 변화율 사이에 통계적으로 유의한 명확한 관계가 나타나지 않는 것을 보여준다고 하겠다.

2) 시기별 수렴

이제 시기를 둘로 나누어서 수렴 여부를 구분하고자 한다. 1990년부터 2005년까지의 횡단면 자료를 이용하여 수렴분석을 한 결과가 〈표 5-4〉에 나타나 있다. 대체로 전체 기간과 비슷한 해석을 할 수 있으나 수렴속도를 보여주는 β 추정치는 전체 기간에 비해 작은 것으로 나타나고 있다. 또한 2005년과 2013년을 각각 초기연도 및 말기연도로 보아 그 기간 사이에 아시아 국가들의 수렴 여부를 분석하면 대략적으로 비슷한 결과를 보여주고 있다.

표 5-4 시기별 수렴측정

	1990~2005				2005~2013			
	절대수렴		상대수렴		절대수렴		상대수렴	
	(H)	(HDI)	(H)	(HDI)	(H)	(HDI)	(H)	(HDI)
α 상수	−0.085** (0.03)	0.000 (0.00)	−0.006 (0.12)	0.005 (0.01)	−0.145** (0.05)	0.001 (0.00)	0.192 (0.20)	0.007 (0.01)
β 수렴속도	0.021 (0.01)	0.020*** (0.01)	0.025 (0.01)	0.018** (0.01)	0.007 (0.01)	0.019*** (0.00)	0.015 (0.02)	0.018*** (0.00)
γ TO	–	–	−0.022 (0.03)	−0.001 (0.00)	–	–	−0.084* (0.05)	−0.001 (0.00)
관측치 수	19	19	19	19	19	19	19	19
R^2	0.613	0.864	0.625	0.866	0.805	0.980	0.837	0.981

주: * $p<0.10$, ** $p<0.05$, *** $p<0.01$, ( )는 표준편차.

자료: 이이림 외(2019a).

제4절
소결

본 장에서는 최근 25년간의 데이터를 이용하여 아시아 각국 사이에 빈곤수준의 추이를 살펴보고 각국의 빈곤수준이 서로 수렴해 온 것인지 혹은 오히려 격차가 더 커져왔는지를 분석하였다. 특히 무역은 이러한 수렴 여부에 어떤 영향을 미쳤는지를 분석하였다. 이러한 분석에 가장 많이 쓰이는 빈곤자비율(H)과 삶의 질을 종합적으로 보여주는 지수인 인간개발지수(HDI)라는 두 가지 지수를 이용하여 비선형 회귀분석 등 여러 가지 계량분석을 실시하였다. 구체적으로는 경제성장 분야에서 쓰이는 σ 수렴 측정과 β 수렴 측정방법을 이용하였다.

분석대상 기간은 흔히 세계화가 진행된 기간으로 인식된다. 따라서 이 기간에 빈곤 관련 지수들이 어떻게 변화했는지는 세계화의 성과를 분석하는 데 매우 중요한 키워드가 될 수 있다. 특히 무역이 이 기간에 빈곤에 어떤 영향을 미쳤는지 혹은 이 기간 동안 각국 빈곤율의 격차를 좁히는 방향으로 작동하였는지를 분석하는 것이 본 장의 목적이다. 이를 위해 여러 분석을 시행한 결과, 이 기간에 빈곤율은 평균적으로 감소해 왔으며 HDI는 증가 추세임을 발견하였다. 이는 무역과 더불어 아시아 국가에서 빈곤문제에 개선이 있었음을 보여준다.

하지만 이러한 추세는 아시아 국가 전체의 평균을 나타내며, 국가들 사이의 격차가 어떻게 변하고 있는지를 보여주지는 못한다. 이를 보여주는 방법 중의 하나가 본 연구에서 제시한 수렴분석이다. 본 연구에서 H의 수렴성은 통계적으로 유의한 결과가 나타나지 않았으며, HDI를 이용할 때 수렴하는 것을 발견하였다. 또한 무역은 이 과정에서 역시 H 수렴에 유의한 영향을 미쳤다는 결과를 얻지 못했지만 HDI는 무역이 수렴속도를 향상시키는 데 일정한 기여를 했다는 것을 발견했다.

이러한 결과는 지난 25년 동안의 세계화 기간에 삶의 수준은 국가 간에 수렴하는 경향이 있었지만 그럼에도 각국의 빈곤자비율이 수렴하는 경향을 발견할 수는 없었다는 것을 의미한다. 결론적으로, 세계화를 통해 빈곤이 감소한 것은 사실이지만 국가 간 격차가 감소하지는 않았기 때문에 세계화 이외에도 국가 간의 협력이 필요한 상황이라는 것을 알 수 있다. 하지만 이러한 분석결과를 도출하는 데 너무 단순한 모형을 사용하였다는 한계가 있다. 가장 중요한 것은 빈곤을 결정하는 제도적 혹은 역사적 요인이 생략되었다는 점이며, 세계화를 측정하는 대리변수의 경우 무역의존도 이외의 다른 변수들을 이용한 다양한 분석이 필요하다.

제6장

아시아 국가 간 노동이동과 빈곤
: 이주와 해외송금

제1절

머리글

세계화와 관련해서는 재화나 돈의 흐름뿐만 아니라 사람의 이동도 주목해야 한다. 사람의 이동은 전에도 있었지만 세계화는 이를 일층 가속화하는 동인을 제공한다. 세계화가 진전될수록 많은 사람들이 더 나은 기회를 찾아 국경을 넘고 있다.

국가 간 소득 격차에 따른 일시적인 근로자의 이동을 이민(immigration)과 구별하여 이주(migration)라 한다. 그것이 노동의 제공을 목적으로 하는 것이라면 여기에는 해외송금(remittance)이 뒤따른다. 이주자는 자신의 가족을 남겨둔 채 이동하기 때문에 소득의 일부를 본국에 남아 있는 가족에게 송금한다. 그리고 이것은 가족의 복지 증진뿐만 아니라 액수에 따라서는 국가 경제에도 긍정적인 영향을 미칠수 있다.

해외송금은 개발도상국을 위한 해외직접투자(FDI) 다음으로 중요한 외부 자금 공급원이다(Yoshino et al., 2017). 액수로는 해외직접투자(FDI)가 가장 큰 공급원이지만 이는 변동성이 큰 반면에, 해외송금은 이와 달리 지속적이며 계속 증가하는 추세이다.

이 장에서는 이주와 해외송금이 아시아의 빈곤에 미치는 영향에 대해 살펴보기로 한다. 구체적으로는 다음의 주제를 다룬다.

첫째, 아시아에서 이주 및 해외송금 현황을 알아본다.

둘째, 이주 및 해외송금이 수입국과 송출국에 미치는 영향을 살펴본다.

셋째, 해외송금이 빈곤에 미치는 선행연구를 조사한다.

넷째, 해외송금이 빈곤에 미치는 영향에 대한 실증분석을 실시한다.

다섯째, 해외송금의 빈곤감소 효과를 높이기 위한 정책적 이슈를 제안한다.

아시아의 이주 및 해외송금 현황

1. 아시아에서의 이주 동인과 규모

아시아에서 국가 간 이주는 전 세계 이주에서 상당 부분을 차지한다. 아시아에서 국경을 넘어 이주노동이 이루어지는 동인은 수요와 공급의 측면에서 나누어 생각할 수 있다.

수요 측면에서 볼 때, 선진국의 다양한 인구 특성의 변화와 개인 서비스, 예를 들면 건강 관리에 대한 수요 증가가 아시아 노동 이동의 주요 동인으로 작용한다. UN 인구 전망(United Nations, 2013b)에 따르면 많은 선진국의 노동력은 실제적으로 감소할 것으로 예상된다. 예를 들면, 2050년까지 일본의 모든 근로자 수 대비 퇴직자 수는 1.3명이 될 것으로 예상한다. 반면에 인접국들은 노동의 대체 수준 이상의 출산율을 보이고 있다. 예를 들면, 필리핀은 모든 퇴직 근로자 수 대비 4배의 출산율을 보여 인근 선진국으로의 이주를 위한 풍부한 공급원이 되고 있다.

반면 공급 측면에서 이주의 가장 중요한 동인은 이주노동 송출국과 수입국 간의 소득 격차다. 주요 송출국은 일자리를 찾기 힘든 젊은 노동을 많이 보유하고 있는데 이들 젊은이들에게 이주는 좋은 경제적 기회가 된다. 베트남에서는 10명의 이민자 중 9명이 더 많은 수입을 얻기 위해 다른 아시아 국가로 갔다고 응답했다(Bélanger et al., 2010). 예를 들어, 한국에서 일하는 베트남 근로자는 자국에서보다 최소 11배의 수입을 올릴 수 있다. 방글라데시와 네팔의 이주노동자들을 해외로 이끄는 주요 요인으로 각각 '재정 능력 확보'와 '저소득 및 저축'으로 응답했다(Asia Foundation, 2013). 카자흐스탄으로 이주한 비숙련노동자에 대한 한 설문조사에서는 조사 응답자의 40%가 주된 이유로 '노동 소득'을 지적했다(Sadovskaya, 2009).

경제적 요인 외에 비경제적 요인 또한 이주노동의 이유가 된다. 네팔로 귀환한 이주자들은 '해외의 유리한 환경'을 핵심 결정 요인으로 지적했다(Asia Foundation, 2013). 필리핀인들은 해외에서 일하기로 결정할 때 무엇보다 '가족의 더 나은 미래'가 중요했다(Asis, 2005). 뉴질랜드와 호주에서 일하는 숙련된 필리핀 이주자들은 이주의 주요 동기로 '경력 발전, 더 나은 삶의 질, 사회 복지 및 일과 삶의 균형'을 지적하고 있다.

아시아와 태평양 지역의 이주노동 규모를 보면 지난 수십 년 동안 크게 증가했다. 특히 1970년대부터 더욱 크게 증가하였는데, 이러한 계기가 된 것은 오일쇼크 이후 유가 급등에 따라 중동 산유국들이 인프라 투자를 확대하였고 이에 따라 인근 개도국의 이주노동이 필요했기 때문이다. 1980년대 중반부터는 싱가포르나 한국과 같은 국가들이 이주 노동자를 받기 시작했다.

2013년 현재 전 세계 이주자는 약 2억 7,500만 명 이상으로 추계

된다(World Bank, 2019b). 그중 약 8,000만 명, 즉 전체 이주자의 약 30%가 아시아 및 태평양 지역 출신이다. 이주자 송출 상위 3개국은 중국(1,380만 명), 인도(960만 명), 방글라데시(750만 명)이다.

이주자의 주요 목적지 국가에는 〈표 6-1〉에서 보듯이 미국이나 OECD의 부국들이다(Ratha, et al., 2018). 또 아랍에미리트, 사우디아라비아, 쿠웨이트 및 카타르와 같은 중동 및 걸프 협력국가도 포함된다. 부국이 아니더라도 상대적인 소득 격차가 있다면 인접 국가에서 이주가 이루어진다. 아시아 내에서도 방글라데시에서 인도로, 미얀마에서 태국으로, 인도네시아에서 말레이시아로 상당한 지역 내 이주가 이루어지고 있다.

표 6-1 아시아로부터 이주의 목적지(2013)

(단위: %)

전체	동아시아, 동남아시아 태평양 국가들로부터 3,140만 명	남아시아로부터 3,800만 명
동아시아와 태평양	20	1
중동과 동아프리카	0	6
남아시아	3	28
걸프 협력회의	14	43
미국	22	7
기타 지역	41	15

자료: Ratha et al.(2018); United Nations(2013).

〈표 6-2〉는 전체 노동력 중 외국인 이주자가 차지하는 비율을 보여준다. 비율이 높은 국가는 싱가포르(38.8%), 말레이시아(17.0%) 순이다. 특기할 만한 것은 한국인데 비율의 절댓값은 높지 않으나 2000년에 비해 2014년에는 비율이 크게 상승하였다(Ratha et al., 2018).

표 6-2 아시아 주요국의 외국인 근로자 총 수 및 노동력에서 차지하는 비율

(단위: 천 명, %)

	외국인 근로자 수		노동력에서 차지하는 비율	
	2000	2014	2000	2014
일본	516	682	0.8	1.0
한국	17	896	0.1	3.3
말레이시아	945	2,320	9.9	17,0
싱가포르	686	1,337	29.4	38.8
태국	664	3,000	2.0	7,7

자료: Ratha et al.(2018).

2. 해외송금 유입 현황

이주는 소득 격차에 따른 단기적 이동의 성격이 크므로 이주근로자
들은 자신의 소득을 모국으로 송금하게 된다. 따라서 이주자가 증가
함에 따라 해외송금의 규모도 증가하게 된다. 〈표 6-3〉에서 보듯이
이주가 증가함에 따라 2019년에 중·저소득국(LMICs: low and middle
income countries)으로의 해외송금액은 5,510억 달러에 달한다. 이는

표 6-3 중·저 소득지역으로의 해외송금 흐름에 대한 측정 및 추정치

(단위: 10억 달러)

	2010	2016	2017	2018	2019e	2020f	2021f
중·저 소득 지역	343	444	484	526	551	574	597
동아시아 태평양	96	128	134	143	149	156	163
유럽 및 중앙아시아	38	44	53	58	59	62	64
남미 및 카리브	56	73	81	89	96	99	103
중동 및 북아프리카	39	51	57	58	59	61	63
남아시아	82	111	117	132	139	145	150
사하라 이남 아프리카	32	38	42	47	49	51	54
전 세계	470	589	634	683	707	739	768

자료: World Bank(2019a).

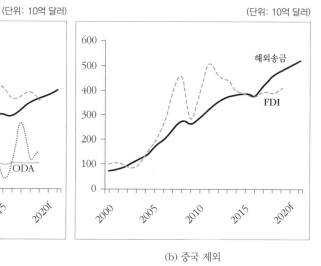

(a) 중국 포함   (b) 중국 제외

: FDI: foreign direct investment, ODA: official development assistance.
료:World Bank(2019a).

2018년에 비해 4.7% 증가한 액수이다(World Bank, 2019a).

이 지역에서 중·저 소득 지역으로의 해외송금은 〈그림 6-1〉에서 보는 것처럼 해외직접투자(FDI)를 초과하는 추세를 보인다. 그림에서 보면, 아시아 및 태평양 지역으로의 해외송금 유입도 크게 증가했다. 이 지역으로의 해외송금 총 유입액은 2006년 1,400억 달러에서 2016년 2,410억 달러로 증가했으며 2017년에는 2,250억 달러에 달했다. 이는 전 세계 개발도상국의 전체 해외송금 흐름의 거의 절반을 차지하는 큰 액수이다.

해외송금 유입 현황을 국가별로 보면 〈그림 6-2〉와 같다. 그림에서 보듯이 전 세계 해외송금 수령 상위국은 인도, 중국, 멕시코, 필리핀 순인데 상위 4개국 중 세 나라를 아시아가 차지하고 있다. 이러한 해외송금 증가는 이주자 증가, 해외송금 비용 감소 및 해외송금의 기

그림 6-2 상위 해외송금 수령국(2019)

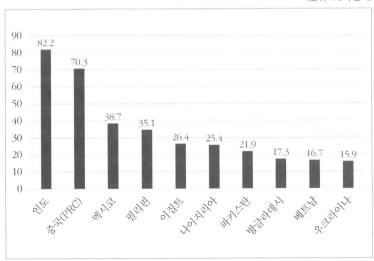

(단위: 10억 달러)

자료: World Bank(2019a).

록 개선 등을 반영하는 것이다(Clemens & McKenzie, 2014).

그런데 이러한 공식 통계보다 실제 해외송금 금액은 훨씬 많은 것으로 추산된다. 국제통화기금(IMF)은 비공식 채널을 통한 해외송금을 고려하면 전 세계 해외송금액은 50% 이상 증가할 것으로 보고 있다(World Bank, 2019a). 어쨌든 이 지역의 많은 개발도상국에서 이러한 이주자들의 해외송금은 경제의 생명선이자 가장 중요한 외환 공급원이 되고 있다.

이주노동 및 해외송금의 영향

1. 총체적 영향

이주 및 해외송금의 일반적 경제 효과는 총체적으로 긍정적이다. 어떤 의미에서는 노동이동 자유화에 따른 이득은 상품무역 자유화의 효과보다 더 큰 것으로 평가된다. 왜냐하면 수입국과 송출국 간의 노동서비스 가격의 격차가 상품가격의 차이보다 크기 때문이다.[19]

Parsons et al.(2007)은 경제협력개발기구(OECD) 국가가 기존 노동력의 3%에 해당하는 추가 유입을 허용하면 전 세계 실제 산출량은 2,870억 달러가 증가할 것이라고 밝혔다. 이 중 미숙련노동의 이주로 인한 부분이 1,500억 달러이고 숙련노동의 이주로 인한 부분이

---

19 정확하게 말하면, 상품이동은 상당히 자유화되어 있기 때문에 국가 간 가격 차이가 작고 노동이동은 규제되고 있기 때문에 임금 차이가 더 크다고 할 수 있을 것이다. 어쨌든 현재 상황에서 노동이동 자유화의 효과는 상품이동 자유화의 효과보다 크다고 할 수 있다.

1,110억 달러이다. 완전한 노동이동 자유화의 효과를 계량화할 경우 Docquier et al.(2015)에 따르면 1인당 세계 GDP는 11% 증가한다. 그 중에서도 아시아는 큰 수혜자로 근로자 1인당 GDP가 약 2% 증가하는 것으로 추정하고 있다. 여기에 이주의 네트워크 효과가 추가되면 아시아에서 근로자당 소득은 약 7% 증가하게 된다(Ratha et al., 2018).

2. 이주 수입국에 미치는 영향

이주노동은 이를 수입하는 나라에 보완적 역할을 한다. 이주노동은 저숙련근로가 대부분인데 이는 수입국의 기존 인력이 숙련노동에 종사하게 하는 보완적 효과를 갖는다. 예컨대 말레이시아에서는 2013년에 이주노동이 도입되면서 교육정도가 떨어지는 이주자에게는 농업과 제조 부문을 맡겼다. 그리고 원주민은 보다 숙련된 일자리에 특화하게 되었다. 이러한 전문화는 전체적인 경쟁력을 향상시켜 원주민의 일자리 창출에 기여할 수 있었다. 말레이시아에서는 특정 산업 지역에서 10명의 추가 이민자들이 원주민을 위한 4개의 새로운 일자리를 창출했다(Ozden & Wagner, 2014).

또한 이주근로자와 원주민 간의 이러한 보완성은 이주가 임금과 실업에 미치는 부정적인 영향을 줄이는 데 도움이 된다. Docquier et al.(2010)는 이주노동이 임금에 미치는 효과를 시뮬레이션한 결과 싱가포르의 저숙련근로자의 임금을 6.8% 높이는 효과가 있다는 것을 발견했다. Peri & Sparber(2008)도 이주 노동자와 현지 노동자의 상호 보완성을 발견했다. 이주 노동자들은 제조업 또는 광업 부문에서 일한 반면 원주민들은 개인 서비스 및 농업 부문에서 일하는 경향이 있

었다. 태국의 저숙련 이민자들은 저숙련 원주민의 임금을 약간(0.5%
미만) 낮추는 효과가 있었던 반면 숙련된 원주민(고등학교 또는 고등교
육)의 임금을 높이는 효과가 있었다(Lathapipat, 2010). 한국, 말레이시
아, 태국 등에서 이민자들이 내국인의 고용에 부정적인 영향을 미쳤
다는 증거는 거의 없다(Ahsan et al., 2014). 말레이시아에서는 저숙련
이주 노동자의 총량이 10% 순증가하면 실질 GDP가 1.16%, 실질 가
구소비는 0.42%, 고용은 1.47%, 투자는 1.15% 증가한다는 연구도 있
다(Kanapathy, 2011).

3. 이주 송출국에 미치는 영향

이주노동은 이를 내보낸 나라에는 분명 도움이 된다. 이주노동은 본
국에서 실업문제 해결에 도움이 되고 이주자들이 보낸 해외송금은
국가 경제의 재정과 안정적 운용에 도움이 될 것이다. 또 이주노동자
들은 교육에 대한 투자에서 더 높은 수익률을 올리게 된다. 예를 들
어, 교육받은 필리핀 간호사가 일본에 취업하면 자국에 비해 일곱 배
나 많은 수입을 올릴 수 있다. 일본에서는 월 2,000달러를 벌 수 있
는 반면 필리핀에서는 월 280달러에 불과하다(Ratha et al., 2018). 이
높은 소득의 일부는 해외송금으로 집으로 보낸다. 모국으로의 해외
송금 증가는 경제성장을 촉진하고 다른 채널을 통해 빈곤을 줄인다
(Beyene, 2014; Le Goff, 2010).

이외에도 해외송금은 다음과 같은 긍정적 영향이 있다(Ratha et al.,
2018).

첫째, 해외송금은 국내 소비를 늘린다. 해외송금은 필리핀 경제성

장의 주요 동력이며 네팔과 베트남에서는 부동산 시장 주요 원동력
이다.

둘째, 해외송금은 어려운 시기나 자연재난이 발생하면 이를 극복
하기 위한 완충 역할을 해준다. 예컨대 2013년 11월에 슈퍼 태풍이
필리핀을 강타했을 때 해외송금은 가구의 경제적 충격을 크게 완화
해 주었다.

셋째, 필리핀에서 볼 수 있듯이 신용 제약을 해소해 주어 이주자
가구의 복지를 향상시키며(Yang, 2004) 그럼으로써 금융 발전에 기
여한다(Aggarwal et al., 2011). 또한, 자금이 유입됨으로써 기업가 활
동 증가, 인적 자본 축적 증가, 아동 노동의 감소로 이어지기도 한다
(Yang & Martinez, 2005).

한편 해외송금 유입은 긍정적 효과만 있는 것은 아니다. 해외송금
의 부정적 결과로는 다음과 같은 것들이 있다.

첫째, 송출국의 입장에서는 두뇌 유출의 우려가 있다(Riccardo,
2006).

둘째, 국내 자원배분의 왜곡 현상이 심화될 수 있다. 예컨대 필리핀
간호사의 경우처럼 해외로 나갈 수 있는 교육 훈련에 대한 과잉투자
와 공급 초과가 이루어지는 반면 국내에 필요한 교육 훈련에 대해서
는 투자가 이루어지지 않는 왜곡 현상이 야기될 수도 있다(Tullao et al.,
2011).

셋째, 해외송금은 의중 임금(reservation wage)을 증가시킬 수 있으
며 따라서 이주 가구의 노동력 참여를 감소시킬 수도 있다(Clemens &
McKenzie, 2014). 일반적으로 이주노동을 많이 내보내는 국가는 그 비
율이 낮은 국가보다 경제성장이 느린 것으로 나타난다. 이주노동과
낮은 경제성장 간의 인과관계를 생각해보면, 성장이 늦은 나라이기

때문에 이주노동을 많이 내보내는 것으로 인식할 수도 있지만 두뇌 유출과 해외송금 유입의 네덜란드병(Dutch disease) 효과로 인해 반대 방향으로도 나타날 수 있는 측면도 존재한다(Ahsan et al., 2014).

넷째, 해외송금이 불평등을 증가시킬 수 있다. 예를 들어, Rodriguez(1998)는 필리핀의 10분위 상위계층이 해외송금 가운데 더 많은 비중을 차지한다는 점을 발견했다.

마지막으로, 이주의 사회적 비용이 상당할 수 있다. 예컨대 이주에 따른 가족 붕괴 및 관련된 정서적 스트레스는 화폐로 계산되지는 않지만 큰 비용일 수 있다.

아시아에서의 해외송금이 빈곤에 미치는 영향 실증 분석

1. 연구 개요

이 절에서는 아시아에서 해외송금이 이주근로자 본국의 빈곤에 미치는 영향을 알아보기 위해 독자적인 실증연구를 실시하였다. 본 파트의 실증분석 부분은 일부 이이림 외(2019b)를 이용하였다. 연구대상은 아시아개발은행(ADB)의 회원가입국 중 일관된 빈곤율 데이터를 구득할 수 있는 20개 ODA 수령국으로 한정하였다.

본 장의 내용은 기존 연구에 비해 다음과 같은 차별성이 존재한다. 첫째, 이 분야에서의 많은 연구들은 대체로 기술적(descriptive)인 연구가 대부분이지만 본 연구는 자료에 근거하여 실시한 실증연구이며 회귀분석을 통한 데이터 분석결과를 제시한다. 둘째, 특히 해외송금이 빈곤에 미치는 영향력의 크기가 해당 국가의 해외송금률 수준 차이에 의해 달라지는지를 2차함수를 도입하여 분석하였다. 셋째, 경제발전 단계 차이 등 국가의 특성에 따라 분석결과가 어떻게 달라지는

지를 명시적으로 보여준다는 점도 의미가 있다.

2. 기존 연구의 검토

1) 이론적 연구

먼저, 해외송금이 빈곤감소에 긍정적인 영향을 준다는 이론 연구들은 개도국이나 후진국의 노동이동에 따른 송금에 대한 이론적 정당성을 부여하고 있다. 미시적으로 보면, 해외송금이 유입됨으로써 송금액이 직접 개인 가계로 유입되어 가계소득이 증가하고 이에 따라 교육에 대한 투자 증가, 숙련노동 증가로 이어져 전체 소득에 다시 긍정적인 영향을 줄 수 있다. 뿐만 아니라 건강 또는 소비에 대한 투자도 상승하여 경제성장에 긍정적인 영향을 미치고 빈곤도 감소할 수 있다(Adams & Page, 2005; Edwards & Ureta, 2003; Khatri, 2010; McKay & Deshingkar, 2014).[20] 거시적으로 보면 외국 화폐가 유입되면서 소비와 투자를 증가시켜 경제성장에 도움이 될 수도 있다(Anyanwu & Erhijakpor, 2010; Portes, 2009). 하지만 해외송금이 상대적으로 금융시장 체제 또는 정치적 기반이 불안정한 국가들에 미치는 영향이 더 클 것으로 보인다(Giuliano & Ruiz-Arranz, 2009; Faini,

---

[20] 본 장의 부록에서는 이론 연구의 한 사례로서 Yoshino et al.(2017)이 제시한 이론모형을 제시하고 있다. 빈곤수준은 여러 지표를 이용하여 측정하는데, 가장 일반적인 형태가 하루 일정 금액 이하를 지출하면서 사는 인구의 비율인 빈곤자비율(headcount ratio)의 개념임을 고려하여 송금이 이루어질 때 소비지출이 증가할 수 있음을 보여주고 있다.

2006). 해외송금 유입이 국가 간의 금융활동이라서 이러한 정치적 환경과 금융시장 환경의 영향을 많이 받는다는 것이다.

반면, 일반적인 예상과는 달리 송금이 경제에 부정적 영향을 미칠 수도 있다는 이론도 있다. Amuedo-Dorantes & Pozo(2004)에 의하면 해외송금이 경제성장에 미치는 부정적인 영향은 '네덜란드병'의 측면에서 가능성이 있다. 해외에서 본국으로 유입하는 자금이 많아지면 본국의 화폐가치 상승을 유발할 수 있고 화폐가치 상승은 제조업 부문의 국제경쟁력을 약화시켜서 경제에 부정적 영향을 미치게 된다. 또한 해외송금이 유입되면 도덕적인 해이(moral hazard)가 일어날 수 있는데, 이는 송금 유입국의 노동이 취업에 대한 적극적 노력이 부족해지고 실업률이 증가하여 사회발전에 부정적인 영향을 미칠 수 있다는 것이다(Acosta, 2006; Grigorian & Malkonyan, 2010).

2) 실증적 연구

이주근로자들이 해외에서 벌어 본국으로 보내는 해외송금이 개발도상국의 빈곤감소에 미치는 영향에 대해서는 다수의 실증적 연구가 있지만 이론적 연구에 비하면 자료에 근거한 실증연구는 상대적으로 적다. 실증연구로만 좁혀보면 해외송금이 빈곤감소에 긍정적인 영향을 미친다는 연구가 다수지만 그렇지 못하다는 연구도 있어 증거는 혼재되어 있다고 할 수 있다.

Adams & Page(2005)는 해외송금이 빈곤감소에 미치는 영향을 경험적으로 본격적으로 연구하였다. 그들은 71개 개발도상국의 해외송금 및 빈곤에 대한 데이터를 분석하여 해외송금이 개발도상국의 빈곤수준, 심도 및 심각도를 크게 줄일 수 있음을 보여주었다. 평균적으로 한 나라 인구의 국제 이민자 비율이 10% 증가하면 당시 세계은 행의 빈곤선이던 하루 1인당 1.00달러 미만을 소비하는 사람들의 비율이 2.1% 감소할 것으로 예측했다. 또한 분석상 나타나는 내생성을 도구변수화하면, 1인당 공식 국제 해외송금의 10% 증가는 빈곤에 사는 사람들의 비율을 3.5% 줄이는 효과가 있다는 것도 밝히고 있다.

Anyanwu & Erhijakpor(2010)는 1990년부터 2005년까지 33개국의 패널 데이터를 사용하여 아프리카 국가들의 빈곤감소에 대한 해외송금의 영향을 조사했다. 그들은 해외송금이 빈곤을 감소시키는 데 강력하고도 통계적으로 유의미한 영향을 미친다고 결론 내렸다. Imai et al.(2014)은 24개 아시아 및 태평양 국가들의 연간 패널 데이터를 사용하여 해외송금이 1인당 GDP 성장에 미치는 영향을 조사했는데 앞서의 이론적 및 경험적 연구결과들에 부합되게 해외송금이 경제성장과 빈곤감소에 긍정적인 영향을 주고 있음을 발견했다.

Yoshino et al.(2017)은 1981년부터 2014년까지 아시아 개발도상국 10개국의 패널 데이터를 사용하여 해외송금이 빈곤감소에 미치는 영향을 조사하였다. 종속변수로는 빈곤자비율(poverty headcount ratio), 빈곤갭비율(poverty gap ratio), 빈곤심각도비율(poverty severity ratio)의 세 가지 빈곤지표를 채택하였는데 연구 결과 해외송금이 빈곤갭비율 및 빈곤심각도비율 감소에 통계적으로 유의한 영향을 미친다는 결과를 보여주었다. GDP 대비 백분율로 해외송금이 1% 증가하면 10개의 아시아 개발도상국 샘플에서 빈곤갭비율이 22.6% 감소하고 빈곤심각도비율은 16.0% 감소하였다. 덧붙여 1인당 GDP 증가와 무역개방은 빈곤지표들을 감소시킬 수 있다는 것도 밝혀냈다.

반면에 해외송금이 빈곤감소에 미치는 영향에 대해 회의적인 연구결과도 일부 존재한다. Hein(2005)의 질적 조사에 따르면 이주자들의 해외송금이 이들을 받아들이는 국가의 생활조건 개선에 반드시 기여하는 것은 아니라는 점이 밝혀졌다. 순환 이주 패턴을 방해하는 규제적인 이민정책이 이주노동이 갖는 발전 잠재력이 충분히 실현되는 것을 방해하기 때문이라는 것이다. Chami, Fullenkamp & Jahjah(2005)는 1970년부터 1998년까지 근로자의 해외송금이 보고된 113개국의 경제를 기반으로 해외송금 모델을 조사했다. 그 결과 해외송금은 보상의 이전이라는 측면이 있어 GDP 성장과 음의 상관관계가 있다는 것을 발견했다.

Azam & Gubert(2006)는 아프리카의 이주와 해외송금에 관한 미시경제적 증거를 조사했으며 두 가지 주요 결론에 도달했다. 첫째, 아프리카에서의 이주는 가족이나 지역에 의해 이루어진 집단 결정으로 간주되며 해외송금 유입은 소득원을 다양화하고 가족 소비를 지원하는 방법으로 생각되는 측면이 있다. 둘째, 해외송금 유입은 한편으로 아프리카 내에서 모럴 해저드 문제를 야기할 수 있다. 아프리카에 남은 사람들은 저소득 노동에는 종사하지 않으려는 경향이 발생하게 된다는 것이다. 해외에 나간 이주자들이 자신의 부족한 소득을 메워주리라고 기대하기 때문이다.

3. 실증연구의 분석 자료와 모형

본 연구는 ADB 회원국 중 빈곤지수를 상대적으로 완전하게 구할 수 있는 20개국을 대상으로 분석하되 HDI 지수(Human Development Index)가 매우 높고 빈곤자비율이 낮은 국가를 포함하는 경우 결과가 왜곡될 수 있음을 감안하여 이들을 제외한 13개국을 주 연구대상으로 분석했다.[21] 연구대상 기간은 1990년부터 2013년까지 24년간이다. 빈곤지수로는 빈곤 연구에서 가장 일반적으로 사용하는 지수들을 사용하였는데, 앞의 제2장에서 설명한 빈곤자비율(H: headcount ratio), 빈곤갭지수(PG: poverty gap)와 빈곤갭제곱지수(SPG: squared poverty gap) 등이며 PovcalNET에서 추출했다.[22] 해외송금 유입은 노동자가 해외로 이동하여 노동수입을 본국으로 보내는 것을 의미하는데 세계은행에서 자료를 수집하였다.[23] 그뿐만 아니라 해외송금에 영향을 미칠 수 있는 세계화의 영향을 고려하였는데 여러 가지 세계화지수 중에서도 KOF 세계화지수를 이용하였다.

이 중에서 세부 지수로는 경제적 세계화지수 중에서도 금융 세계화를 나타내는 KOFFiGIdf와 사회적 세계화지수 중의 대인관계 세계화를 나타내는 KOFIpGIdf 및 정치적 세계화를 나타내는 KOFPoGIdf를 KOF website에서 찾아 분석을 진행했다. 본 연구에서 사용된 데이터에 대한 정의 및 설명은 〈표 6-4〉와 같다. 본 연구에서의 주요 변수인 해외송금액(remittance inflow)은 GDP 대비 비율로 정의하여 RIG라고 칭하도록 한다.

---

21 방글라데시, 중국, 인도, 인도네시아, 키르기스스탄, 라오스, 몰디브, 몽골, 네팔, 파키스탄, 필리핀, 타지키스탄, 베트남(아르메니아, 아제르바이잔, 조지아, 태국, 말레이시아, 한국, 일본 제외).

22 http://iresearch.worldbank.org/PovcalNet/home.aspx(N이 전체 수, q는 빈곤선 이하의 수, x는 소득, z를 빈곤선 소득수준일 때 $H=q/N$, $PG=(1/N)\sum(1-x_i/z)$ $SPG=(1/N)\sum(1-x_i/z)^2$로 나타낸다.

23 http://datamarket.com/data/set/28md/remittance-inflows-to-gdp.

표 6-4 빈곤지수 및 설명변수

변수		출처
빈곤지수	빈곤자비율(H or HC); 1.9달러/일 이하 비율	World Bank(2018), PovcalNet
	빈곤갭(PG)	
	빈곤갭제곱(PGS): 빈곤의 심도	
변수	인간개발지수(HDI): 교육, 건강, 소득	UNDP(2015)
	RIG: 해외송금액/GDP	World Bank(2019c)
	실질 소득수준	PWT 9.0(2018)
	세계화지수: 금융, 사회, 정치적 세계화	KOF (2018)

〈그림 6-3〉에서는 전 세계와 각 지역별 빈곤자비율 커널(Kernel) 분포의 추이를 보여주고 있다. 1981년부터 2013년까지 국가들의 평균빈곤자비율은 대부분 왼쪽으로 이동하고 있어 커널이 완만한 형태에서 뾰족한 형태로 바뀌고 있다. 즉, 전 세계적으로 대부분의 빈곤자비율은 하락했고 국가 간의 격차도 줄어들었다. 지역별로 보면 동아시아태평양 지역, 남아시아, 사하라남쪽 아프리카 지역 등의 빈곤자비율이 매우 높았는데 급격하게 줄어들었다. 이 중에서 사하라 남쪽 아프리카 지역의 빈곤 개선은 시기적으로 2008년부터 2013년 사이에 가장 크게 개선되어 타 지역에 비해 최근에야 발생하고 있다.

〈표 6-5〉와 〈표 6-6〉은 본 연구의 분석대상 국가들의 빈곤자비율과 해외송금 비율의 추이를 보여주고 있다(World Bank, 2019c, 2019d).

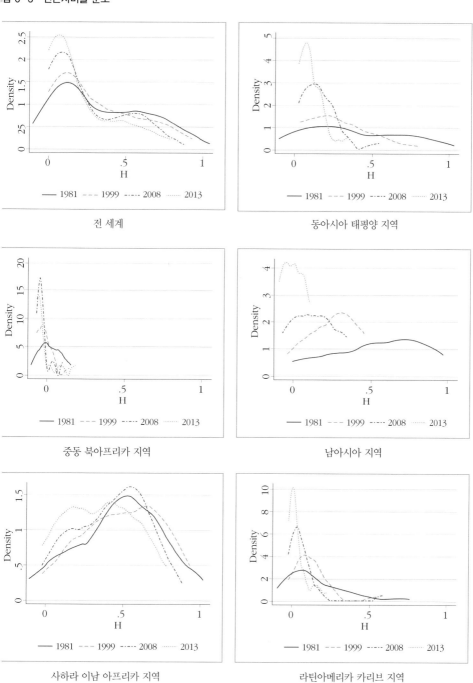

전 세계

동아시아 태평양 지역

중동 북아프리카 지역

남아시아 지역

사하라 이남 아프리카 지역

라틴아메리카 카리브 지역

주: 이이림 외(2019b)

표 6-5 빈곤자비율 H

(단위: %)

연도	1990	1993	1996	1999	2002	2005	2008	2011	2013
아르메니아	10.9	28.0	17.9	16.9	15.1	4.5	1.5	2.7	2.4
아제르바이잔	0.7	3.2	6.8	4.1	0.0	0.0	0.5	0.4	0.4
방글라데시	41.4	38.4	36.1	35.8	32.7	24.5	20.1	15.3	11.7
중국	66.6	57.0	42.0	40.5	31.9	18.7	14.7	7.9	1.9
조지아	5.0	47.5	6.0	19.9	16.9	16.2	15.5	17.8	11.5
인도	43.5	46.2	43.3	42.5	41.2	37.5	33.4	22.4	16.5
인도네시아	57.3	57.1	45.9	40.0	23.4	21.6	21.6	13.6	9.8
일본	0.3	0.3	0.3	0.3	0.3	0.3	0.3	0.3	0.3
한국	0.7	0.7	0.3	0.3	0.3	0.3	0.3	0.3	0.3
키르키스스탄	4.6	44.3	42.7	23.0	34.2	15.4	4.0	1.8	3.3
라오스	40.4	34.8	38.9	36.1	34.6	26.0	26.5	22.6	20.7
말레이시아	1.4	1.5	0.6	1.2	0.6	0.5	0.3	0.2	0.1
몰디브	35.8	29.1	20.3	16.5	12.2	10.3	6.3	4.9	4.7
몽골	37.6	21.7	20.0	22.1	10.6	5.1	1.2	0.6	0.3
네팔	72.7	67.4	60.2	51.6	45.5	40.1	28.2	15.4	8.9
파키스탄	57.3	41.8	18.2	22.3	28.4	15.9	11.9	8.1	7.0
필리핀	25.2	25.6	20.8	15.9	13.7	14.2	11.6	12.4	10.8
타지키스탄	1.1	25.4	75.7	54.4	32.9	13.0	7.5	18.6	22.6
태국	9.4	4.9	2.2	2.5	1.1	0.6	0.1	0.0	0.0
베트남	59.8	48.9	40.5	35.3	38.0	23.3	14.8	3.5	2.8
평균	28.6	31.2	26.9	24.1	20.7	14.4	11.0	8.4	6.8

자료: World Bank(2019d).

표 6-6 각국의 해외송금 비율

(단위: %)

연도	1990	1993	1996	1999	2002	2005	2008	2011	2013
아르메니아	–	–	5.25	5.13	11.1	18.68	16.33	17.73	19.71
아제르바이잔	–	–	0.13	1.19	2.62	4.71	3.11	2.87	2.36
방글라데시	2.46	3.04	2.9	3.52	5.22	6.69	9.76	9.38	9.25
중국	0.05	0.14	0.22	0.34	0.16	0.15	0.2	0.22	0.19
조지아	–	–	–	12.89	6.67	6.96	8.32	10.72	12.05
인도	0.73	1.24	2.19	2.38	3	2.65	4.21	3.43	3.76
인도네시아	0.16	0.22	0.35	0.79	0.64	1.9	1.33	0.78	0.83
일본	0.02	0.02	0.03	0.02	0.03	0.02	0.03	0.03	0.05
한국	0.85	0.74	0.6	0.97	0.84	0.58	0.69	0.55	0.49
키르키스스탄	–	0.09	0.13	1.48	1.89	12.73	23.8	27.57	31.06
라오스	1.26	0.91	2.42	0.04	0.04	0.03	0.33	1.34	0.53
말레이시아	0.42	0.26	0.16	0.41	0.43	0.78	0.58	0.41	0.44
몰디브	0.79	0.4	0.6	0.37	0.22	0.2	0.3	0.12	0.12
몽골	–	–	–	0.68	4.03	7.01	3.99	2.4	2.04
네팔	–	1.5	0.98	1.66	11.21	14.91	21.74	22.37	28.82
파키스탄	5.01	2.81	2.03	1.58	4.92	3.91	4.14	5.74	6.33
필리핀	3.31	4.76	5.88	8.09	11.97	13.32	10.82	10.29	9.83
타지키스탄	–	–	–	–	6.43	20.18	49.29	41.74	43.47
태국	1.14	0.86	0.99	1.15	1.03	0.63	0.65	1.42	1.57
베트남	–	–	–	–	4.66	5.47	6.86	6.35	6.42
평균	1.35	1.21	1.55	2.37	3.86	6.08	8.32	8.27	8.97

자료: World Bank(2019c).

4. 분석 결과 및 해석

1) 탐색적 분석

먼저 해외송금 비율(RIG)과 빈곤지수 사이의 관계를 간단히 일별하기 위해 분석대상 전체 국가 및 중국의 예를 〈그림 6-4〉에서 보여주고 있다. 왼쪽 그림은 전체 국가에 대해 1990년과 2013년을 비교하고 있는데 두 해 모두 해외송금률이 높은 국가들이 빈곤율도 높은 것을 볼 수 있으나 두 해를 비교하면 2013년에는 1990년에 비해 전체적으로 빈곤율이 낮아졌다. 이로부터 이 기간 동안 빈곤의 개선이 있었다고 해석할 수 있다. 중국의 시계열 자료를 보여주는 오른쪽 그림에서는 해외송금 유입과 빈곤자비율 사이에 음(-)의 관계가 나타나므로 해외송금 유입 증가는 빈곤감소에 긍정적인 영향을 미쳤다고 볼 수 있다.

그림 6-4 해외송금 비율(RIG)과 빈곤

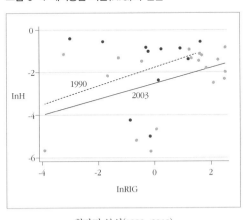

횡단면 분석(1990, 2013)　　　　　　　중국 시계열 자료

자료: 이이림 외(2019b).

2) 빈곤지수 회귀분석

패널 데이터 분석에서 시간과 국가의 특성을 배제하기 위해 양방향 모형(two way model)을 이용하였다. 이는 분석 모형에 개별 국가의 특성 때문에 나타나는 효과와 특정 시기에 공통적으로 주어질 수 있는 충격(shock)으로 인해 나타날 수 있는 부분을 고려하는 모형이기 때문에 순수하게 독립변수와 종속변수 사이의 관계를 분석하는 데 유용하다. 해외송금 유입률의 효과 분석에 소득수준, 세계화지수 등을 통제변수로 포함하였으며 이들을 반영한 기본 식은 (6-1)과 같다.[24]

$$\ln Pov_{it} = \beta_0 + \beta_1 \ln RIG_{it} + \beta_2 \ln prgdp_{it} + \beta_3 \ln_{it} X_{it} + \varepsilon_{it} \qquad (6\text{-}1)$$

여기에서 Pov_{it}는 i국가 t년도의 빈곤지수를 나타낸다. 빈곤지수로는 빈곤자비율(H), 빈곤갭지수(PG)와 빈곤갭제곱지수(PGS) 세 가지 지수를 사용하였다. RIG_{it}는 i국가의 t년도 GDP 대비 해외송금 유입액의 비율, $prgdp_{it}$는 1인당 실질 GDP, X_{it}는 세계화지수를 나타낸다. 세계화지수는 금융 세계화인 FiGI, 사회적 세계화지수 중의 대인관계 세계화를 나타내는 IpGI, 정치적 세계화를 나타내는 PoGI 등을 사용하였다.

먼저, 〈표 6-7〉은 국민소득 등 주요 변수를 통제변수로 하여 패널회귀분석하였다. 먼저 Hausman 검정을 통해 고정효과모형(fixed effect model)과 확률효과모형(random effect model)을 선택하는 문제를

---

[24] Two way effect 모형을 명시적으로 제시하면 이 식은 다음과 같이 쓸 수 있을 것이다. 이 식에서 γ_i은 개별 국가에 고유한 효과 부분이고 μ_t는 특정 시기의 공통효과를 나타낸다.
$\ln Pov_{it} = \beta_0 + \beta_1 \ln RIG_{it} + \beta_2 \ln prgdp_{it} + \beta_3 \ln X_{it} + \gamma_i + \mu_t + \varepsilon_{it}$

표 6-7 빈곤을 해외송금 비율에 회귀분석한 결과

	lnH	lnPG	lnPGS	lnH	lnPG	lnPGS
lnRIG	-0.113*** (0.032)	-0.154*** (0.035)	-0.167*** (0.039)	-0.113*** (0.032)	-0.153*** (0.035)	-0.162*** (0.039)
lnprgdp	-0.833*** (0.136)	-0.688*** (0.149)	-0.561*** (0.167)	-0.835*** (0.139)	-0.674*** (0.153)	-0.518*** (0.171)
lnFiGI	–	–	–	0.008 (0.149)	-0.069 (0.164)	-0.208 (0.183)
R²	0.634	0.657	0.651	0.634	0.657	0.652
lnRIG	-0.104*** (0.033)	-0.135*** (0.036)	-0.142*** (0.040)	-0.075** (0.035)	-0.101*** (0.038)	-0.095** (0.042)
lnprgdp	-0.818*** (0.136)	-0.656*** (0.149)	-0.519*** (0.166)	-0.797*** (0.135)	-0.637*** (0.148)	-0.492*** (0.165)
lnIpGI	-0.235 (0.195)	-0.505** (0.213)	-0.635*** (0.238)	–	–	–
lnPoGI	–	–	–	-0.519** (0.203)	-0.736*** (0.222)	-0.991*** (0.247)
R²	0.636	0.662	0.657	0.641	0.666	0.665

주: * $p<0.10$, ** $p<0.05$, *** $p<0.01$, ( )는 표준편차,
자료: 이이림 외(2019b).

검증한 결과 고정효과모형이 선택되었다. 이 표에서는 two way fixed 효과를 고려하여 분석한 결과가 나타나고 있다.[25] 표에서는 빈곤율을

[25] Hausmann test를 하여 고정효과모형을 선택하였으며, 다음은 다중공선성 문제를 확인하기 위해 변수들 간의 상관관계를 계산한 결과이다. 설명변수들 사이의 상관관계는 크지 않아 다중공선성 문제는 심각하지 않은 것으로 보인다.

lnRIG	lnFiGI	lnRIG	lnIpGI	lnPoGI
lnFiGI	-0.234	–	–	–
lnIpGI	-0.490	0.135	–	–
lnPoGI	-0.346	0.121	0.474	–
lnprgdp	0.484	-0.472	-0.511	-0.517

나타내는 종속변수로 H, PG, PGS 등의 지수를 사용하고 있는데, 회귀분석 결과 전체적으로 RIG 변수의 계수는 유의한 수준에서 음(-)의 값을 보여주고 있다. 이는 해외송금 유입은 빈곤감소에 긍정적인 영향을 미친다는 의미이다.

예컨대 세계화지수를 포함하지 않은 가장 단순한 모형에서 해외송금 유입률이 1% 변할 때 H는 0.113% 감소하는 것을 볼 수 있다. 이러한 것은 종속변수로 어떤 것을 사용하든 마찬가지 결과이다. 세 가지 세계화지수(금융 세계화, 사회적 세계화, 정치적 세계화)를 추가로 포함할 경우를 보면 금융 세계화변수(FiGI)는 유의하지 않은 것으로 나타나고 있고 그 변수를 포함하였을 때 RIG 계수의 크기도 거의 변화가 나타나지 않고 있다. 하지만 사회적 세계화와 정치적 세계화의 경우에는 유의한 음(-)의 0.5~0.99 사이 값을 얻으므로 사회적 세계화와 정치적 세계화가 빈곤감소에 긍정적인 영향을 미친다는 의미이다. 또한 금융의 발전 정도에 따라 효과가 달라질 수 있을 것으로 보아 이에 대해 추가로 분석하였으나 유의한 결과가 나타나지 않았다.[26] 또한 해외송금이 빈곤에 미치는 효과가 나타나기까지는 시간이 걸릴 수 있음을 감안하여 1기 시차변수를 사용하여 분석하여 거의 유사한 결과를 얻었다.

해외송금 유입의 영향을 분석할 때 국가별 차이에 따라 어떻게 달라지는가를 볼 필요가 있다. 먼저 경제발전 단계에 따라 국가들을 구분하여 분석한다. 이를 위해 먼저 인간개발지수(HDI: human development index)에 의해 국가들을 구분하였다. HDI는 앞에서 설명

---

[26] 금융발전 정도를 나타내는 지표는 여러 가지가 있을 수 있으나 연구의 일관성을 위해 금융 세계화지수를 이용하여 국가군을 나누고 그룹별 더미변수화하여 회귀분석을 해 보았으나 유의한 결과가 나타나지 않았다.

했듯이 소득수준, 교육수준, 건강수준 등을 종합적으로 고려한 지수이며 일반적으로 생활수준을 나타낸다고 한다. Adams & Page(2005)에 따르면, 해외송금 유입이 증가하면 가계소득이 증가하여 소득수준이 높아지게 되고 뿐만 아니라 자녀 교육에 대한 투자도 늘어날 것이다. 또한 건강에 대한 투자도 늘어나게 되어 건강수준도 훨씬 높아지게 될 것이다. 즉, 해외송금은 소득수준, 교육수준과 건강수준을 동시에 고려한 HDI와 긴밀한 연관이 있다. 그런데 실제 경제에서는 HDI 수준이 높은 국가들은 해외송금 유입률이 높지 않은 것도 사실이다.

〈표 6-8〉에서는 HDI 0.6을 기준으로 그 이상이면 1을 주고 0.6 이하이면 0을 준 더미변수 dmHDI를 넣어서 분석하였다. 먼저 또한 해

표 6-8 HDI=0.6을 기준으로 한 2개 그룹

	lnHC	lnPG	lnPGS	lnHC	lnPG	lnPGS
*ln*RIG	−0.071** (0.035)	−0.093** (0.038)	−0.085** (0.042)	−0.078** (0.038)	−0.119*** (0.041)	−0.131*** (0.045)
*ln*prgdp	−0.796*** (0.135)	−0.635*** (0.146)	−0.489*** (0.161)	−0.793*** (0.135)	−0.624*** (0.146)	−0.470*** (0.161)
*ln*PoGI	−0.400* (0.211)	−0.518** (0.228)	−0.707*** (0.253)	−0.442* (0.227)	−0.659*** (0.245)	−0.954*** (0.270)
dmHDI	−0.191* (0.097)	−0.350*** (0.105)	−0.456*** (0.117)	−0.193** (0.097)	−0.356*** (0.105)	−0.465*** (0.116)
dmHDI* RIG	−	−	−	0.023 (0.046)	0.078 (0.050)	0.136** (0.055)
Obs	419	419	419	419	419	419
R^2	0.645	0.676	0.678	0.645	0.678	0.684

주: * p<0.10, ** p<0.05, *** p<0.01, ( )는 표준편차
자료: 이이림 외(2019b).

외송금 유입률이 1% 증가할 때 빈곤율은 0.071~0.131% 정도 감소하는 것을 보여주고 있다. dmHDI 변수에 대한 계수 부호는 음(−)의 값으로 −0.191~0.465로 나타났는데 이는 HDI가 높은 국가들의 빈곤율은 HDI가 낮은 국가들에 비해서 그만큼 낮다는 것을 보여준다.

또한 표에서는 HDI 수준 차이에 따라 해외송금률이 빈곤에 미치는 영향이 어떻게 달라지는가를 보기 위해 dmHDI*RIG 교차항을 포함하여 분석하였다. H와 PG에 대해서 분석한 결과 유의하지는 않은 값으로 나타났고 PGS일 경우 유일하게 5% 유의수준의 양(+)의 값을 보여주고 있다. 이는 대체로 해외송금률 상승이 빈곤율 감소를 가져오며 특히 HDI가 낮은 국가에서는 그러한 효과가 확실하지만 HDI가 높은 국가, 즉 경제발전 단계가 높은 국가는 해외송금률과 빈곤율 사이에 별 관계가 없음을 보여주는 결과이다.

이제 국가를 GDP 대비 해외송금 유입의 비율에 따라 구분하여 분석하였다. RIG 1%를 기준으로 송금비율이 높은 국가 더미변수를 추가하여 송금비율 1% 이상이면 1의 값을 주고 1% 이하이면 0을 주어 분석한 결과는 〈표 6−9〉와 같다. 표에서 더미변수의 계수는 음(−)의 값으로 나타나고 있는데 이는 해외송금 유입이 1% 이상을 초과한 국가들이 1% 이하의 경우보다 빈곤수준이 더 높은 것을 의미한다. 다만 대부분 유의하지 않은 것으로 나타나기 때문에 큰 차이가 있다고는 보기 어렵다. RIG 변수도 유의하지 않은 것으로 나타나는데 이는 해외송금 유입률이 1% 미만인 국가에서는 해외송금이 빈곤감소에 유의하지 않은 영향을 미치고 있다는 의미이다. 그런데 해외송금 유입률 1% 기준으로 해외송금의 효과 차이를 분석해 보고자 dummy*RIG 변수를 포함하여 분석한 결과, dummy*RIG 변수의 계수들은 −0.067~−0.261의 값으로 나타나고 있는데 이는 해외

표 6-9 RIG 비율 1% 기준 국가 구분 분석

	lnHC	lnPG	lnPGS	lnHC	lnPG	lnPGS
*ln*RIG	−0.045 (0.042)	−0.066 (0.045)	−0.051 (0.050)	−0.015 (0.056)	0.017 (0.061)	0.068 (0.068)
*ln*prgdp	−0.776*** (0.136)	−0.613*** (0.149)	−0.461*** (0.165)	−0.787*** (0.137)	−0.641*** (0.149)	−0.504*** (0.165)
*ln*PoGI	−0.496** (0.203)	−0.709*** (0.222)	−0.957*** (0.247)	−0.480** (0.204)	−0.667*** (0.222)	−0.896*** (0.246)
dummy	−0.164 (0.124)	−0.194 (0.135)	−0.244 (0.150)	−0.174 (0.124)	−0.218 (0.135)	−0.280* (0.150)
dummy* RIG	–	–	–	−0.067 (0.083)	−0.181** (0.090)	−0.261*** (0.100)
Obs	419	419	419	419	419	419
R^2	0.643	0.668	0.667	0.643	0.672	0.674

주: * $p<0.10$, ** $p<0.05$, *** $p<0.01$, ( )는 표준편차.

자료: 이이림 외(2019b).

송금률이 1% 증가할 때 빈곤율 감소 효과가 1% 이하인 국가에 비해 0.067~0.261%만큼 더 크다는 의미를 보여주고 있다. 다시 말하면, 해외송금률이 높은 국가에서는 해외송금의 빈곤개선 효과가 더 크게 나타나는 것이다.

이러한 회귀분석 결과를 이용하여 해외송금 유입과 빈곤의 관계를 예측하는 그림을 그려보면 대략적으로 〈그림 6-5〉와 같다. 가로축의 RIG(%)는 GDP 대비 해외송금 유입액의 비율이고 세로축의 Poverty는 빈곤수준을 나타낸다. 해외송금 유입과 빈곤율의 관계는 해외송금률이 더 높으면 기울기가 더 큰 것을 알 수 있다. 따라서 해외송금 유입과 빈곤 간의 관계를 2차함수 모형으로 다시 한번 추정할 수 있다.

위에서 분석한 것과 같이 해외송금 유입이 1% 이하이면 해외송금 유입이 빈곤율을 감소시키는 속도가 1% 이상일 때보다 작거나 혹은

그림 6-5 해외송금 비율과 빈곤율 사이의 비선형관계

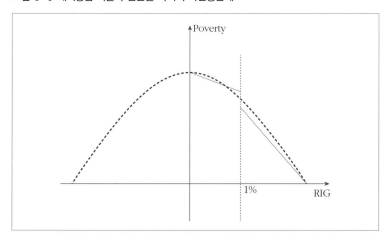

자료: 이이림 외(2019b).

유의하지 않은 것으로 나타나고 있지만 해외송금률이 높은 국가에서는 기울기가 더 큰 것으로 보이므로 식 (6-2)와 같이 해외송금 유입변수의 2차항을 포함하여 분석한다.

$$\ln Pov_{it} = \beta_0 + \beta_1 \ln RIG_{it} + \beta_2 (\ln RIG)^2 + \beta_3 \ln prgdp_{it} \qquad (6\text{-}2)$$
$$+ \beta_4 \ln X_{it} + \varepsilon_{it}$$

회귀분석 결과는 〈표 6-10〉에 나타내었다. 표에서는, PG와 SPG를 이용할 때 RIG의 2차항이 빈곤지수에 대해 유의한 음(−)의 값을 가지고 있는데 1차항도 음의 값을 가지므로 〈그림 6-5〉에 나타난 것처럼 최대점인 꼭지점은 해외송금 비율이 음의 값일 때임을 알 수 있다.

표에서 (7) (8) (9) 모형의 결과를 RIG와 빈곤지수 평면에 그려보면 〈그림 6-6〉과 같다. 따라서 RIG가 양수인 현실에서는 2차함수 형태에서 오른쪽 부분을 의미하므로 해외송금 비율과 빈곤율 사이에 음

(-)의 기울기가 나타나게 되고 이는 해외송금이 빈곤감소에 긍정적인 영향을 미치는 것을 의미한다. 특히 해외송금 유입 비율이 높을수록 빈곤감소에 더 큰 긍정적인 영향을 미치는 것을 의미할 수 있다.[27]

표 6-10 2차함수를 이용한 회귀분석

	lnHC (1)	lnPG (2)	lnPGS (3)	lnHC (4)	lnPG (5)	lnPGS (6)	lnHC (7)	lnPG (8)	lnPGS (9)
*ln*RIG	−0.090*** (0.033)	−0.138*** (0.036)	−0.156*** (0.039)	−0.116*** (0.032)	−0.161*** (0.035)	−0.175*** (0.039)	−0.081** (0.035)	−0.112*** (0.038)	−0.109** (0.042)
*ln*RIG^2	−0.014 (0.012)	−0.030** (0.013)	−0.040*** (0.014)	−0.021* (0.011)	−0.036*** (0.012)	−0.045*** (0.014)	−0.017 (0.011)	−0.031** (0.012)	−0.038** (0.014)
*ln*prgdp	−	−	−	−0.855*** (0.136)	−0.727*** (0.148)	−0.609*** (0.166)	−0.818*** (0.136)	−0.676*** (0.148)	−0.540** (0.164)
*ln*PoGI	−	−	−	−	−	−	−0.481** (0.204)	−0.667*** (0.222)	−0.905** (0.014)
Cons	−3.601*** (0.132)	−5.129*** (0.141)	−6.284*** (0.156)	4.235*** (1.250)	1.533 (1.365)	−0.701 (1.525)	5.854*** (1.420)	3.783** (1.544)	2.350 (1.714)
Obs	419	419	419	419	419	419	419	419	419
R^2	0.599	0.642	0.648	0.638	0.664	0.660	0.643	0.672	0.672

주: * $p<0.10$, ** $p<0.05$, *** $p<0.01$, ( )는 표준편차.

자료: 이이림 외(2019b).

[27] 회귀분석에서는 세계화지수 등 여타의 지수를 넣어서 분석한 결과이지만 그림에서는 단순히 해외송금률과 빈곤율 사이의 관계를 보여주는 것이므로 절대적인 수치들보다는 선의 대략적 형태에 대해서만 의미를 부여하도록 한다.

그림 6-6 2차함수 관계

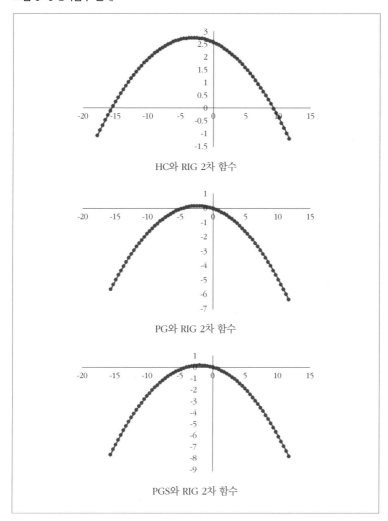

HC와 RIG 2차 함수

PG와 RIG 2차 함수

PGS와 RIG 2차 함수

자료: 이이림 외(2019b).

5. 소결

본 절에서는 경제성장이 빠른데도 불구하고 빈곤문제가 심각한 아시아태평양 국가들을 대상으로 해외송금의 효과에 대해 분석하였다. 분석기간은 1990년부터 2013년까지이고 세 가지 대표적 빈곤지수를 이용하였으며 GDP 대비 해외송금 유입액의 비율(RIG)을 이용하여 회귀분석한 결과 해외송금 유입이 빈곤지수와 유의한 음(−)의 값을 가지는 것을 발견했다. 이는 해외송금 유입이 빈곤감소를 촉진하는 것으로 해석된다. 이것은 기존의 많은 연구의 결과와 비슷하다.

또한 이러한 효과가 국가들의 경제 상황에 따라 어떻게 달라지는지를 살펴보기 위해 인간개발지수(HDI) 수준에 따라 국가를 구분하여 분석하였으며 해외송금 유입 비율이 높은 국가와 낮은 국가 사이에 어떤 차이가 있는지를 추가로 분석하여 다음의 결과를 얻었다. 첫째, 해외송금 유입이 빈곤감소에 미치는 영향의 크기는 HDI가 낮은 국가에서 더 크게 나타났다. 즉, 경제발전 단계가 낮은 국가에서 해외송금 유입 효과가 큰 것으로 나타났다. 둘째, 해외송금 유입률이 높은 국가에서 빈곤개선 효과가 더 큰 것을 볼 수 있었다. 셋째, 이러한 결과를 바탕으로 RIG의 2차함수를 추정해 보았는데 그 결과에서도 해외송금 유입률이 높은 국가일수록 해외송금의 빈곤개선 효과가 더 크다는 것을 발견하였다.

이상에서 분석한 결과들은 아시아 국가들에서 해외송금 유입이 빈곤감소 해결에 하나의 유용한 수단이라는 것을 보여준다. 따라서 빈곤율이 높은 국가는 실용적인 노동이민정책을 세워 노동이민의 수를 늘리고 해외송금 유입을 증가시킬 필요가 있다. 특히 World Bank(2019c)에서 제시하듯이 해외송금 비용을 감소시켜 더 많은 금액이 본국으로 유입될 수 있도록 하는 것이 빈곤감소를 촉진하는 방법 중의 하나라고 할 수 있다.

제5절

해외송금의 효과를 높이는 정책적 이슈

다음은 해외송금이 이주근로자 모국의 빈곤감소에 미치는 긍정적 영향을 높이는 정책방안에 대해 살펴보기로 한다. 가장 중요한 정책적 이슈 중의 하나는 해외송금과 관련된 거래비용을 줄이는 것이다. 해외송금의 거래비용을 줄이게 되면 비공식 경로가 아닌 공식 경로를 통해 이루어지는 해외송금의 비율을 늘릴 수 있을 뿐만 아니라 해외송금을 받는 개도국의 실질적 자금증가를 늘릴 수 있다.

세계은행의 해외송금 비용 데이터베이스에 따르면 중저소득국(LMIC)에 200달러를 보내는 데 드는 평균 비용은 〈그림 6-7〉에서 보듯이 2019년 2/4분기에 6.8%로 전 분기보다 약간 낮아졌다(World Bank, 2019c). 이는 2030년까지 지속 가능한 개발 목표(SDG)인 3%를 두 배 이상 상회하는 수치이다. 비용은 남아시아에서 약 5%로 가장 낮았으며, 사하라 이남 아프리카는 평균 9%로 계속해서 평균 비용이 가장 높다. 태평양 지역의 작은 섬들이나 아프리카 일부 국가에서 해외송금 비용은 10% 이상이다.

그림 6-7 해외송금 비용의 기간별 · 지역별 비교

(단위: %)

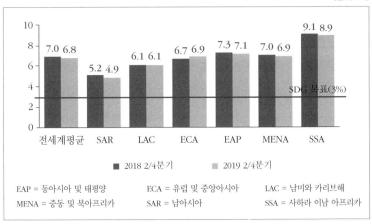

자료: World Bank(2019c).

해외송금 비용은 미국이나 일본, 독일, 영국처럼 부유한 선진국이 더 비싼 경향이 있다. 한편 인도, 사우디아라비아, UAE 등에서 해외 송금을 하면 1인당 비용은 낮아진다. 세계은행 자료는 1인당 200달 러를 보내는 상황을 추정하고 있지만 개발도상국 대부분의 이민자들 이 보내는 평균 해외송금 금액은 300달러라는 연구도 있다(De Luna Martinez, 2005). 사람들이 자국으로 300달러 미만을 보내는 상황이라 면 해외송금 이체에 약 8~10%의 수수료가 부과될 것으로 추정된다.

〈그림 6-8〉은 해외송금 기관별 평균 해외송금 비용을 보여주는 데 은행은 해외송금을 보내기 위한 비용이 가장 많이 드는 경로이며 2019년 2/4분기 평균 비용은 10.3%이다. 반면 우체국은 5.7%로 가 장 낮다. 그러나 우체국이 지배적인 해외송금 운영업체(MTO: money transfer operator)와 독점적인 파트너십 계약을 하게 되면 여기에 프 리미엄이 붙는다. 이러한 프리미엄은 전 세계 해외송금 비용의 평 균 2.3%이며 해외송금의 최대 수령국인 인도의 경우 4.6%에 이른다

그림 6-8 해외송금 기관별 평균 해외송금 수수료 비용(2019년 2/4분기)

(단위: %)

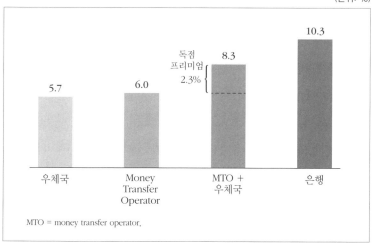

자료: World Bank(2019c).

(World Bank, 2019c). 결론적으로 이주근로자들은 자신 소득의 거의 10%를 송금수수료로 지불하고 있는 것이다.

해외송금 비용을 줄이고 효율화하기 위해 다음과 같은 정책적 제안을 한다(Yoshino et al., 2017).

첫째, 해외송금에 공식 은행 채널의 활용을 촉진한다. 해외송금 채널에는 비공식적인 것을 포함하여 여러 채널이 있지만 국제 금융서비스 내에 건실한 해외송금 시스템을 구축하고 근로자들이 공식 은행 채널을 사용하도록 장려하면 해외송금의 효율성과 공평성을 증대할 수 있다. 그리고 은행을 이용하지 않고 현금을 해외로 보내려면 자금세탁이나 테러자금 조성방지를 위해 여러 번거로운 절차가 필요하다. 은행 계좌의 해외송금은 이런 규제의 준수가 비교적 용이하다는 장점도 있다. 물론 이 경우에도 해외송금 비용의 인하를 위한 노력이 필요하다. 이를 위해 은행은 다수의 해외송금 운영업체(MTO)와 파트너십 계약을 체결하여 진입장벽을 낮추고 경쟁체제를 도입하는 것이 바람직하다.

둘째, 해외송금 시스템에서 금융기술(FinTech)을 이용한 기술적 진보를 적극 도입할 필요가 있다. 사용의 편리성 때문에 해외송금 서비스를 제공하는 휴대 전화 및 인터넷 기반 기술 솔루션이 급격히 증가하고 있으며, 최근에는 블록체인 기반 애플리케이션도 사용되고 있다. 그런데 송금자가 인터넷 기반 시스템을 이용할 때 거래비용이 줄어들기도 하지만 오히려 비용이 늘어나는 경우도 적지 않다. 따라서 모든 나라가 낮은 비용으로 인터넷 기반 핀테크를 이용해 해외송금을 할 수 있는 특정 인프라의 구축이 필수적이다. 이러한 해외송금 네트워크에서 건실한 은행 기술을 확립하게 되면 결제를 신속히 처리하고 정보공개를 개선하는 데에도 도움이 된다.

이러한 정책수단으로 해외송금 비용을 감소시킬 수 있으면 이민자와 그 가족의 가처분소득이 증가하게 되고 이로 인해 이민 해외송금 국가의 빈곤감소는 가속화될 수 있을 것이다.

빈곤과 송금 사이의 관계 이론 모형

빈곤지수 중 가장 일반적인 형태는 하루 일정 금액 이하를 지출하면서 사는 인구의 비율인 빈곤자비율(headcount ratio)의 개념임을 고려하여 소비를 중심으로 해외송금의 효과를 전개한 Yoshino et al.(2017)의 모형을 간단히 제시하였다. 저소득그룹(L)과 고소득그룹(H) 등 두 그룹으로 나누어 효용함수를 다음 식(A1)과 같이 나타낼 수 있다.

$$U = U(C_L\ C_H,\ L_L,\ L_H) = C_L\,C_H - L_L\,L_H \qquad\qquad \text{(A1)}$$

C는 소비를 나타내며 저소득그룹의 소비는 C_L, 고소득그룹의 소비는 C_H로 표현한다. 식 (A1)에서는 한 국가의 만족수준이나 행복수준을 나타나는 효용함수(utility function)가 저소득그룹과 고소득그룹의 소비를 곱한 값에서 두 그룹의 노동공급의 곱을 뺀 값으로 나타나고 있다. 다음은 두 그룹의 예산제약식을 설정해보자. 소득은 노동자들이 노동공급을 통하여 얻은 임금소득과 해외송금으로 인한 소득으

로 나눌 수 있다.

$$PC_L = W_L L_L + \alpha(remit) \quad PC_H = W_H L_H + (1-\alpha)(remit) \qquad \text{(A2)}$$

각 그룹에 속한 사람들이 소득을 저축 없이 모두 소비지출에 사용한다고 가정하자. P는 상품과 서비스의 일반가격수준, $remit$는 본국으로 유입된 총해외송금액, α는 저소득그룹이 총해외송금 유입 중에서 차지하는 비율, $(1-\alpha)$는 고소득그룹이 총해외송금 유입 중에서 차지하는 비율을 나타낸다고 하고, 그룹별 최적의 소비를 구하면 다음과 같다.

$$C_L = \left(\frac{(\alpha)(remit)}{\left(P - \frac{W_L W_H}{P} \right)} \right) \quad C_H = \left(\frac{(1-\alpha)(remit)}{\left(P - \frac{W_H W_L}{P} \right)} \right) \qquad \text{(A3)}$$

$$P > W_H, \ P > W_L$$

여기에서 $remit$가 커짐에 따라 C_L 및 C_H는 증가하게 된다. 즉, 해외로부터의 송금이 증가하면 어느 그룹이든 소비가 증가하는 것을 알 수 있고 따라서 빈곤자비율은 감소할 것이다. 즉, 해외송금 유입은 빈곤개선에 기여하게 된다. 다만 해외송금 유입이 소득분배 상태에 미치는 영향은 α의 크기에 따라 다르다. 즉, $\alpha > 0.5$일 때 저소득그룹의 소비가 더 커지게 되고 고소득그룹의 소비가 상대적으로 작아지게 되므로 두 그룹 간에 수렴하는 현상이 나타나서 불평등문제를 완화할 수 있지만 $\alpha < 0.5$일 때는 두 그룹 간의 격차가 더 심해져서 불평등으로 인해 빈곤개선에 도움이 되지 않는 것으로 볼 수 있다. 어쨌든 해외송금 유입이 빈곤개선에 기여하는 것은 명백하다.

제7장

국가별 사례(I)

: 세계화의 최대 수혜자 베트남

제1절

머리글

아시아에서 세계화가 빈곤에 미친 영향, 그중에서도 긍정적인 영향을 가장 극적으로 보여주고 있는 나라가 베트남이다. 베트남은 세계화에 발맞추어 성공적으로 경제발전을 이루고 빈곤도 크게 감소시켜 수혜를 입은 나라의 전형적인 예이다.

베트남은 1975년 미국과의 전쟁에서 승리하고 숙원인 통일을 이루어 베트남 사회주의공화국을 수립하였다. 따라서 사회주의 경제체제인 중앙통제의 계획경제를 채택하였다. 그러나 승전의 기쁨으로 국민의 사기는 높았으나 경제적으로는 오랜 전쟁의 후유증으로 국토가 피폐해졌고 게다가 사회주의 고유의 경제 비효율성이 겹쳐져 1980년대 이전까지만 해도 베트남은 1인당 국민소득 100달러 이하의 최빈국을 헤어나지 못하는 상태였다.

그러나 베트남 정부는 이러한 정체 상황을 타개하기 위해 1986년 획기적인 정책 전환을 시도하였다. 이른바 도이머이(Doi Moi: 쇄신, 개혁)라는 이름의 대대적인 개혁 정책을 실시하기 시작한 것이다. 이 개혁의 골자는 기존의 사회주의 경제 체제를 개편하여 경제적으로는 시장경제로 전환하는 것이었다. 무상배급제 폐지, 가격자유화, 국유기업 민영화, 시장개방과 외국인 투자유치, 농업개혁이 포함되었다. 2000년에는 적대국이었던 미국과도 수교하여 개혁개방에 속도를 내었다.

도이머이 개혁이 시작된 지 30년이 지난 현재 베트남은 기적이라 불릴 정도의 괄목할 만한 경제성장을 기록하고 있다. 최근에는 연 7% 내외의 성장률을 기록하며 2018년 기준 1인당 명목국민소득은 2,551달러, PPP 기준으로는 7,500달러가 넘어 중간소득 국가의 대열에 합류하였다(World Economic Outlook Database, 2019). 대외무역 증가와 경제발전으로 빈곤감소 측면에서도 상당한 성과를 거두었다.

베트남은 세계화 시대에 변화하는 환경에 가장 능동적으로 대처하여 경제성장을 이루고 빈곤을 감소시킨 모델이 되는 국가이다. 따라서 그 과정을 심도 있게 검토하는 것은 세계화와 빈곤의 관계를 구명하는 데 매우 의미 있는 시도일 수 있다. 그리고 이러한 과정에서 얻은 교훈은 비슷한 길을 걷고 있는 후발국에도 많은 시사점을 줄 수 있을 것으로 기대한다.

도이머이 정책의 전개와 경제적 성공

1. 도이머이 정책의 전개

베트남은 프랑스와 미국과의 오랜 전쟁에서 최종적으로 승리를 거두었다. 그러나 그 후에도 계속된 주변국과의 계속된 일련의 전쟁과 전후 채택한 사회주의 경제체제의 모순으로 인해 경제는 정체되고 국민 생활은 피폐해져 가고 있었다. 전쟁 상대국이던 미국의 경제제재까지 겹쳐 1980년대 초까지 1인당 국민소득 100달러 이하의 최빈국의 상태에 머물러 있었다.

베트남 정부는 이러한 상황을 타개하기 위하여 사회주의 경제의 틀 내에서 몇 가지 개혁조치를 취하기도 하였다. 그러나 그 성과는 지지부진하였다. 급기야 베트남 정부는 1986년 사회주의 발상을 벗어나 시장경제를 도입하는 대대적인 개혁을 시작하였다. 이 도이머이 정책은 크게 대내적, 대외적 두 부분으로 구성되었다(주호치민총영사관, 2010; 한국은행, 2018; Turley & Selden, 2019).

먼저 대내적으로는 폐쇄적인 사회주의 배급경제를 벗어나 시장경제를 도입하는 것이었다. 정치적으로는 공산당이 지배하는 일당 사회주의 국가형태를 유지하지만 경제적으로는 자유시장 경제를 채택하였다. 경제적으로는 자유화가 이루어져 정부의 가격통제 시스템과 엄격한 화폐공급 통제가 철폐되었다. 1993년에는 「토지법」이 개정되고 2000년에는 「기업법」이 통과되었는데 이 두 법은 개혁의 핵심 이정표 역할을 하였다. 개정된 「토지법」에 기초해서 개별 가계에 토지가 배분되었고 이들 토지에 대해서는 다섯 가지 기본권(이전, 교환, 상속, 임대, 담보대출)이 보장되었다. 그리고 새로운 「기업법」에서는 기업이 정부의 개입을 최소한으로만 받으면서 사기업을 설립, 운영할 수 있게 해주었다. 이들 개혁에 따라 농업 분야에 대변혁이 있었고 등록 기업 수가 폭발적으로 증가하였다. 농업생산성이 높아져서 내수를 충족하고도 남는 식료품을 수출할 수 있게 되었다.

대외적으로는 경제가 획기적으로 개방되었다. 정부는 외국인직접투자자를 유도할 수 있는 인프라를 구축하고 무역 개방에 노력을 기울여 다양한 형태의 일방, 쌍방, 지역별, 다자간 무역협정에 참가하였다. 2007년에는 WTO에 가입하여 세계경제에 편입되었고 풍부한 노동력과 저임금을 바탕으로 수출 중심의 경제발전을 추구하였다 (Hong, 2008).

2. 개혁정책으로 인한 경제적 성공

도이머이의 개혁정책은 초기에는 뚜렷한 성과를 보여주지 못했다. 그러나 1995년 미국과 수교하면서 관계가 정상화됨에 따라 경제제재

표 7-1 베트남의 주요 경제지표

주요 지표	2013	2014	2015	2016	2017	2018	2019
GDP(달러)	2,137	2,334	2,349	2,571	2,813	2,427	2,660
GDP성장률(%)	5.55	6.42	6.99	6.69	6.94	7.08	7.02
1인당 GDP(달러)	2,370	2,561	2,597	2,759	2,985	2,587	2,800
도심 실업률(%)	3.59	3.40	3.37	3.23	3.18	2.20	2.93
물가상승률(%)	6.60	4.09	0.63	2.67	3.53	3.54	2.79

자료: General Statistics Office of Vietnam(2019).

가 풀리며 외국인직접투자(FDI)를 비롯한 해외투자가 급속히 늘었다. 그리고 대외교역도 크게 늘어나 2009~2010년을 제외하고는 대부분 두 자릿수로 성장했다. 2011년에 1,000억 달러를 달성한 베트남의 수출은 2017년에는 2,000억 달러를 돌파했다.

외국인직접투자와 수출의 증대로 경제는 빠르게 성장하였다. 〈표 7-1〉에서 보듯이 2010년 이래 베트남의 GDP 성장률은 연간 5% 이상을 유지하였고 2014년부터는 6%대 2018년부터는 7%대의 높은 성장세를 기록하고 있다(베트남 통계청, 2019).

이처럼 빠른 경제성장에 힘입어 베트남은 가장 가난한 나라들 중 하나에서 중간소득 국가로 변신하고 있다. 1985년에 1인당 국민소득이 230달러에 머물렀으나 2018년에는 명목소득이 2,551달러(PPP 기준으로는 7,501달러)로 10배 이상 성장하였다. Pricewaterhouse Coopers(2017)의 예측에 따르면 베트남은 세계에서 경제가 가장 빨리 성장하는 나라로서 2050년에는 세계 20위의 강력한 경제 국가로 성장할 것으로 그 잠재력을 높이 평가받고 있다. 그리고 '차세대 11개국(Next Eleven)'의 하나로 명명되었다(Goldmansachs, 2007).

이렇듯 눈부신 베트남의 경제성장 배경에는 다음과 같은 세 가지 이유가 존재한다(Vanham, 2018).

첫째는 무역자유화(trade liberalization)가 경제성장의 밑거름이 되었다. 베트남은 여러 나라와 무역협정을 적극적으로 체결하였다. 1995년에 ASEAN 자유무역지대에 가입했고 2000년에는 미국과 자유무역협정을 체결하였으며 2007년에는 WTO에 가입했다. 이후에도 중국, 인도, 일본, 한국과 계속해서 협정을 체결했다.

그 결과 〈표 7-2〉에서 보는 것처럼 수입 수출액이 지속적으로 증가하였고 2019년에는 무역수지 흑자가 100억 달러에 이르게 되었다.

표 7-2 베트남의 교역액 동향

(단위: 억 달러)

구분	2014	2015	2016	2017	2018	2019
수출	1,502	1,620	1,766	2,140	2,435	2,635
수입	1,478	1,656	1,748	2,111	2,367	2,535
무역수지	24	−36	18	29	68	100

자료: General Statistics Office of Vietnam(2019).

둘째는 국내에서의 과감한 개혁조치들이다. 여기에는 규제 완화, 비즈니스 수행 관련 비용 저감 같은 조치들이 포함되었다. 1986년에 「외국인투자법」을 제정한 이래로 수차에 걸쳐 법을 개정하여 외국자본이 베트남에 유입될 수 있도록 행정의 관료제를 줄이고 외국투자를 촉진하기 위한 친투자자 정책을 적극적으로 동원하였다. 〈표 7-3〉은 최근 7년간 외국인직접투자(FDI)의 신규 및 증액 추세를 보여주고 있는데 2019년에는 225억 달러에 달하고 있다.

표 7-3 베트남의 외국인직접투자의 추이

(단위: 백만 달러, 건수)

	2013	2014	2015	2016	2017	2018	2019*
투자금액	22,352	20,230	24,115	22,378	30,700	25,573	22,547
투자건수	1,530	2,182	3,038	3,862	3,975	4,215	5,264

* 2019년은 베트남 통계청 추정치.
자료: General Statistics Office of Vietnam(2019).

이러한 노력의 결과 세계경제포럼의 「글로벌 경쟁력보고서(Global Competitiveness Report)」에서 베트남은 2006년에 77위에서 2019년에는 67위로 상승했다(World Economic Forum, 2019). 세계은행의 사업하기 쉬운 순위(Ease of Doing Business Rankings)에서는 2007년 104위에서 2017년 68위, 2019년 70위로 크게 뛰었다(The Wold Bank, 2020).

셋째는 공공투자를 통해 인적, 물적 자본에 집중투자를 한 것도 중요한 역할을 했다.

베트남 인구는 도이머이 정책 이후에도 급격히 증가하여 현재는 9,500만 명에 이르는데 주요 특징은 생산가능인구(working population)가 많다는 점이다. 인구의 절반 이상이 35세 이하이다. 이러한 상황에서 베트남은 초등교육에 많은 공공투자를 시행했다. 인구의 증가는 그만큼 일자리가 늘어나야 되기 때문에 취업 가능성을 제고하기 위해 필요한 조치였다. 또 물적 토대, 즉 인프라 투자도 대규모로 수행하였다. 항만, 도로 등에 대한 투자를 비롯해 특히 IT 인프라에 대한 과감한 투자로 값싸게 인터넷에 접근할 수 있는 환경을 만들어 미래에 대비도 적극적으로 하고 있다.

이러한 필요 인프라에 대한 투자와 시장친화적 정책에 힘입어 베트남은 동남아시아에서 외국인투자와 제조업의 허브가 되고 있다. 일본과 한국의 전자산업과 미국과 유럽의 의류메이커들이 속속 공장을 설립하여 이 지역에서 가장 큰 의류 수출업자가 되었고 전자산업은 싱가포르에 이어 두 번째 큰 수출국가가 되었다.

베트남은 개방경제를 적극적으로 추진한 결과 무역의존도((수출액+수입)/GDP)의 비율은 〈그림 7-1〉에서 보듯이 꾸준히 증가하고 있다(Kopf, 2018). 이는 전 세계적 추세와는 다소 다른 양상이다.

〈그림 7-2〉는 국가별 무역의존도이다. 2017년 베트남의 무역의존도는 200% 이상에 달하고 있다. 인구가 적은 나라에서 300% 이상의 비율을 기록하는 경우도 있으나 세계은행 데이터에서 5,000만 명이 넘는 국가 중에서 베트남은 가장 높은 수준이다. 세계에서 가장 인구가 많은 20개국 중 122%인 태국을 제치고 1위를 차지하고 있다.

베트남은 아시아에서 세계화의 가장 큰 수혜자이면서 동시에 세계

그림 7-1 베트남 무역의존도 추이

(단위: %)

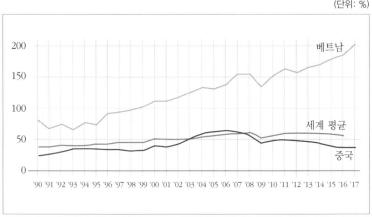

자료: Kopf(2018).

그림 7-2 무역의존도 국가 간 비교(2017)

(단위: %)

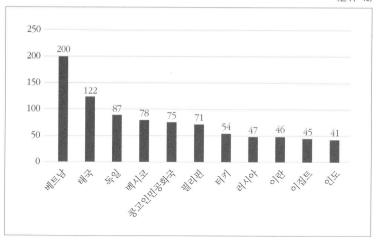

자료: Kopf(2018).

그림 7-3 '무역은 좋은 것'이라고 답변한 응답자의 비율

(단위: %)

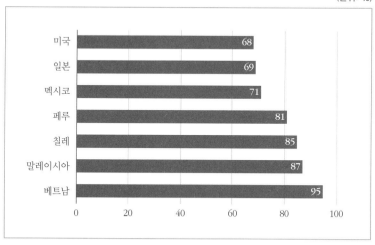

자료: Pew Research Survey(2014).

화에 가장 능동적으로 대처해 경제성장과 복지를 이룩한 것으로 평
가된다(Phillips, 2016). 이러한 점은 베트남 국민 자신들도 체감하는
것 같다. 2014년 Pew Research Survey의 결과에 따르면 〈그림 7-3〉
에서 보듯이 베트남 국민의 95%는 '무역은 좋은 것이다'라고 응답하
고 있다.

그러나 해외직접투자와 시장개방에 기초한 세계화는 베트남에 양
날의 칼이 될 수 있다. 베트남은 세계화의 추세를 잘 활용해서 높은
경제성장을 이룩함으로써 세계화에 따른 이익을 잘 활용한 대표적
국가이다. 그러나 세계적으로 통합된 이러한 경제체제는 위험을 초
래할 수도 있다. 경제의 해외의존도가 높아짐으로써 취약성도 동시
에 커지고 있다. 높은 외국인투자와 무역에 기초해 달성한 경제적 성
공은 달러 강세와 같은 대외적 변수가 생기면 투자처로서의 매력이
급격히 감소하여 대규모 자본유출이 발생할 수 있는 위험도 상존하
고 있다.

베트남에서 빈곤감소의 성과

1. 빈곤감소 현황

베트남은 개혁과 개방으로 수출 중심의 제조업이 발달하면서 일자리가 늘고 임금노동이 증가하면서 가계소득 또한 증가하였다. 그에 따라 빈곤감소에서도 괄목할 만한 성과를 달성했다. 일반적으로 경제성장이 가속화되면 국민의 평균소득은 증가하지만 불평등 역시 증가하는 것이 보편적인 현상이다. 그러나 베트남은 정부의 포용적 성장정책을 통해 불평등을 어느 정도 통제하면서 이를 달성했다.

최근의 세계은행보고서(World Bank, 2018)에 의하면 〈표 7-4〉에서 보듯이 베트남 통계청과 세계은행이 설정한 국가빈곤선에 의해 측정된 빈곤은 2010년에 20.7%였던 것이 2016년에는 9.8%로 하락했다. 특히 2014년부터 2016년까지 2년간은 무려 4%포인트나 하락했다. 1980년대에 빈곤율이 50% 이상이던 것을 감안하면 베트남의 빈곤감소가 거의 기적에 가까운 수준임을 알 수 있다. 현재 인구의 2%만이

표 7-4 베트남 빈곤율과 빈곤 분포의 추이

(단위: %, %포인트)

	빈곤율					빈곤의 분포			
	2010	2012	2014	2016	변화 2014 → 2016	2010	2012	2014	2016
베트남 전체	20.7	17.2	13.5	9.8	-3.7	100.0	100.0	100.0	100.0
농촌	27.0	22.1	18.6	13.6	-5.0	91.4	90.6	90.6	94.7
도시	6.0	5.4	3.8	1.6	-2.2	8.6	9.4	9.5	5.3
지역									
홍강델타	11.9	7.5	5.2	2.2	-3.0	13.7	9.9	9.0	5.2
북부산악지	44.9	41.9	37.3	28.0	-9.3	28.6	33.4	35.6	40.2
북부 중앙해안	23.7	18.2	14.7	11.8	-2.9	25.9	23.7	23.3	26.7
중부고원지	32.8	29.7	30.4	24.1	-6.3	9.5	10.0	13.7	16.2
동남부	7.0	5.0	3.7	0.6	-3.1	5.2	4.7	4.6	1.0
메콩델타	18.7	16.2	9.8	5.9	-3.9	17.1	18.4	13.7	10.8

자료: World Bank(2018).

절대빈곤(2011년 PPP 1.9달러 이하) 속에 살고 있는 것으로 평가되고 있다.

빈곤층의 소비가 빈곤선에서 얼마나 떨어져 있는가를 보여주는 빈곤갭의 비율도 〈그림 7-4〉에서 보는 것처럼 지속적으로 하락하고 있다. 이는 빈곤층에 남아 있는 사람들 중에서도 빈곤 정도가 줄어들고 있다는 것을 보여주고 있다.

베트남에서 절대적 빈곤이 크게 개선된 것은 사실이지만 내용적으로 보면 아직 많은 문제가 남아 있다. 베트남 빈곤의 특징이자 과제 중 하나는 도시와 농촌 간, 민족들 사이의 빈곤 격차 문제이다. 〈그

그림 7-4 베트남에서의 빈곤갭과 빈곤갭제곱의 추이(2010~2016)

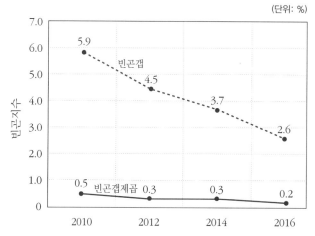

(단위: %)

자료: World Bank(2018).

그림 7-5 베트남 도시와 농촌 빈곤율 추이

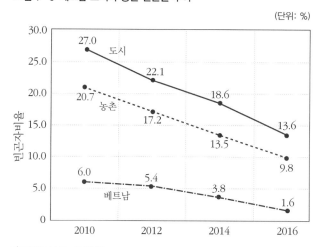

(단위: %)

자료: World Bank(2018).

림 7-5〉에서는 도시와 농촌의 빈곤율 추이를 보여주고 있다. 그림에
서 보듯이 베트남에서 빈곤선 이하의 절대다수가 농촌에 살고 있지
만 여기서도 상당한 진전이 있었다. 개선의 정도가 도시에는 미치지
못하지만 농촌의 빈곤율도 2010년 27%에서 2016년 13.6%로 절반이
나 하락했다.

베트남 빈곤의 또 다른 과제는 민족 간의 격차이다. 주류 민족인
킨(Kinh)족과 호아(Hoa)족 그리고 소수 민족 간의 빈곤 격차는 생각
보다 크다. 앞서 〈표 7-4〉에서 보듯이 베트남 빈곤의 거의 절반이 북
부 산악지에 분포되어 있어 베트남 빈곤의 가장 큰 과제인 소수 민족
의 빈곤문제를 형성하고 있다. 〈그림 7-6〉에서 보듯이 주류 민족의
빈곤율이 3% 정도인데 비해 소수 민족은 44.6%에 이르고 있다. 다만
희망적인 것은 소수 민족의 빈곤도 2010년에서 2016년 사이에 그림
에서 보듯이 66.3%에서 44.6%로 21.7%포인트가 하락하였다. 이는
과거 10년간 가장 큰 하락 폭으로 평가되고 있다.

그림 7-6 베트남 민족 간 빈곤율 추이

(단위: %)

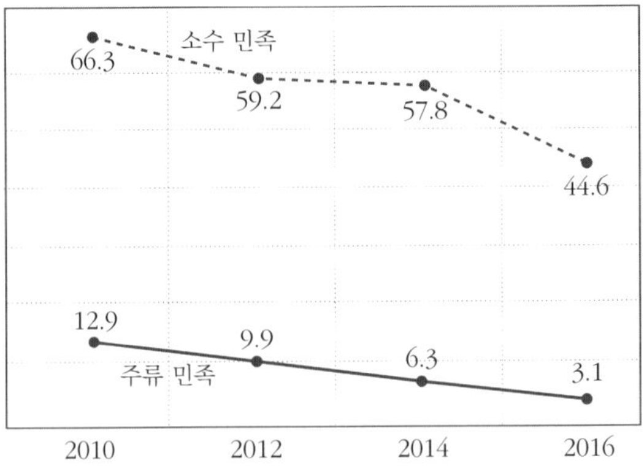

소수 민족
66.3
59.2
57.8
44.6

12.9
주류 민족
9.9
6.3
3.1

2010　2012　2014　2016

자료: World Bank(2018).

빈곤을 나타내는 또 하나의 지표인 빈곤에의 취약성(vulnerability)
이라는 면에서도 개선이 보인다. 2014년에는 빈곤하지 않던 사람들
의 2%만이 2016년에 빈곤에 빠졌는데 이는 빈곤을 탈출한 사람들
은 빈곤에서 계속 벗어나 있다는 것을 의미하는 증거로 해석된다(Vo,
2018). 그 외에 초기 아동교육이나 고등교육 진학 증가에서부터 물
및 위생개선에 이르기까지 소득 외적인 측면에서도 상당한 진전이
관찰되었다.

이상에서 살펴본 어떠한 지표로 보더라도 베트남에서는 최근 빈곤
감소에서 괄목할 만한 성과를 보이고 있다. 이러한 빈곤감소의 성과
를 세계은행은 재분배 노력의 결과라기보다는 경제성장률이 평균적
으로 높았기 때문이라고 해석하고 있다(World Bank, 2018).

2. 절대빈곤에서의 탈피와 중산층의 성장

현재 베트남은 경제적으로 상당히 안정된 계층이 나타나고 있다. 인
구의 70%는 경제적으로 안정된 것으로 분류되며 13%는 글로벌 중산
층의 일부로 편입되고 있다(Pimhidzai, 2018). 그들은 이제 일상의 필
수품을 장만하고 수입의 변동으로 인한 충격을 흡수하기에 충분한
소득이 있고 추가의 처분소비를 할 수 있는 여유가 생겼다. 이들 소
득계층은 2010년에서 2017년 사이에 20%나 성장하였다. 그래서 매
년 평균 150만 명이 세계 중산층에 편입되고 있으며 경제적 사다리를
오르고 있다. 이제 베트남에서 빈곤의 초점과 공동번영의 의제는 과
거와는 달리 절대빈곤과 싸우는 것으로부터 삶의 질을 폭넓게 개선
하고 중산층의 추가 확대를 지원하는 쪽으로 이동하고 있다.

3. 빈곤감소를 위한 정부 정책

베트남이 빈곤감소에서 괄목할 만한 성과를 거둔 데는 정부 정책도 중요한 역할을 했다. 일반적으로 많은 나라에서 경제성장이 가속화되면 소득의 불평등이 증대되는 것을 알 수 있다. 그러나 베트남은 높은 경제성장에도 불구하고 여타 ASEAN이나 아시아 태평양 국가들과 비교해 불평등은 크게 증대하지 않은 것으로 나타났다. 베트남의 GINI 계수는 2005~2013 사이에 35.6 정도로 같은 기간 중국 38.1, 인도네시아 38.1, 태국 43, 필리핀 43, 말레이시아 46.2에 비해 상대적으로 낮았다(UNDP, 2017). 이는 베트남 정부의 포용적 정책에 힘입은 바 크다.

빈곤감소를 위한 일련의 정부 정책 중에서 눈에 띄는 것은 인적 자원에 대한 투자를 크게 늘렸다는 점이다. 2012년에 교육과 헬스케어는 GDP의 6.3%와 12%에 이르렀다. 게다가 여러 빈곤감소 프로그램이 시행되었는데 P-135, P-30a(소수 민족 생활조건 개선), P-132와 P-134(중앙고원지대에서 토지에 대한 접근증대와 주거조건 개선), 기아와 빈곤철폐 프로그램(HEPR) 그리고 후에 NTP-PR(빈곤층을 위한 의료보험) 등의 다양한 빈곤감소 정책들이 시행되었다.

이러한 정부 정책 덕분에 과거 10년간 빈곤율은 완만한 속도로 계속 감소하여 왔다. 그러나 최근 감소하는 속도는 좀 떨어지고 있으며 또한 과거에 비해 성장은 덜 포용적이 되고 있다. 인구의 일부 계층은 빈곤선에는 반영되지 않는 아주 열악한 조건 속에서 여전히 살고 있다.

2015년 베트남 정부는 빈곤을 측정하는 방법으로 다차원(multi-dimensional) 접근법을 채택하였다. 이 방법은 빈곤을 의료, 교육, 주거, 물, 위생의 다섯 가지 사회적 서비스의 결핍 여부로 판단한다. 이때 가난한 가계는 10개 중 3개 이상의 지표에서 결핍이 있는 가계로 정의된다. 그런데 다차원빈곤지표를 채택하더라도 베트남의 빈곤감소에서 달성한 뚜렷한 성과는 그 빛을 잃지 않는다. 2016년 기준으로 베트남의 국가 다차원빈곤율은 9.2%이지만(2016년 VHLSS 자료 사용) 인구의 3분의 1만이 다차원 요소 중 한 가지 이상에서 결핍 문제를 갖고 있고 5~6개 지표가 결핍된 심각한 빈곤은 전체 인구의 1.3%에 지나지 않는다(Quyen, 2019).

빈곤감소와 관련된 도전과제

1. 빈곤감소를 위한 주요 과제

베트남은 앞서 본 것처럼 세계화의 시대에 적극적인 개혁과 개방을 통해 빈곤감소에서 괄목할 만한 성과를 거둔 대표적인 성공 모델이다. 그러나 이러한 성공적인 스토리에도 불구하고 베트남에서 빈곤감소는 여전히 중요한 국가적 이슈의 하나이며 이와 관련된 이슈는 다음과 같다.

첫째, 우선 절대빈곤층에 속하는 숫자가 양적으로 여전히 많으며 이제 막 빈곤선을 탈출한 숫자 역시 적지 않다. 빈곤선 이하의 절대빈곤층이 전체 인구의 9.8%라는 것은 전체 인구 9,500만 명 중 양적으로 약 900만 명이라는 의미이다. 이는 라오스, 이스라엘, 리비아와 같은 몇몇 나라의 전 인구에 맞먹는 큰 숫자이다(Quyen, 2019). 또한 베트남 인구의 70% 정도가 아직도 '거의 빈곤' 상태이다. 2005년 PPP 기준으로 1일 1인 소득이 2~4달러인 인구가 28%, 4~10달러인 저중

간 소득층이 48%에 이른다(UNDP, 2017). 이들은 경제적, 기후적 변화와 같은 충격이 올 때 다시 빈곤으로 떨어질 가능성이 매우 크며, 현재 소득을 올리는 가장이 새로운 글로벌 추세나 4차 산업혁명의 구조적 변화과정에서 일자리를 잃을 가능성도 존재한다.

둘째, 대부분의 아시아 국가에서도 그렇지만 베트남도 도시에 비해서 농촌의 빈곤율이 높다는 문제점이 있다. 베트남의 가장 가난한 가계들은 주로 농업에 의존하는 고원지대와 산악지대에 집중되어 있다. 이 지역에서는 농부들이 토지 활용이나 작물 선정을 효과적으로 하지 못한다는 문제가 빈곤 가계와 비빈곤 가계의 농업소득 차이를 발생시킨다. 양 가계가 비슷한 규모의 땅을 경작하더라도 비빈곤 가계는 커피, 후추, 고무와 같은 고소득 작물을 경작하는 반면, 빈곤 가계는 수익이 적은 옥수수나 쌀 등을 주로 심는다. 이러한 차이가 나는 이유는 여러 요인이 복합적으로 작용한 결과일 수 있다. 예컨대 토지사용증명서가 없어 작물을 재배하는 데 필요한 자금을 대출받기 힘들다는 점도 하나의 이유이다. 또 금융 지식이 부족하거나 담보능력이 없고 농업기술이 부족한 것도 이유일 수 있다. 금융기관은 담보대출을 원하지만 가난한 가계는 이에 대응할 능력이 없고 따라서 수익이 좋은 다년생 작물에 투자할 여력이 없기 때문이기도 하다.

셋째, 집단 간의 불평등은 여전히 좁혀지지 않고 있다. 특히 베트남의 주류를 형성하는 킨족과 호아족 그리고 소수 민족 간의 격차는 베트남 빈곤의 해묵은 과제이다. 소수 민족의 40% 가까이가 여전히 빈곤상태에 있고 그들은 인구의 15%에 불과하지만 900만 명의 빈곤층 중 73%인 660만 명이 이들이다. 흐몽(Hmong), 코무(Koh Mu), 소동(Xo Dong)과 같은 소수 민족에서는 70~80%의 높은 빈곤율을 보이고 있다. 소수 민족의 1인당 평균소비액은 킨족과 호아족의 45% 미만이다(Pimhidzai, 2018). 베트남의 빈곤층이 농촌 산악 지역과 관련성이 깊지만 같은 지역이라도 주류인 킨족과 호아족과 소수 민족 간에는 상당한 차이가 존재한다. 고산지역이라 하더라도 킨족과 호아족의 빈곤율은 10.4%로 낮지만 소수 민족의 경우는 여섯 배나 높다. 이는 소수 민족의 높은 빈곤율이 지역의 문제가 아니라 종족 간의 문제라는 점을 시사하는 것이다.

넷째, 빈곤에서 지역별 편차를 극복하는 것도 과제이다. 〈표 7-4〉에서 보듯이 북부산악 지대는 전통적으로 빈곤지역이다. 이는 앞서 언급한 소수 민족의 빈곤과 관련이 깊다. 이들 지역에서는 다차원빈곤도 심각하다. 지역적, 문화적, 언어적으로 장벽이 존재해 정보 접근이 어렵다는 것도 빈곤이 발생하는 주요 요인 중의 하나이다. 메콩델타 지역은 소득빈곤에서는 10% 내외로 전체 여섯 개 지역 중 3위 정도이지만 다차원빈곤율은 40% 이상으로 가장 높다(UNDP, 2017).

표 7-5 빈곤율과 지형에 따른 인구분포(2016)

(단위: %)

	빈곤자율		지역별 인구구성		지역별 인구분포	
	소수 민족	Kin&Hoa	소수 민족	Kin&Hoa	소수 민족	Kin&Hoa
도시	20.4	0.7	4.5	95.5	8.7	34.7
농촌						
해안	25.4	4.1	3.4	96.6	0.9	4.8
내륙델타	12.1	3.8	2.8	97.2	6.3	41.4
중산	9.4	1.7	6.8	93.2	1.7	4.4
저산악지	34.4	5.3	28.9	71.1	23.0	10.7
고산악지	57.0	10.4	72.8	27.2	59.4	4.2

자료: Pimhidzai et al.(2018).

교육, 건강보험, 주거, 위생 면에서 빈곤 발생이 높게 나타나는데 이는 사회적 서비스 공급의 결핍으로 야기된 결과이다. 중부고원지에서는 교육과 위생 분야의 빈곤 발생이 높다(UNDP, 2017).

다섯째, 새로운 형태의 도시 빈곤이 출현하고 있다. 이는 급격한 도시화와 사회변동으로 인해 도시이주민과 비공식 부문 노동자에게서 나타나는 현상이다. 베트남에서 사회적 보호나 부조는 공식적으로 인정된 주거지(호적)에 근거해 이루어지기 때문에 도시로 이주해 일하고 생활하고 있지만 주거를 공식적으로 인정받지 못한 이들 집단은 이러한 사회적 보호나 부조에서 소외되고 있다. 또 이들은 절대 빈곤을 간신히 벗어난 상태여서 빈곤층을 대상으로 하는 정부의 빈곤정책 대상이 되지도 못하고 있다(UNDP, 2017).

여섯째, 교육기회의 격차를 해소해야 하는 과제도 존재한다. 도시에 비해 상대적으로 빈곤한 농촌에서 그리고 주류 민족에 비해 소수민족은 고등교육의 수혜기회라는 측면에서 격차가 벌어지고 있다. 빈곤으로부터 벗어나는 과정에서 교육은 매우 중요한 역할을 한다. 그 이유는 교육을 받을수록 보다 높은 임금을 받는 직업을 선택할 수 있기 때문이다. 고등교육을 받은 사람에게는 임금 프리미엄이 존재하는데 베트남에서는 전문직업교육의 경우 43%, 대학교육은 63%에 이른다. 농촌지역의 빈곤층과 소수 민족에게는 고등교육의 기회가 적어 고소득을 보장하는 직업으로부터 배제된다. 〈표 7-6〉에서 보는 것처럼 소수 민족의 평균 재학 연수는 주류인 킨족과 호아족보다 낮다. 또 2015년에 15세 이상의 소수 민족 중 읽거나 쓰지 못하는 비율이 20.8%였는데 이는 국가 평균 5.3%의 네 배에 이르는 것이다(Pham & Mukhopadhaya, 2018). 소수 민족 아동은 그들이 나이를 먹을수록 교육을 받을 기회로부터 더욱 멀어진다. 고등교육기관은 그들이 살

표 7-6 베트남에서의 비화폐적 복지지표의 추세(2006~2016)

(단위: %)

	초교등록률 2010	초교등록률 2016	고등교육 이수 2010	고등교육 이수 2016	수도 2010	수도 2016	개선된 물 2010	개선된 물 2016	화장실 개선 2010	화장실 개선 2016	전화 2010	전화 2016
소수 민족	44.6	64.5	26.2	31.5	5.7	10.8	43.4	46.9	23.1	45.3	51.0	85.0
킨족과 호아족	55.2	67.3	56.8	66.0	29.2	42.6	76.0	83.2	77.0	89.4	81.9	94.0
비빈곤층	59.2	69.1	59.0	64.2	30.4	40.8	76.4	81.3	78.1	87.7	84.1	4.4
빈곤층	38.7	53.2	18.7	16.2	6.7	7.1	50.9	40.2	33.5	30.5	49.0	72.6
농촌	49.0	64.2	44.8	53.2	8.7	20.5	63.4	69.9	60.4	77.0	74.4	90.9
도시	63.8	72.7	69.3	71.4	66.2	75.8	91.2	95.6	92.2	96.4	86.8	96.7
베트남 전체	53.3	66.7	51.9	58.8	26.2	38.2	71.9	78.1	70.1	83.3	78.2	92.8

자료: Pham &Mukhopadhaya(2018).

고 있는 지역에서 멀리 떨어져 있는데 소수 민족 중 대부분은 그들의 자녀를 멀리 보내 기숙 문제를 해결할 금전적 여유가 없다.

농촌의 빈곤층이나 소수 민족의 고등교육 등록률이 저조한 이유에는 복합적인 요인이 작용한다. 소득이 적어 사교육이나 교육지원에 대한 투자 여력이 낮기 때문일 수도 있고, 빈곤 지역사회에 있는 학교의 질이 낮은 것도 원인이 된다. 이러한 상황은 그들이 임금이 높은 비농업 분야 직업경로에의 진출을 제한한다. 그리고 이는 결국 계층 간 이동성의 감소를 암시하는 것이기도 하다.

빈곤층의 교육 제한과 그로 인한 스킬 부족은 비농업 분야뿐만 아니라 농업 분야에서도 문제를 야기한다. 앞에서 언급했듯이 가난한 가계는 특정한 지식과 스킬을 요하는 다년생 작물을 재배하기보다는 부가가치가 낮은 곡물이나 작물을 재배할 가능성이 크다(Quyen, 2019). 그리고 곡물 작물의 헥타르당 평균수익성은 경작지의 경사에 따라 크게 좌우된다. 그로 인해 산악지역의 소수 민족은 수익성 면에서나 적합성 면에서 유리한 고수익 다년생 작물을 재배하지 못하고 상대적으로 수익성이 낮은 곡물 재배에 의존하게 된다. 결국 교육수준이 낮다 보니 작물 선택을 최적화하지 못하고 이것이 빈곤의 내재이유가 되기도 하는 것이다.

일곱째, 빈곤층은 어디서나 그렇지만 금융자본이 부족하고 또 그에 대한 접근성에 제한을 받고 있다. 농촌에서 수익성이 높은 다년생 작물을 재배하지 못하는 이유는 앞서 설명한 교육과 스킬의 부족도 한 요인이지만 다년생 작물에 대한 투자재원이 없다는 것도 중요한 이유이다. 그들은 투자 후 열매를 얻을 때까지 오래 기다릴 재정적 여유가 없다. 또한, 빈곤층은 금융자본이 부족하고 필요할 때 빌릴 수 없는 중요한 이유의 하나는 그들이 금융기관을 활용할 수 없기 때문이다. 금융기관은 대출신청 과정에서 필요한 담보나 토지사용자 인증서를 요구하는 경우가 많은데 빈곤층은 보통 이러한 요구에 부응하기 어렵다. 때문에 빈곤한 농민은 다년생 작물을 재배하는 것이 유리하다는 것을 알고 있다고 하더라도 이를 위한 재원이 제한되므로 추가적인 투자가 별로 필요치 않은 쌀이나 옥수수와 같은 작물에 의존하게 된다.

여덟째, 세계화에 따른 취약계층이 증가할 우려가 커지고 있어 이들에 대한 정부의 배려와 관심이 필요하다. 베트남에서 도이머이 정책 후에 무역개방이 가속화되고 있는데 이는 국내 특정 집단에게 위험을 가중시킬 수 있다. 특히 국제경쟁에 노출되는 수출작물이나 수입경쟁작물의 생산에 종사하는 농가는 비교역작물을 재배하거나 비농업활동에 종사하는 사람보다 미래에 빈곤으로 떨어질 가능성이 큰 것으로 나타나고 있다(Magrini & Montalbano, 2018).

빈곤 연구에서는 현재 가구의 빈곤을 중시하지만 미래에 가구들이 빈곤해질 수 있는 취약성, 즉 빈곤에 대한 취약성(vulnerability to poverty, 이하 취약성)도 추가로 검토한다. 최근 한 연구에서는 1992년에서 2008년까지 여섯 개의 베트남 '생활수준 측정조사(LSMS: Living Standards Measurement Survey)' 자료를 활용하여 경제부문별 기대빈곤취약성(VEP: vulnerability to expected poverty)을 조사하였다. 더불어 도이머이 정책 실시 이후에 무역 노출정도에 따른 경제부문별 기

표 7-7 베트남에서의 빈곤취약성의 추이(1992~2008)

(단위: %)

	1992	1998	2002	2004	2006	2008
조사 빈곤율	55.2	29.9	28.0	19.4	15.3	16.4
빈곤취약성(VEP) 비율	56.1	21.5	18.3	10.8	7.1	8.3
비농가	25.1	6.5	6.7	3.4	2.0	2.0
농가	69.0	30.9	27.9	17.5	12.0	11.7
농촌	68.2	29.8	23.6	14.0	9.3	10.2
도시	7.1	0.5	0.5	0.1	0.2	0.2
여성	43.5	13.5	8.4	4.4	2.7	4.0
남성	60.7	24.4	21.1	12.6	8.3	9.4
위험으로 인한 취약성 비율	18.7	33.7	31.0	31.2	32.6	31.1
비농가	30.3	47.8	45.9	46.9	46.3	61.7
농가	17.0	31.9	28.0	28.5	30.4	28.2
농촌	17.7	33.4	30.9	31.2	32.6	31.0
도시	61.0	87.5	39.4	100.0	33.3	50.0
여성	22.6	40.5	39.5	50.6	46.0	53.7
남성	17.7	32.4	30.0	29.3	31.4	28.6

주: 빈곤취약성(VEP) 비율은 전체 표본가구 중 취약한 가계의 비율.

자료: Magrini & Montalbano(2018).

대빈곤취약성도 분석하였다.

이 연구에 따르면 〈표 7-7〉에서 보듯이 베트남에서 빈곤율이
나 취약성은 크게 개선되고 있는데 이를 경제부문별로 보면 농촌이
나 농가에서 취약성이 크게 개선되고 있음을 알 수 있다(Magrini &
Montalbano, 2018).

취약성 중에는 상황변화에 잘 대처하지 못해서 발생하는 위험으
로 인한 구성 부분이 있는데 이를 위험으로 인한 취약성(risk induced
vulnerability)이라 한다. 즉, 예상 소비편차는 크나 기대소득은 빈곤선
위에 있는 취약성 부분이다(Magrini & Montalbano, 2018).

취약성을 전체 취약성과 위험으로 인한 구성요소로 나누어보면 상
반된 모습이 발견된다. 전체 취약성 면에서 보면 여성이 주도하는 가
계의 비율이 남성주도 가계의 비율보다 낮다. 그러나 위험으로 인한
취약성 면에서 보면 여성주도 가계의 약 50%가 2008년에도 취약한
것으로 드러나고 있다. 더욱 눈에 띄는 것은 농촌보다는 도시에서 위
험에 취약한 가계의 발생비율이 높다는 사실이다. 이는 전체적으로
도시나 농촌이나 취약한 가계의 비율이 줄어들고 있다는 것을 감안
할 때 취약성의 성격이 변한다는 것, 즉 빈곤유발형에서 위험유발형
으로 변하고 있다는 것을 시사하는 연구결과라 할 수 있다(Magrini &
Montalbano, 2018).

〈표 7-8〉은 농업 분야와 비농업 분야의 교역섹터 간 취약성을 구
분하여 보여주고 있다. 표에는 각 연도와 섹터별로 취약한 가계의 전
체비율과 위험 때문에 취약해졌다고 생각되는 가계의 비율이 나타나
있다(Magrini & Montalbano, 2018). 베트남에서 취약한 가계는 매년 꾸
준히 감소하고 있음을 알 수 있다. 모든 섹터에서 1992년보다는 2008
년에 취약한 가계 비율이 예외없이 낮아지고 있다. 그럼에도 비교역

표 7-8 베트남에서 경제부문별 총취약성 및 위험으로 인한 취약성 추이(1992~2008)

(단위: %)

	분야	1992	1998	2002	2004	2006	2008
총취약성 (VEP) 비율	비농업활동						
	수출제조물품	22.4	10.0	10.8	5.3	3.8	2.3
	수입제조물품	43.6	6.1	8.0	4.1	2.9	3.2
	비교역, 비농업	18.9	5.8	5.5	2.8	1.4	1.4
	농업활동						
	주 수출농업제품	54.5	14.9	25.9	11.0	3.0	3.4
	기타수출농업제품	51.1	26.3	25.3	16.8	7.3	9.3
	수입경쟁작물	58.3	39.5	36.8	26.8	13.2	19.3
	비교역작물	43.8	22.0	10.8	2.8	1.1	1.9
	쌀	71.6	32.1	27.8	17.8	13.4	12.3
	순 소비자	45.1	16.4	13.3	7.8	4.3	5.4
	순 생산자	68.2	27.5	20.5	14.4	10.3	11.1
위험으로 인한 취약 가구 비율*	비농업활동						
	수출제조물품	31.8	48.5	39.4	41.9	40.9	55.6
	수입제조물품	26.4	43.8	45.1	45.5	37.5	60.0
	비교역, 비농업	33.3	48.3	49.0	49.4	52.4	66.7
	농업활동						
	주 수출농업제품	23.6	56.8	32.1	52.4	55.6	50.0
	기타수출농업제품	20.9	17.1	31.8	31.3	62.5	45.7
	수입경쟁작물	14.3	25.5	20.2	25.4	40.0	25.3
	비교역작물	33.3	48.3	49.0	49.4	52.4	66.7
	쌀	16.5	32.4	28.5	26.5	28.2	26.4
	순 소비자	20.5	27.5	30.4	34.6	37.7	35.4
	순 생산자	17.5	37.9	34.0	28.8	29.9	29.3

자료: Magrini & Montalbano(2018).

* 전체 취약가구 대비 위험으로 인한 취약가구 비율.

작물을 생산하는 가계를 예외로 하고 농업활동은 비농업활동보다는 높은 비율을 보여주고 있다.

표의 VEP 추정치에 따르면 취약한 가계가 가장 낮은 비율의 부문은 비교역, 비농업, 그리고 비교역작물(이들 경우에 취약가계의 비율은 2008년에 2% 이하) 부문이다. 농업활동 가운데 취약가계가 가장 높은 생산 부문은 수입경쟁 부문이고 그다음이 쌀이다. 쌀은 베트남 가계의 주식이고 쌀 산업의 중요성에 비추어 주목할 필요가 있다. 표에서 보듯이 쌀 순 생산자와 쌀 순 소비자 가계 간의 취약성을 구분해서 보면 취약한 가계의 비율은 쌀 소비자보다는 쌀 생산자가 더 높다. 그러나 위험으로 인한 취약성 면에서 본다면 그 반대의 결과가 나오는 것을 알 수 있다. 소비자 가계에서 위험으로 인한 취약성이 더 높다.

표에서 보듯이 총취약성은 줄어드는 추세이지만 위험으로 인한 취약성이라는 면에서 보면 섹터별로 차이가 발견된다. 전체적인 취약성도 중요하지만 취약성 중에서 위험으로 인한 취약성이 상대적으로 점차 중요해지고 있다. 무역개방이 가계가 직면하는 위험을 증대시킬 수 있다는 점에서 위험으로 인한 취약성이 증가하는 섹터, 예컨대 여성주도 가계나 국제경쟁에 노출되는 농업 분야 등에서는 무역자유화나 개방과 함께 이들 섹터에 대한 국가의 정책적인 배려가 필요하다는 점을 시사해주고 있다.

2. 빈곤감소를 위한 세계은행의 제안

베트남이 앞서 설명한 도전과제를 해결하고 지속적인 빈곤감소와 공동번영을 달성하기 위한 방안들이 최근 발간된 세계은행의 보고서에서 제시되었다. 세계은행이 가장 강조하는 것은 경제성장에서 뒤처진 사람들에 대한 경제적 기회를 확대할 수 있는 포용적 성장(inclusive development)이다. 이를 달성할 수 있는 방안으로 다음과 같은 전략이 제시되었다(World Bank, 2018).

1) 노동생산성 향상과 인프라 투자

경쟁력을 잃지 않으면서 일자리 창출과 임금 성장을 유지하기 위해 베트남은 노동생산성을 높이고 인프라에 투자해야 한다. 이제 베트남 가계에서는 주 소득원으로 임금이 중심이 되었다. 따라서 지속적인 복지 향상은 미래 임금소득 증가와 더 나은 일자리 창출에 달려 있다. 그러나 최근에는 임금상승률이 노동생산성 증가율을 앞서는 상황이 발생하고 있다. 따라서 노동생산성을 높이고 높은 임금소득을 유지하려면 생산을 가치사슬의 상위 단계로 끌어올리고 생산성이 높은 부문에 투자를 촉진하여 이들 분야로 노동 유입을 유도할 필요가 있다. 이것은 다음의 방법으로 달성할 수 있다

첫째, 정보 교환, 기술 업그레이드 및 기술 이전을 통해 국내 중소기업을 다국적 기업과 연결시키면서 고부가가치의 농업, 제조 및 서비스 활동 분야로 외국인직접투자(FDI)를 유치해야 한다.

둘째, 운송, 전기, 물류 및 통신의 공급이 급성장하는 수출부문의 높은 수요를 충족시키고 국가가 가치사슬의 상위 단계나 또는 고부가가치 산업 분야로 나아갈 수 있는 환경을 조성할 수 있도록 인프라에 대한 투자를 계속해야 한다.

2) 교육개혁 실행

베트남에 필요한 포용적 성장을 위해 국민에게 평등한 기회를 주고 노동스킬을 확대할 수 있도록 설계된 교육개혁을 실행해야 한다. 풍부한 노동공급이 이루어지고 있음에도 민간부문에서 임금이 빠르게 오른다는 것은 숙련된 인재풀이 작음을 의미한다. 저숙련노동에서조차도 근로자의 스킬 부족을 지적하는 기업가들이 많다. 스킬 개발에 대한 투자는 유능한 인력을 늘리고 가치사슬을 보다 정교한 활동으로 확장시키며, 새로운 부문의 성장을 지원하게 한다. 따라서 양질의 교육기회를 확대하는 것은 기술을 개발하는 것뿐만 아니라 불평등을 줄이고 모든 사람에게 더 나은 일자리를 제공할 수 있는 기회를 늘리는 데 매우 중요하다. 빈곤층과 비빈곤층 커뮤니티 간의 학교 교육의 질이나 방과 후 교육 등에 차이가 나면 중등학교 수준에서 학업성취도의 차이를 낳고 그 결과 가난한 아동들이 불리한 입장에 처하게 만들 수도 있다. 따라서 구체적으로 다음과 같은 조치가 필요하다.

첫째, 학업성취도 격차를 줄이기 위해 학교에서 교육 시간을 늘려야 한다.

둘째, 대부분의 사용자는 근로자에게 문제 해결 및 비판적 사고 능력이 부족하다는 점을 지적한다. 이러한 능력을 개발하기 위해 커리큘럼을 개혁할 필요가 있다.

3) 농업 분야 혁신

빈곤층의 농업 잠재력을 일깨우고 소득 창출을 제고하기 위한 농업 분야의 구조개혁을 계속해야 한다. 구체적으로는 토지사용자 권한을 강화하여 이를 담보로 신용을 창출하고 이 자금을 기반으로 수익성이 높은 다년생 작물에 투자할 수 있도록 해주어야 한다. 동시에 농부들의 농장관리 능력과 농업 관련 비즈니스 스킬을 높일 수 있는 방안도 강구해야 한다.

제5절

소결

세계화가 지구상의 여러 나라 사람들에게 미치는 효과에 대한 긍정론과 부정론은 해묵은 논쟁거리이다. 더 좁게는 세계화가 빈곤감소에 미치는 영향에 대해서도 견해는 엇갈린다. 최근에는 세계화의 긍정적 또는 부정적 영향은 직선적이라기보다는 정부정책과 같은 중간매개 메커니즘의 영향이 크다는 연구결과들이 늘고 있고 또 설득력을 얻고 있다.

베트남은 과감한 도이머이 정책을 실시해 세계화 시대에 눈부신 경제성장과 빈곤감소를 달성한 가장 모범적인 사례로 평가받고 있다. 그것은 세계화의 자연적인 혜택이라기보다는 환경변화에 능동적으로 대처한 베트남의 정부정책과 국민이 노력한 결과일 것이다. 풍부한 노동력, 근면과 성취욕구, 학습지향의 국민성 그리고 경제성장 과정에서 불평등을 줄이려는 정부의 포용 성장정책 들이 복합적으로 작용한 것으로 평가된다.

그러나 베트남의 미래에 청사진만 존재하는 것은 아니다. 부패 등 사회주의 체제에 내재한 모순, 환경파괴, 국민의 참여나 민주화에 대한 고차적 욕구의 증대와 같은 대내적 문제도 문제가 되겠지만 대외적 관계에서도 후발자가 누리던 혜택들이 상쇄될 가능성도 커질 것이다. 이러한 문제와 도전을 극복할 베트남 국민과 정부의 노력을 눈여겨볼 만하다.

어쨌든 향후 베트남이 겪게 될 도전에도 불구하고 이제까지의 업적만으로도 베트남은 세계화 시대에 그들의 적극적 선택으로 가장 수혜를 받은 모범적인 사례로 남을 것이다.

제8장

국가별 사례(II)

: 방글라데시의 봉제업

세계화의 진전과 아시아에서의 경제성장 또는 빈곤감소와 관련하여 주목해 볼 만한 또 하나의 나라는 방글라데시이다. 방글라데시는 아시아뿐만 아니라 전 세계적으로 최빈국 중의 하나였다. 그러나 1980년대부터 특유의 이점을 활용하여 봉제업을 발전시킴으로써 세계화의 시기에 경제성장과 빈곤감소를 달성해 나가고 있다. 그들이 세계화에 발맞추어 봉제업을 발전시켜 나간 과정을 살펴본다.

제1절

머리글[28]

2014년 4월 방글라데시의 다카 근교에 있는 의류공장이 밀집된 라나 플라자(Rana Plaza)에서 붕괴사고가 발생하여 1,135명의 근로자가 희생되고 2,500명이 부상하는 사상 최악의 참사가 일어났다. 희생자의 대부분은 봉제공장에서 일하는 여성 근로자들이었다. 건물의 균열이 사전에 감지되었음에도 근로자들에게 직장으로 돌아가라는 지시를 내려 희생을 키웠다.

이 사건은 앞서 2012년에 110여 명이 사망한 타즈린(Tazreen) 공장 화재사건에 이은 연이은 참사로서 봉제공장 근로자들이 처한 작업장의 안전문제와 열악한 근로환경, 공장주의 부도덕한 경영이 새삼 세계의 주목을 받는 계기가 되었다. 동시에 이 공장에서 아웃소싱을 해오던 구미의 다국적 의류업체의 책임 문제도 부각되었으며 그들의

---

28 본 장은 한인수 · 엄금화(2016), 「방글라데시의 봉제업: 희망으로의 험로(險路)」, 《아시아리뷰》 6권 1호, pp. 39–71에 발표한 내용을 수정한 것임.

브랜드이미지에도 큰 타격을 주었다. 그래서 참사 이후 구미의 바이어에게도 방글라데시 공장주와 함께 문제를 근본적으로 해결하라는 국제적 압력이 강화되었다.

참사 이후 학계의 일부에서는 패스트 패션(fast fashion)[29]으로 대변되는 현재의 글로벌 의류생산과 소비구조의 문제점을 지적함과 동시에 이러한 방글라데시 근로자의 불행이 글로벌 시대에 개발도상국에서 발생하는 환경파괴나 근로조건의 저하 등을 유발하는 이른바 '바닥으로의 경주'의 한 징후가 아니냐는 우려도 제기되고 있다. 즉, 방글라데시 봉제업 근로자의 불행의 근원을 글로벌 경제라는 보다 큰 틀에서 찾으려는 시도가 이루어지고 있다.

방글라데시 봉제업 또는 그 근로자들이 겪는 불행은 우리와 전혀 무관한 일은 아니다. 현재 중국에 이어 세계 2위 의류 수출국으로 자리매김하고 있는 방글라데시의 봉제업은 한국과는 특별한 인연이 있다. 1978년 한국의 (주)대우와 합작투자가 방글라데시 봉제업 발전의 기초로 평가된다. 투자계약에 따라 우리 기업에서 훈련받은 기술자들이 방글라데시 봉제업의 개척자가 되었다. 뿐만 아니라 현재에도 150여 개에 이르는 많은 우리나라 기업들이 현지에서 근로자를 고용하여 봉제업에 종사하고 있다. 2012년 6월 현재 의류 분야에서 방글라데시에 대한 외국인직접투자 13억 달러 중 한국이 3억 300만 달러로 1위를 차지하고 있다(Bangladesh Bank, 2013). 또한 중국과 베트남을 대체할 의류 생산기지로 이 나라가 갖는 중요성은 점점 커질 것으

---

[29] 패스트 패션이란 최신 트렌드를 즉각 반영하여 빠르게 제작하여 제품을 유통시키는 의류를 가리키는 말이다. 최신 유행을 즉각 반영한 디자인을 상대적으로 저렴한 가격, 빠른 유통, 상품 회전율로 승부하는 패션 사업이다. 음식으로 치면 패스트푸드에 해당하는데 의류에서는 패스트 패션이라고 부른다.

로 예상된다. 방글라데시 봉제업에서 일어난 일련의 참사는 강 건너 불로만 볼 수 없는 것은 이러한 이유 때문이다.

　본 장에서는 방글라데시 봉제업의 과거, 현재, 미래를 살펴본다. 동시에 이 산업이 방글라데시 경제에 미친 효과와 현재 당면한 문제점도 분석하고자 한다. 그리고 방글라데시의 봉제업이 현재 겪고 있는 어려움이 세계화의 진전에 따라 나타나는 '바닥으로의 경주'의 한 징후인지 또는 희망으로 가는 과정에서의 진통인지를 논의하기로 한다. 끝으로는 방글라데시의 참사가 증가 추세인 현지 진출 한국기업에 주는 시사점에 대해서도 부기하고자 한다.

방글라데시 봉제업의 발전과정

1. 방글라데시의 섬유산업

방글라데시에서 봉제업(garment industry)이 본격적으로 시작된 시기
는 1970년대 후반이다. 그러나 봉제업의 전 단계인 섬유산업의 뿌리
는 매우 깊다. 일반적으로 광의의 섬유산업에는 목화나 양털과 같은
천연섬유 내지 인공섬유로부터 실을 생산하는 방적, 실을 짜서 천을
만드는 직포, 천에 물을 들이는 날염 등 범위가 넓다. 그중에서 실이
나 포를 이용하여 옷을 만드는 작업을 봉제(縫製)라고 한다. 이 봉제
는 대부분 기성복 형태로 이루어지므로 ready-made garments(RMGs)
와 거의 같은 뜻으로 쓰인다.

　방글라데시를 포함한 벵갈(Bengal) 지역은 과거 인도 대륙 중에서
선진 지역이었다. 면섬유산업은 인도가 발상이라고 알려져 있고 그
중에서도 다카모슬린을 생산하는 벵갈지역은 면섬유산업의 대표적
인 생산지였다(村山真弓 · 山形辰史編, 2013). 그러나 영국 식민지 시절

면제품의 경쟁국이던 영국의 정책으로 면제품 장인들의 활동이 억제되고 영국 공장에서 대량 생산된 면제품이 들어오면서 이 지역의 전통산업은 크게 위축되었다. 그 결과 동벵갈지역은 식민지 시절에는 황마를 필두로 하는 농산물 공급지 역할에 머물러 있었다. 식민지 지배가 끝나고 1947년 동파키스탄과 서파키스탄으로 분리된 이후에도 섬유산업은 과거의 영광을 되찾지 못했다. 공업화는 주로 서파키스탄을 중심으로 이루어졌고 동파키스탄의 대다수 산업 역시 서파키스탄 자본가가 소유했기 때문이다(Islam et al., 2013).

1971년 방글라데시 독립 후에도 상황은 크게 개선되지 못했다. 신생 방글라데시의 정권들은 주요 산업을 국유화했기 때문이다. 국유화된 섬유공장은 Bangladesh Textile Mills Cooperation(BTMC)라는 국영기업의 일부가 되었다.

섬유산업의 민간기업들이 활력을 갖기 시작한 때는 1975년 지아우르 라만(Ziaur Rahman)이 정권을 담당하면서부터이다. 지아우르 정권하에서 민간부문의 활성화가 진행되어 민간투자의 제한 완화가 실시되었다. 1977년에는 섬유부(Ministry of Textiles and Jute)가 창설되고 여기서 BTMC를 감독하게 된다. 1982년 무혈쿠데타로 정권을 잡은 에르샤드((Hussain Muhammed Ershard)는 민영화를 더욱 진행하게 된다. 그는 이 해에 국유화한 섬유공장의 일부를 원래 뱅갈인 소유자에게 되돌려주었다. 이에 의해 민간기업이 조업을 개시해 1983년에는 이들 기업의 업계 단체인 Bangladesh Textile Mills Association(BTMA)가 설립되었다. 이 이후 공기업인 BTMC와 BTMA 산하의 민간기업이 방글라데시 섬유산업을 담당하게 된다.

2. 봉제업의 형성과 발전(1970s~1985)

앞서 방글라데시 섬유산업의 역사가 전통이 있음을 언급하였지만 실이나 천으로 옷을 만드는 봉제업이나 의류산업은 크게 발전하지 못했다. 그 이유는 방글라데시의 전통의상이 옷이라기보다는 천을 두르는 형태였음과 무관하지 않다.

그러나 1970년대 말부터 수출용 봉제업이 일어나 방글라데시 제조업과 수출품목 가운데 지배적인 위치를 얻게 된다. 그 배경에는 한국 기업의 역할이 결정적인 것으로 평가된다. 그즈음 전통적인 의류수출 강국인 한국과 홍콩 기업들은 선진국에 대한 수출물량에 제한을 받게 되어 다른 나라에서 생산기지를 찾고 있었는데 방글라데시를 좋은 대안으로 생각하게 되었다. 이들 기업에 지금도 그렇지만 방글라데시의 값싼 노동력은 큰 유인으로 작용했다.

1978년 당시 한국의 대우가 방글라데시의 Desh Garments사와 기술협력 · 마케팅 협정을 맺었다(Yunus & Yamagata, 2012). 협정의 내용은 Desh Garments 사원의 연수를 대우가 행하는 대가로 동사는 대우에 매출의 8%를 지불한다는 내용이었다. 협정에 따라 약 130명의 Desh Garments사 직원이 대우의 부산공장에 파견되어 6개월 연수를 받았다. 이 130명이 회사에 돌아와 조업을 개시해 수출을 하게 된다. 또 대우에 파견된 130명 중에 다수가 퇴직 후 새로운 봉제공장을 설립해 방글라데시 의류산업의 기초를 세우게 된다. 이 시기에 진출한 우리나라 기업인 영원무역은 1980년에 합자기업으로서 방글라데시 항만도시인 치타공(Chittagong)에서 수출용 생산을 시작해 현재에도 다카(Dhaka)[30]와 치타공에서 대규모 조업을 계속하고 있다.

Desh Garments사의 창설자인 누룰 퀘이더(Noorul Quader)는 방

글라데시 의류산업의 산업정책 형성에도 큰 기여를 했다(Quddus & Rashid, 2000). 퀘이더는 관료 출신의 기업가로 자사의 생산수출을 위해 동시개설신용장(back-to back letter of credit)이나 보세창고(bonded warehouse) 제도의 창설 등 예우조치를 정부에 요구해 1980년에 이들 예우를 얻었다. 그 후 수출용 의류생산기업 전체에 이 제도가 적용되는 효시가 되었다. 이러한 조치는 외국기업이 방글라데시 기업에 의류 위탁생산을 할 수 있게 한다는 의미에서 방글라데시 봉제업계로서는 매우 획기적인 제도였다고 할 수 있다.

이러한 제도들에 힘입어 1980년대 중반까지 방글라데시의 봉제수출은 붐을 이루게 된다. 그런데 여기서 주목할 점은 이러한 수출 봉제기업의 성장은 방글라데시 정부의 전략산업으로 육성된 것이 아니라 국내 기업가들의 자발적인 노력으로 이루어졌다는 점이다(Quddus & Rashid, 2000). 1982년에는 모든 종류의 의류 생산자, 수출자의 조합인 '방글라데시 의류제조업자·수출업자조합(BGMEA: Bangladesh Garment Manufacturers and Exporters Association)'이 설립되었다. 이 단체는 업계 단체로서 방글라데시 정부와 협력하여 봉제업 발전에 기여하게 된다.

3. 방글라데시에 대한 수입할당(쿼터)의 설정(1985~1990)

성장을 거듭하던 방글라데시의 봉제수출 기업은 1985년에 하나의 장애를 만나게 된다. 그것은 미국과 캐나다의 수입할당(쿼터) 설정이다.

---

30 방글라데시의 수도인 Dhaka는 1982년까지는 Dacca로 표기되었다고 함.

1985년까지 세계적으로 섬유의류무역을 지배한 체제는 1974년에 만들어진 다자간섬유협정(MFA: Multi-Fibre Arrangement)이었다. 이는 미국과 유럽이 아시아의 섬유의류 수출업자에게 부과하는 일련의 자발적인 수출제한이다(Joarder, Hossain & Hakim, 2010). 섬유의류의 주요 수출국이 구미제국으로 수출할 때는 수입국이 수출품목별, 수출국별로 자세하게 수입할당을 정한다. 수출국 입장에서는 수입할당을 초과한 수출을 하면 다음 연도에 당해품목의 수출이 제한되기 때문에 충족률을 가능한 한 100%에 가깝게 하면서도 이를 초과하지 않도록 수출을 관리할 필요가 있다.

그런데 이러한 수입할당은 의류 수출량이 많은 나라에만 적용되고 방글라데시에는 적용되지 않았다. 1980년대 중반까지만 해도 방글라데시의 섬유의류수출은 세계 기준으로 볼 때 그리 많은 것이 아니었기 때문이다. 그것이 한국기업을 필두로 하는 외자기업이 방글라데시에 생산을 위탁하는 중요한 이유의 하나였다. 그러나 방글라데시의 의류수출이 서서히 증가함에 따라 1985년에는 구미 여러 나라에서 방글라데시에도 쿼터 적용을 고려하기 시작했다.

이러한 수입할당의 움직임은 방글라데시에 위협으로 작용했다. 이제까지의 경쟁우위가 상실되기 때문이다. 다행히 정부 간 교섭으로 영국과 프랑스의 규제는 벗어났지만 미국과 캐나다의 수입할당은 2005년까지 계속되었다.

그러나 수입할당이 방글라데시의 의류수출을 위축시킬 것이라는 우려와 달리 오히려 봉제의류수출은 계속되었다. 1985~86년도의 수출액은 9,800만 달러가 되어 전년도의 7,500만 달러를 크게 상회했고 1986~87년도에는 2억 2,500만 달러로 증가했으며 그 후에도 연평균 24%라는 고성장을 계속했다(Joarder, Hossain & Hakim, 2010).

4. 니트 의류의 성장과 WTO의 설립(1990s)

방글라데시의 봉제업은 원래 직물(woven wear)로부터 시작했다. 그러나 1990년대에는 후발 분야인 니트 의류(편물)(knitwear) 분야가 크게 발전하게 된다. 방글라데시에서 니트 천이나 니트 의류 분야가 급속도로 발전하게 된 배경에는 1995년부터 EU의 일반특혜관세(GSP: Generalized System of Preferences) 조건으로서 원산지규정(RoO: rules of origin)이 보다 엄격하게 적용되어 니트 천도 방글라데시 국내에서 생산해야 하는 의무를 지우는 내용이 발효되었기 때문이다(山形辰史, 2013). 니트 의류업체들은 주로 치타공, 가지푸르(Gazipur), 나라얀간지(Narayanganji) 등을 중심으로 소재했고 많은 수의 근로자를 고용했다. 1996년에 니트 제품의 산지인 나라얀간지에 입지한 공장을 중심으로 니트 제품만을 취급하는 '방글라데시 니트웨어 제조업자·수출업자조합(BKMEA: Bangladesh Knitwear Manufactures and Exporters Association)'가 설립되었다.

1995년 방글라데시의 봉제산업은 새로운 국면을 맞이하게 되었다. 이 해에 WTO(World Trade Organization)가 설립되었기 때문이다. 이 기구의 설립은 자유무역의 확대를 의미하는 것이었고 따라서 지금까지 섬유의류산업에 적용되던 MFA는 자유무역원칙에 반하는 것으로서 철폐되어야 한다는 것을 의미했다. 실제로 WTO는 10년의 유예기간을 주고 2005년 1월 1일을 기해 의류 수입할당을 철폐하기로 결정하였다. 이러한 조치에 대해 방글라데시는 우려와 반대의 의사표시를 했다. 그 이유는 의류수출의 최대 경쟁국인 중국 때문이었다. 수입할당이 철폐되면 중국의 의류수출이 급신장해 인도 이외의 저소득국의 의류수출은 모두 감소할 것이라는 우려가 여러 연구에서 제기되었기 때문이다(Nordås, 2004).

방글라데시의 의류수출이 증가하고 고용이 늘어남에 따라 새로운 측면에서 관심사가 부각되었다. 그것은 방글라데시 봉제업의 근로환경과 관련된 것이었다. 많은 선진 의류기업들이 직간접적으로 방글라데시의 의류공장에 투자하거나 위탁생산에 참여하고 있었다. 그 결과 선진국의 시민단체나 미국의 노동조합에서는 방글라데시 봉제공장의 노동환경에 대한 감시도 강화하였다. 특히 학령기 아동의 고용이 문제가 되어 1995년에는 BGMEA와 국제노동기구(ILO) 간에 아동노동 철폐를 위한 각서가 교환되었다.

5. Post MFA와 지속적 성장

MFA 폐지를 반대하는 여러 국가들의 목소리에도 불구하고 2005년 1월 1일을 기해 WTO 가맹국 간에는 MFA가 철폐되었다. 우려했던 대로 중국의 의류수출은 급증했다. 그러나 이러한 증가는 역풍을 불러왔다. 중국의 의류수출이 급증하자 미국은 같은 해 5월에 세이프가드를 발동했고 EU는 이의 발동을 암시하면서 중국에 수출자율규제를 압박했다. 그 결과 6월에 중국과 EU 간에 2008년까지 주요 품목의 대EU 수출을 매년 전년대비 약 10% 증가까지로 허용한다는 협정이 체결되었다. 또 중국과 미국 간에는 2006년부터 2008년까지 3년 동안 주요 품목의 대미수출 증가율을 10~17%로 억제한다는 협정이 체결되어 중국제 의류의 극적인 증가는 저지되었다.

때문에 MFA 철폐 후에도 방글라데시의 봉제수출은 별 영향을 받지 않고 증가세를 보일 수 있었다. 실증적 자료에 의하면 1990년부

그림 8-1 방글라데시 봉제수출의 추이

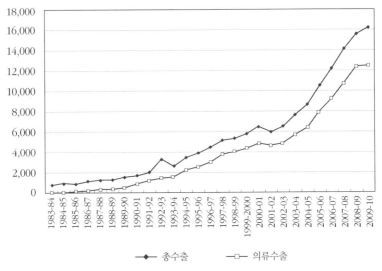

(단위: 백만 달러)

자료: 村山眞弓·山形辰史(2013).

터 2005년까지 봉제수출은 연평균 19%를 기록해 왔다. 쿼터가 없어진 후 2005~06 회계연도의 봉제수출은 평균보다 높은 23.5%의 증가율을 보였다. 금액기준으로 볼 때 2004년 6월부터 2007년 6월까지 의류수출은 40억 달러를 초과하였는데 이는 2003~04 회계연도보다 75%나 높은 수치이다(Yunus & Yamagata, 2012). MFA가 폐지된 후에도 방글라데시는 이 분야의 승자였음이 실증적인 자료로 입증되었다. 그래서 〈그림 8-1〉에서 보듯이 방글라데시의 봉제수출은 9.11테러가 발생한 2001~02년도와 리만브라더스 쇼크가 있었던 2009~10년도에 다소 정체를 보였을 뿐 지속적인 증가세를 보이고 있다(村山眞弓·山形辰史, 2013).

6. 방글라데시 봉제업의 현황

1970년대 후반부터 비약적으로 발전하기 시작한 방글라데시의 봉제업은 이제 중국에 이은 세계 제2위의 수출을 기록하고 있다. 〈표 8-1〉에서 보듯이 봉제 수출액은 2012년에 190억 달러로 이는 방글라데시의 연간 전체 산업 수출액인 240억 달러의 80%에 해당한다 (Islam, Khan & Islam, 2013). 그리고 GDP의 15%에 해당한다. 고용면에서도 크게 기여하고 있어 의류산업의 고용률은 전체 산업고용의 45%를 차지하고 있다. 맥킨지(McKinsey)사는 향후 10년 내에 방글라데시의 봉제수출이 현재의 두 배가 될 수 있다고 예측하고 있다 (McKinsey & Company, 2012).

표 8-1 방글라데시 봉제업의 발전

연도	제조업체 수(개)	고용(백만 명)	수출액 (백억 달러)	전체수출대비 비중(%)
2007~2008	4,743	2.8	10.7	75.8
2008~2009	4,925	3.5	12.4	79.3
2009~2010	5,063	3.6	12.5	77.1
2010~2011	5,150	3.6	17.9	78.2
2011~2012	5,700	4.0	19.1	78.6

자료: Islam, Khan, & Islam(2013).

방글라데시 봉제업이 전 세계에서 차지하는 비중을 보면 2018년 현재 280억 달러로 중국에 이어 2위이며 방글라데시 전체 산업에서 차지하는 비중은 80%로 국가의 핵심 산업이다. 한 연구에 따르면 봉제업의 업체 수는 2018년 현재 약 8,000개에 이르는 것으로 추산된다 (Barrett et al., 2018).

그림 8-2 주요국 봉제업의 글로벌 비중

(단위: 십억 달러, 괄호 안은 %)

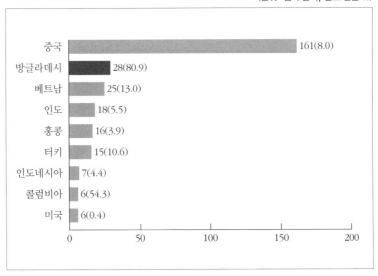

주: ( )는 국가산업에서 차지하는 비중

자료: WTO(2020).

봉제업 근로자의 근로환경과 작업환경

방글라데시 봉제업의 눈부신 성공 뒤에는 근로자의 고통이라는 그림자가 존재한다. 그들은 낮은 임금, 장시간 노동, 열악하고 안전하지 못한 작업환경, 비인간적인 대우, 아동노동 등으로 시달리고 있다.

1. 저임금과 장시간 노동

방글라데시에서 봉제업이 발달한 가장 큰 이유는 많은 인구에서 나오는 풍부한 노동력에다 그들의 임금이 낮다는 데 있었다. 방글라데시의 최저임금은 2010년부터 2013년 말까지 3,000타카(약 39달러)를 유지하고 있었다. 이는 다른 섬유 수출 경쟁국인 베트남과 캄보디아 임금의 절반 수준에 불과하다. 통계마다 차이가 있지만 방글라데시 제조업 근로자의 월평균 임금은 123달러로, 중국의 5분의 1, 인도의 3분의 1에 불과하여 캄보디아나 미얀마와 더불어 〈그림 8-2〉에 나온

그림 8-3 아시아 각국 제조업 근로자의 노동 비용(월액, 2012)

(단위: 달러)

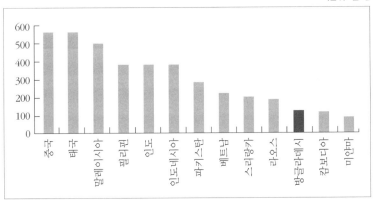

자료: 小林公司(2013).

것처럼 아시아에서 최저수준이다(小林公司, 2013; JETRO, 2013). 월평균 급여가 54달러인 미얀마 근로자 다음으로 아시아에서 임금이 가장 낮다.

라나플라자 참사 이후 방글라데시 제조업 근로자의 열악한 근무환경이 국제적으로 문제가 되고 임금인상 압력이 강화되어 2013년 12월 1일부터 최저임금이 5,300타카(68달러)로 인상되었다. 이는 이전의 최저임금이 77% 인상된 것이다. 그러나 이러한 큰 폭의 인상도 근로자들의 삶을 크게 개선하는 데는 기여하지 못하는 것으로 평가된다. 2013년 9월 방글라데시의 싱크탱크인 다카경제연구소 CPD(Centre for Policy Dialogue)가 도시에서 기초 생활을 위해 필요한 최소 금액을 6,500타카로 산정하여 발표한 바 있다(Centre for Policy Dialogue(CPD)·Berenshot, 2013). 따라서 현재 인상된 최저 임금이 기초적인 생활에도 부족하다는 근로자들의 절규는 타당성이 있다고 볼 수 있다.

기초 생활에도 미치지 못하는 이러한 임금 현황은 봉제 근로자들의 대규모 파업 등 잦은 노동분규의 직접적인 원인이 되었다. 그러나 그보다 더 심각한 문제는 지나친 장시간 근로였다. 대부분의 의류공장에는 표준근무시간이 없다(Ahamed, 2012). 게다가 강제노동이 일반적이다. 근로자에게는 할당량이 주어지는데 근무시간 중에 이를 못 채우면 뒤에 남아 초과임금도 받지 못하고 일해야 한다. 일반적으로 두 시간의 초과근무는 거의 강제적으로 이루어졌다. 일하기를 거부하면 급료가 줄어들거나 욕을 먹거나 심지어 체벌까지 당한다. 더구나 공장 경영주는 작업자에게 초과근무가 있는지를 퇴근 전에 알려주지도 않는다. 대개는 일과 종료 바로 전에 고지된다. 어떤 공장에서는 야간근무를 밤 12시나 새벽 3시까지 연장하기도 하는데 바로 아침 7시에 새로운 근무가 시작된다. 많은 공장에서 초과근무를 강제하기 위해서 공장 문을 잠그는 행위가 관행이었다.

2. 열악하고 안전하지 못한 근무환경

저임금과 장시간 노동보다도 근로자에게 다욱 심각한 문제는 열악하고 안전하지 못한 근무환경이다. 우선 비좁은 공간에서 너무 많은 사람들이 작업을 하고 있다. 그 결과 행동이 부자유해 근골격계 장애나 감염병과 같은 직업상 위해를 받는다. 장시간 근로와 환기시설의 미비로 근로자의 건강이 심각하게 위협받고 있다. 점심을 먹을 수 있는 공간도 없고 깨끗한 식수를 얻기도 힘들다(Paul-Majumder & Anwara, 2000).

　게다가 건물의 안전기준이 허술해 화재나 붕괴의 위험이 상존하고 있어 근로자들의 생명이 위협받고 있다. 2012년의 타즈린 화재나 2013년의 라나플라자의 붕괴에서 보듯이 이는 대량참사로 연결된다.

〈표 8-2〉의 의류공장 화재사고에서 발생한 사망 건수에서 보듯이 많은 의류공장이 화재에 취약하다(Pratap, 2011). 타즈린 공장에서 불이 났을 때 근로자들이 탈출할 수 없게 비상구가 잠겨 있었고 위층으로 향하는 계단도 원단 등 작업물로 막혀 있었으며 많은 사람이 한꺼번에 탈출하기에 계단은 너무 비좁았다(Burke & Saad, 2012). 라나플라자 참사 때는 건물에 붕괴 조짐이 있어 조업중지가 권고되었음에도 불구하고 공장주의 강요로 조업이 계속되다 많은 근로자가 희생되었다. 라나플라자는 8층 건물임에도 철근을 제대로 사용하지 않은 부실한 건물이었다(배윤정, 2013). 방글라데시에서 봉제업 근로자는 목숨을 건 노동을 하고 있다.

표 8-2 의류공장의 화재사고에서 발생한 사망 건수

(단위: 명)

연도	사망자 수	공 장	연도	사망자 수	공 장
1990	32	사라카 가먼츠, 다카	2004	23	초두리 니트웨어, 나르상디
1996	22	루사크 가먼츠, 다카	2005	23	샨니팅, 나라얀간지
1997	24	상하이 어패럴즈, 다카	2006	62	KTS 가먼츠, 치타공
1997	20	자하나라패션, 나라얀간지	2010	29	하밈그룹 스포츠웨어공장, 치타공
2000	12	글로비니팅, 다카	2012	112	타즈린패션, 다카 아슐리아
2000	23	마크로스웨터, 다카			

자료: Pratap(2012).

3. 노동 관련 법적 기준의 미준수와 인권유린

방글라데시 봉제업의 노동기준은 ILO의 기준이나 국제적 규약과는 거리가 멀다. 노동과 관련된 법적 기준(social compliance)은 거의 지켜지지 않는다. 근로자는 현대판 노예와 다름없다는 표현은 과언이 아니다. 이러한 기준의 위반은 근로자에 대한 심각한 인권유린과 연결된다. 봉제업의 80%를 차지하는 여성근로자는 대부분 늦게까지 일하는데도 불구하고 안전대책이 없고 숙소가 없으며 교통편의조차 제공받지 못한다. 그 결과 그들의 안전이 위협받고 있으며 많은 의류노동자들이 성적, 신체적 학대를 받고 있다. 라니패션사(Lani Fasion Limited)에서 발견되는 성희롱이나 경영층이 저지르는 살인이 그런 폭력의 대표적 사례이다(Ahamed, 2012).

방글라데시의 봉제업에서는 아동노동도 문제이다(Ahamed, 2012). 국제노동기구(ILO Subregional Office for South Asia,2014)에 따르면 방글라데시의 최소 노동 연령은 14세이지만 이 연령대 어린이의 14%가 가내공장의 열악한 조건에서 일하는 것으로 조사됐다. 일하는 아동의 숫자가 한때는 1,500만 명에 이른 적이 있다. 1993년에 방글라데시의 봉제업체에서 5만 명의 아동을 해고한 적이 있는데 이는 「아동노동금지법(Child Labor Deterrence Act)」[31]의 통과에 따른 경제제재를 두려워했기 때문이었다. 2015년 현재 5세부터 14세까지 아이들의 12.6%인 480만 명의 아동이 노동에 종사하는 것으로 알려졌다(UNICEF, 2015). 이들은 위해한 환경에 그대로 노출되어 가족의 생계

---

[31] 이 법을 발의한 미국 상원의원 Tom Harkin의 이름을 따 Harkin법이라고도 한다. 이 법에서는 아동노동이 일부라도 들어간 제품의 미국 내 수입을 금지하고 있다.

를 위해 일하고 있다. 다카 지역 빈민촌 아동에 대한 한 연구에 따르면 이 지역의 6~14세 아동의 15%가 학교에 전혀 가지 않은 채 전일제 노동에 종사하며 주당 평균 근로시간은 64시간(법으로 허용한 최대 근로시간은 48시간)에 이른다. 그리고 여자 아동의 3분의 2는 봉제업에 종사하는 것으로 보고되었다(Quattri & Watkins, 2016).

4. 노동권의 부재와 법 집행의 결여

방글라데시 봉제업에 종사하는 근로자들은 공장 수준에서 실질적인 단체교섭권이 없으며 노동조합을 결성할 실질적인 권리도 없다. 1986년 제정된 법률인 "BEPZA(Bangladesh Export Processing Zone Act)"에서는 방글라데시 노동법이 수출가공지역(EPZ)[32]에서는 적용되지 않는다고 규정하고 있다. 이는 대부분의 의류산업이 EPZ에 위치한 것을 감안하면 의류근로자들의 실질적인 노동기본권을 중단시키는 조치였다. 이 기본권을 되찾으려는 근로자들의 투쟁에 의해 2004년 「EPZ 노동자 결사 및 노사관계법(EPZ Workers Association and

---

32 방글라데시의 수출가공공단은 1980년 제정된 「방글라데시 EPZ법(Bangladesh Export Processing Zone Act)」에 따라 1983년 최초로 항구도시인 치타공(Chittagong)에 설치되었다. 그 이후 1993년에는 다카(Dacca), 1997년에는 몽글라(Mongla), 2000년에는 코밀라(Comilla), 2001년에는 이쇼르디(Ishwardi)와 우타라(Uttara)에 각각 설치되었다. 수출가공공단 입주 기업에는 10년간 법인세 및 차입 자본 이자소득세를 면제한다. 그리고 쌍무협정에 의한 이중과세를 면제하고, 기계류 · 장비 · 원자재 · 차량 · 공장건물 건설용 원자재 면세 수입, 생산제품의 면세 수출 등 각종 인센티브가 부여되고 있다. 특히 외국인투자자는 법으로 보장되고 투자금액에 제한이 없으며, 이윤과 투자 원본의 철수가 가능하다. 외교부(2010), 「수출가공공단(Export Processing Zone)」, 「방글라데시 개황」.

Industrial Relations Act)」이 제정되어 노조결성의 길은 열렸지만 라나
플라자 참사 이전까지는 여러 가지 유예조치 때문에 실효적이지 못
했다(Pratap, 2011).

노동과 관련된 각종 규약과 법규가 지켜지지 못하는 데는 여러 이
유가 있다.

첫째, 근로자 자신이 권리와 보호법규에 대한 의식이 없다. 방글라
데시 봉제업 노동자들의 80% 이상은 농촌에서 이주한 여성이고 그들
의 문맹률은 매우 높다(Ahamed, 2012). 따라서 그들은 노동자의 권리
에 무지하다. 근로자 자신도 단결이나 단체협상의 의미를 이해하지
못했다.

둘째, 그들은 자신을 대변할 노조를 갖지 못했다. 그동안 노조에
가입하려면 고용주(공장주)의 허가가 필요했다. 고용주는 노조가 존
재하면 방글라데시 봉제업이 국제적으로 경쟁력을 잃는다고 생각해
서 노조의 존재에 대해 매우 부정적인 입장을 견지해 왔다.

봉제업 공장주나 그들의 협회인 BGMEA 관리들이 노조에 대해 부
정적인 이유에는 역사적 배경이 있다(United States Senate, 2013). 그
들은 1970년대에 방글라데시 경제의 주요 축이던 황마산업의 쇠퇴가
노조 때문이라고 믿고 있다. 당시 노조는 정치적이고 정치세력이 통
제하고 있어 근로조건이나 노동권과 관계없는 이슈로 파업이 잦았기
때문이다. 많은 공장주들은 과거의 이러한 사례가 봉제업에서 되풀
이되는 것을 두려워했다.

셋째, 방글라데시의 봉제업에서는 사용자단체의 입김이 너무 세고
정부는 미온적인 법 집행을 시행해 왔다는 주장이 있다(United States
Senate, 2013). 봉제업 사용자협회인 BGMEA는 국내 쿼터를 조정하면
서 강력한 단체로 영향력을 발휘해오고 있다. 그들은 방글라데시 봉

제업의 경쟁력을 유지하기 위해 노동규제 시행에 제동을 걸었다. 방글라데시 정부도 근로자 편은 아니었다. 의회 의원의 대다수는 직간접적으로 봉제업 공장주들과 연계되어 있다는 것은 공공연한 비밀이다. 따라서 정부는 노동과 관련된 제반 법규를 집행할 능력도 의사도 별로 없었다.

5. 노동소요의 증대

열악한 근로조건과 생활조건을 개선하는 제도적 장치인 노조의 부재는 돌발적인 노동소요의 형태로 연결되는 경우가 많다. 억눌린 불만은 물가인상이나 임금삭감, 안전사고 등의 사건을 계기로 폭발한다. 따라서 방글라데시의 노사분규는 분노의 감정이 실린 과격하고 격렬한 시위의 형태로 나타나는 경우가 종종 있었다.

최초의 대규모 시위는 2005~06년에 일어났다. 근로자들의 요구는 체불임금 지급, 초과근무수당 지급, 고용주 횡포 중단 등이었다. 정부 측의 과잉진압 때문에 폭력적인 시위로 격화되었고 몇몇 근로자의 희생 뒤에 사회불안을 걱정하여 최저임금위원회가 결성되었다.

2008년의 파업은 치솟는 식품 가격에 항의하며 실질임금 하락을 방어하기 위한 임금인상을 요구했다. 2008~09년에는 전 세계적으로 의류 가격이 하락하자 투자자는 근로자에게 이를 전가함으로써 노동소요가 발생하였다. 임금삭감, 초과근무 수당 미지급, 임금체불 등이 만연하자 이에 항의하는 근로자들의 과격한 시위가 전개되었다. 2009년에는 최저임금 인상을 요구하는 파업과 시위가 이어졌고 6월에는 미지급 임금에 대한 시위 도중 여섯 명의 근로자가 사망하는 사건도 있었다. 2010년 7월에는 최저임금위원회가 최저임금을 3,000타카로 인상할 것을 권고하였다. 그러나 공장주들이 인건비 상승을 우려해 이를 제대로 이행하지 않자 또 대규모 시위가 발생하고 이 과정에서 근로자들이 사망하는 사건이 발생했다. 그 와중에 다카 근처의 하밍그룹 스포츠웨어 공장에서 큰 화재가 발생하여 30여 명의 근로자가 희생되었다. 이에 이르자 더 큰 노동불안을 걱정한 고용주들이 개정된 임금안을 지킬 것을 약속하게 되었다.

6. 참사 이후의 개선 조치

열악한 근로자의 노동환경을 개선하려는 조짐이 보이기 시작한 것은 역설적이게도 연이은 참사에 따른 근로자 자신들의 희생 때문이었다. 타즈린 화재와 라나플라자 참사는 방글라데시의 봉제업 근로자들의 열악한 환경에 대한 세계적인 관심을 불러일으키는 계기로 작용했다. 사건 이후 근로조건과 작업환경 개선에 대한 국제적 압력이 작용하기 시작했다. 특히 방글라데시 공장에서 납품하는 선진국 의류업체들은 자국 내 언론과 시민사회의 비판에 직면하게 되었고 평판 하락을 우려한 의류업체들은 개선 조치를 강화하기 시작했다. 그리고 이러한 압력은 다시 봉제업 공장주들에게 작용하여 근로조건 개선과 공장 안전에 대한 조치들이 강구되기 시작했다. 일부 선진국의 의류업체들은 방글라데시 공장과의 거래를 단절하기도 하였다.

　라나플라자 참사 뒤 국제적 압박의 결과 다음과 같은 개선조치가 이루어졌다.

1) 최저임금의 인상과 「노동법」의 개정

우선 오랫동안 유지되던 3,000타카의 최저임금이 2013년 12월부터 5,300타카로 인상되었다. 그리고 숙원이던 「노동법」의 개정도 이루어 졌다. 개정된 「노동법」에서는 고용주(공장주) 허가 없이도 노동조합에 가입할 수 있도록 하였다. 또 개정 「노동법」은 5,000인 이상 공장에 진료소를 만들고 노동자가 숨지면 보험사가 책정한 금액만큼 고용주 가 유족에게 보상하도록 했다. 고용 후 12년 안에 자발적으로 퇴직하 면 1년치 연봉을 주고, 근무 12년마다 한 달 반의 급여를 추가 지급하 도록 했으며 봉급은 은행계좌로 지급할 것을 명시하였다.

2) 근로자 안전을 위한 이니셔티브: 협약과 동맹

문제였던 근로자 안전과 관련해서는 유럽과 미국 기업들에 의해 두 가지 이니셔티브가 취해졌다. 하나는 유럽 기업을 중심으로 일부 미 국기업들이 「화재·건축안전기준에 대해서의 협정(Accord on Fire and Building Safety in Bangladesh(5.15.)」에 서명한 것이었다.[33] 현재 150여 개가 넘는 기업들이 이 협약에 서명했다. 이를 통해 유럽 기업들은 공동기금을 마련해 사고 피해복구를 도왔다. 또한 자체 안전감사를 실시해 기준에 미달하는 공장을 폐쇄했다. 문을 닫은 공장 수가 여덟 곳으로 적고 개선조치가 미흡하다는 비판이 있지만 미국 기업들보다 는 개선에 적극적이다.

---

[33] 유럽 기업으로는 H&M과 Zara가 미국 기업으로는 PVH(Calvin Klein, Tommy Hilfiger, Izod의 모기업), American Eagle, Abercrombie & Fitch 등이 참여하고 있다.

반면에 미국 소매업자들은 소송에 의한 분쟁 처리에 불안을 느끼고 이 협정에 참여하기를 거부하였다. 그들은 별도로 '방글라데시 노동자의 안전을 위한 동맹(the Alliance for Bangladesh worker Safety)'을 결성해서 안전관리와 기금협력을 약속했다. 그러나 이에 서명한 미국기업은 26곳에 불과하다. 월마트 · 갭 · 메이시스 등 주요 기업들은 여전히 서명을 거부하고 있다. 서명한 기업들도 공동기금이나 법적 구속절차 마련을 완강히 거부하고 있다. 또 협의 주체에 방글라데시 노조를 포함하는 데에도 반대의사를 표시하고 있다(조목인, 2014).

'협정'과 '동맹' 기업들은 방글라데시 의류공장의 약 절반으로부터 제품을 조달하는데 협정에 속한 공장이 약 1,500개, 동맹에 속한 기업이 700개, 양쪽에 속한 기업이 350개 정도에 이른다. '협정'과 '동맹'의 가장 핵심적인 차이는 의사결정권한과 관련된 것이다(United States Senate, 2013). 협정에서는 의사결정권한이 이사회에 집중되어 있는 반면 '동맹'에서는 개별회원들에게 맡기고 있다는 것이다. 예컨대 '협정'에서는 이사회가 조사원을 채용하고 조사결과를 바탕으로 한 공장에서 계속 조달할 수 있는지 여부를 결정할 권한이 있다. 반면에 '동맹'에서는 개별 기업들이 동맹에서 승인한 조사관을 고용할 책임이 있다. 한 공장에서 계속 조달할지 여부는 회원기업들이 선택할 수 있으며 한 회원에 대한 제재는 다른 기업만이 주도할 수 있는데 그것도 최악의 경우에 동맹에서 제명하는 것뿐이다.

연이은 참사 이후에 방글라데시 봉제업 근로환경에 대한 가시적인 조치가 취해지고는 있지만 그들의 처지에 근본적인 개선이 된 것은 아니다. 인상된 최저임금은 최저생활에도 미치지 못하고 여전히 많은 근로자들은 매일 10~12시간의 중노동에 시달리고 있다. 방글라데시에 하청을 줘서 생산하는 세계적인 의류업체인 자라(Zara)와

H&M, 갭, 월마트, 타미힐피거 등은 사고로 인한 자사 이미지 훼손을 우려해 공장 안전점검에 나서고 있지만 여전히 초보적인 단계에 머물고 있다.

이들 업체는 하청업체와 가연성 물질을 비상구에 놓지 않는 등의 내용에는 합의에 이르렀지만 공장 내부에 스프링클러 설치, 공장 이전 등에서는 비용부담 주체를 놓고 이견을 보이고 있다. 이와 관련, 4,000개에 달하는 공장 가운데 4분의 3은 아직도 노동조건 관련 검사를 받지 않은 상황이다(*Financial Times*, 2014). 라나 참사 이후 노조설립이 인정되어 설립한 노조의 수가 237개로 두 배가 증가했지만 이는 전체 공장 5,000개 중 극히 일부일 뿐이다(Butler, 2014). 무엇보다도 참사 이후에 다국적 의류소매업자들이 약속한 희생자와 가족에 대한 보상도 아직 충분히 이행되지 못하고 있는 것이 방글라데시 의류 근로자들이 현재 처한 가혹한 현실이다(Ross, 2014).

그러나 최근 자료에 의하면 상황은 많이 개선되고 있다. 2018년 현재 '협정'에 가입한 소매업자나 수입업체가 영국의 프라이마크(Primark), 스웨덴의 H&M, 이탈리아의 베네통(Beneton)을 포함하여 180개 업체로 늘어났고 이 협정에서 정한 규약이 적용되는 방글라데시 업체는 1,690개로 늘어났다. 미국이 중심이 된 '동맹'에는 코스트코, 월마트, 시어스(Sears) 등을 포함한 29개 업체가 참여하고 있으며 이 규약이 적용되는 업체는 655개에 이른다. 방글라데시 정부도 나름대로 「국가주도권(National Initiatives)」이라는 이름으로 안전준수 체계를 수립하고 있는데 이의 적용을 받는 업체는 745개에 달한다(BBC News, 2018).

제4절

바닥으로의 경주인가?
희망으로의 험로인가?

타즈린 패션과 라나플라자 참사 이후 방글라데시 봉제 근로자들이 겪는 고통과 불행을 목도하면서 학계나 실무계 일부에서는 이를 글로벌 시대의 문제점인 '바닥으로의 경주(race to the bottom)' 현상의 징후로 이해하려는 움직임도 보이고 있다. 여기서는 방글라데시 봉제업에서의 현상이 바닥으로의 경주인지 아니면 보다 나은 삶을 위해 빈곤의 탈출 과정에서 겪는 불가피한 진통과정인지에 대해 살펴보고자 한다.

1. 바닥으로의 경주 가설

라나플라자를 포함한 방글라데시에서 일어난 일련의 불행을 목도한 학계나 실무계에서는 이러한 현상이 세계화가 동반한 '바닥으로의 경주' 가설의 전형을 보이는 것이 아닌가 하는 분위기가 형성되었다(*The*

Economist, 2013). 바닥으로의 경주 가설은 3장에서 보았듯이 세계화 회의론자들이 제시하는 이론으로서 세계화의 진전에 따라 국제적으로 투자를 서로 유치하려는 경쟁을 하다 보니 사회적으로는 바람직하지만 기업이 싫어하는 정책을 기업이나 정부가 없애려는 경향을 말한다. 이러한 현상은 조세, 환경규제, 근로조건 등의 영역에서 두드러지게 나타난다(Davies & Vadlamannati, 2013). 즉, 투자를 유치하고 경쟁에서 이기기 위해서 세금을 낮추어 주고 환경규제를 풀어 주며 노동조건을 완화해 주는 바닥으로의 경주 현상이 발생한다는 것이다.

이러한 현상을 노동 분야에서 보면 다음과 같이 설명된다. 노조 결성이나 단체교섭권 같은 엄격한 노동기준은 인건비를 높인다. 따라서 다른 조건이 동일하다면 외국인 투자는 낮은 근로기준과 저렴한 노무비를 찾아 이동할 것이다. 그 결과 외국인 투자 유치를 위해 경쟁하는 나라들 간에는 외국인 투자가 용이하게끔 문턱을 낮추어 근로자의 권리를 제한하는 바닥으로의 경주가 불가피하게 되는 것이다. 한 연구(Davies & Vadlamannati, 2013)에서는 이것이 실증적으로 입증되었다. 이 연구에 따르면 세계화가 가속화된 1980년대부터 1990년대까지 135개국에서 단체교섭을 할 수 있거나 모든 형태의 강요된 노동을 제거하거나 항의할 권리 여부와 같은 노동권리의 척도를 조사한 결과 이들 노동권리지표는 크게 떨어지고 있다는 점을 보여주었다. 그들 연구가 더 우려하는 것은 「노동법」 위반과 같은 형식적인 것보다 겉으로 드러나지 않는 내용적인 하락이다. 즉, 「노동법」을 강제하는 강도나 관행이 보다 느슨하게 집행될 여지가 있다는 점이다. 결론적으로 이 연구는 세계화의 진전에 따라 근로자의 권리나 근로기준에서 바닥으로의 경주 상황이 실제로 존재한다는 것을 주장하고 있다.

방글라데시의 봉제업에서 일어난 일련의 사건도 이런 관점에서 해석할 수 있는 여지는 있다. 대규모 의류소매업자들은 싼 인건비를 찾아 개발도상국으로 눈을 돌렸고 방글라데시는 풍부한 노동력과 싼 임금으로 외국인 투자유치와 하청업체 선정에 발 벗고 나섰다. 그 결과 임금이 억제되고 근로조건이 악화되었으며 건물의 안전기준이 무시되어 불행한 사태를 초래한 측면이 있다.

그러나 일련의 불행 가운데 이 이론이 심정적인 공감을 얻고 있기는 하지만 그것이 과연 바닥으로의 경주 이론에서 가정한 사태인가에 대해서는 이론이 있을 수 있다. 사실 바닥을 향해서 가고 있다는 사실을 입증할 실증적인 증거는 별로 없다. 오히려 실제적으로는 봉제업의 발전이 본격화되기 이전에 비해 봉제업 발전을 통해 경제성장이나 빈곤의 객관적인 지표가 개선되고 있다는 증거가 적지 않다 (Ahmed & Nathan, 2016). 라나플라자 사건 이후 사회적 반성의 분위기에서 근로자의 임금과 근로조건은 다소 개선되고 있다. 또한 정부도 노조결성 등 근로자의 노동권과 관련된 규제를 완화해 주었다. 그리고 충분치는 않지만 유럽과 미국의 다국적 소매업체와 근로조건 개선을 위한 협력 움직임도 가시화되고 있다(Abdulla, 2020).

2. 방글라데시 봉제업의 경제사회적 기여

방글라데시의 봉제업이 근로자에게 화재와 붕괴 등 재앙만을 가져다 준 것은 아니다. 오히려 방글라데시가 겪어온 오랜동안의 빈곤과 질곡으로부터 벗어날 수 있는 희망의 불씨를 살려주었다. 봉제업은 방글라데시의 경제사회 구조를 긍정적으로 변화시키는 데 큰 역할을 했다. 거시경제를 발전시켰고 여성에게 지위 향상의 기회를 주었으며 오랜 빈곤으로부터의 탈출구를 제공했다.

1) 수출을 통한 경제성장에의 기여

방글라데시의 봉제업은 수출을 통해 경제성장에 크게 기여하고 있다. 2009~2010년도 수출총액에서 의류수출 비중이 77%에 달하는데 1997~98년 이래 수출총액의 약 4분의 3을 의류가 점하는 상황이 계속되고 있다. 앞에서도 살펴본 것처럼 연평균 두 자릿수로 성장을 계속하고 있고 이러한 추세는 당분간 계속될 전망이다(Bakht et al., 2007).

따라서 봉제수출이 방글라데시 경제에서 차지하는 비중도 매우 크다. 2001~2002년도에 실시된 제조업 센서스에서는 제조업 총부가가치에서 의류산업은 22%로 제조업 중 가장 많은 비중을 차지하고 있다(Bangladesh Bureau of Statistics, 2007). 두 번째가 섬유산업(신발, 가죽제품 포함)으로 20%를 차지해 제조업의 4할 이상의 부가가치가 양 산업에서 나오고 있다. 고용에서도 큰 기여를 하고 있는데 동 조사에 의하면 의류산업은 단독으로 전 제조업 고용의 48.8%를 창출하고 있다. 여기에 섬유산업의 24.8%를 추가하면 양 산업에서 제조업 전체 고용의 3분의 2 이상을 창출하고 있다(Shoncoy & Tsubota, 2013).

2) 여성의 지위 향상

방글라데시의 봉제업은 여성에게는 행복과 고통 양자를 모두 선사하고 있다. 타즈린 공장의 화재나 라나플라자 참사의 희생자 대부분은 여성근로자들이어서 봉제업은 불행의 근원처럼 보이지만 그들을 신분적으로 가정으로부터 해방시켰고 소득을 통해 지위를 향상하게 한 것도 이 산업이다.

의류산업은 여성에게 적합한 산업이라서 어느 나라나 여성근로자들이 많다. 여성을 남성보다 선호하는 이유는 '첫째, 참을성이 있고 민첩하며, 둘째 남성보다 통제하기 쉽다. 셋째, 이동성이 적으며 노조에 가입할 가능성이 적다. 넷째, 가정에서 늘 하는 일이라 재봉일을 잘한다' 등의 이유에서이다(Paul-Majumder & Anwara, 2000). 그러나 엄격한 이슬람 국가인 방글라데시에서는 전통적으로 여성이 가족이외의 사람에게 모습을 보이는 것을 금하는 푸르다(purdah)[34]라는 사회규범이 있기 때문에 처음에 여성이 봉제공장에서 일하는 데 저항이 있었다.

봉제업에서 여성근로자가 차지하는 비율은 1979~81년도에는 전체 근로자의 3% 이하였다. 그 이후 서서히 상승해 1989~90년도에는 60%까지 도달한 후에 1990년대에 들어서는 80~90%를 유지하고 있다(The World Bank IFC, 2011). 이러한 여성노동자의 증가는 그들의 지위 향상이라는 관점에서는 긍정적 그리고 부정적 측면이 동시에 존재한다.

긍정적 측면은, 봉제업에 취업하면서 가정의 질곡으로부터 해방되

---

34 푸르다(Purdah or pardah)는 페르시아말로 커튼을 의미하는데 무슬림 사회에서 여성을 격리하는 종교적, 사회적 관습이다. 주로 아프가니스탄, 파키스탄, 북인도, 방글라데시 등에서 만연한 관습이다. 쉽게 말해 남성이 여성을 못 보게 하는 문화이다. 여기에는 두 가지 형태가 있는데 하나는 남성과 여성을 공간적으로 분리하는 것이고 다른 하나는 여성의 신체나 피부를 가리는 것을 말한다.

고 가정에서 경제적 역할이 증대되었다고 하는 점이다. 지금까지는 가정에서 남성에게 의존하며 외출도 쉽지 않았다. 경제적으로도 행동의 자유가 제한되었던 여성이 노동을 위해 외출하고 가족을 위해 수입을 얻게 됨에 따라 가정에서 새로운 지위를 얻게 되었다. 전통적으로 방글라데시 경제의 공식 부문에서 여성의 참여 기회는 거의 없다. 봉제업은 여성이 독자적으로 일할 수 있는 유일한 산업이다.

한편 이슬람의 전통적 사회규범의 위반과 유해한 노동환경에 처한 위험의 증가는 부정적 측면이다. 견고한 사회규범으로 성립해 온 푸르다를 파괴했다고 보아 친족 내, 지역사회 내에서 다양한 반발이 일어날 우려가 있다. 그러나 수출 의류산업이 성장해서 30년이 경과한 지금 여성의 노동에 대한 사회적 반감은 서서히 희박해지고 있다.

반면 여성들이 위해한 작업환경에 노출되었다는 사실은 여성들에게 고통으로 작용한다. 일하는 공장에서도 기온, 한기, 분진 등의 위생문제가 심각할 뿐만 아니라 장시간 노동, 폭력, 성적 희롱 등의 인권침해가 빈번히 발생하고 있다.

3) 빈곤감소에 기여

방글라데시 의류산업의 경쟁력은 무엇보다도 다른 나라에 비해 싼 임금에서 나온다는 데 이견이 없다. 그래서 봉제산업 근로자들이 고생만 했지 자신이나 그 가족의 빈곤감소에 별 도움이 안 되었다는 주장도 없지 않다. 그러나 그럼에도 봉제업은 방글라데시의 많은 사람들이 절대빈곤으로부터 탈출하는 데 도움이 되었다는 주장이 설득력 있게 제기되고 있다. 이는 다음과 같은 근거에 기초한다(Fukunishi et al., 2006).

첫째, 의류산업에서 고용되어 받을 수 있는 임금이 농촌에 고용되어 받을 수 있는 임금보다 많다.

둘째, 의류산업에서 받는 임금은 방글라데시 각 지역별로 산출된 빈곤선을 상회한다.

셋째, 방글라데시에서 여성의 고용은 봉제업이나 의류산업을 제외하면 기회가 거의 없다. 보수나 노동조건이 더 나쁜 하녀 같은 허드

표 8-3 방글라데시 니트 의류 생산 기업의 평균 임금(2001)

(단위: 타카)

직종 (근무연수)		1년		1~5년		6~9년		10년 이상		평균		
		남	여	남	여	남	여	남	여	남	여	전체
사무 부문	경영자 관리직	4,000	15,000	9,661	7,500	11,549	8,333	15,228	14,000	12,415	9,210	12,293
	기타 사무직	3,688	–	5,139	5,673	7,661	15,000	11,269	–	7,131	8,005	7,142
스웨터/ 양말의 편직	기술자	4,000	–	–	–	8,889	–	10,000	–	8,625	–	8,625
	작업 감독자	4,500	–	4,914	4,000	5,191	4,941	9,000	–	5,151	4,800	5,085
	공원	2,500	2,500	4,515	3,271	7,052	3,614	8,000	3,000	5,269	3,454	4,979
	보조 공원	1,026	1,015	1,386	1,166	–	–	–	–	1,311	1,110	1,213
봉제	기술자	4,875	–	4,789	5,000	5,862	–	9,161	–	7,203	5,000	7,190
	작업 감독자	–	2,000	3,405	4,684	4,116	4.968	5,179	3,000	3,974	4,738	4,015
	공원	1,686	1,600	3,008	3,053	3,343	2,993	4,484	5,500	3,218	3,015	3,153
	보조 공원	1,051	1,160	1,122	1,178	1,277	1,256	1,583	–	1,136	1,183	1,158

주: 1타카(BDT)는 약 14원.

자료: 日本国際協力銀行 開発金融研究所(2005).

렛일이나 건설업 등에만 취업의 기회가 한정될 뿐이다.

넷째, 의류산업에서의 취업에는 그리 높은 학력이 필요하지 않아 농촌에서 제대로 교육을 받지 못한 여성의 소득 향상에 기여하고 있다.

방글라데시 봉제업이 빈곤감소에 기여하고 있다는 것은 객관적 자료에서 확인할 수 있다. 봉제업이 성장 과정에서 빈곤층에 고용기회를 준 것이 〈표 8-3〉에 나타나 있다(日本国際協力銀行, 2005). 이는 2001년에 방글라데시의 수도 다카 근교의 니트 의류생산 기업을 대상으로 행한 조사를 정리한 것이다.

표에서 보듯이 봉제업의 주요 부문인 직물부문 내지 편물부문에서 가장 저임금 직종인 보조공원(helper)의 기업 평균임금은 2001년에 약 1,000타카였다. 이 수준은 다카에서 계측된 빈곤라인과 국제빈곤선라인(1일 1달러)의 사이에 위치하는 것이다. 부양가족의 여부에 따라 다르겠지만, 보조공원은 남녀를 불문하고 거의 빈곤라인 수준의 임금을 받고 있었다. 보조공원을 계속하는 한 그 임금은 경험 연수가 올라가도 비례해서 증가하지 않는다.

이에 비해 1999~2000년도의 가계조사에 의하면 농촌의 빈곤층은 자영농이면 월 569타카, 농업노동자로서는 833타카를 벌 수 있었다(Osmani et al., 2003). 비빈곤층을 포함한 평균으로도 자영농, 농업노동자가 각각 829, 846타카였기 때문에 농업부문에 종사하는 사람에게 보조공원의 임금은 충분히 매력적이었다. 게다가 보조공원이 공원(operator)으로 승진하면 봉제부문의 임금은 1.5~3배가 된다. 2003년에 편물(니트)과 직물 의류 생산기업 전체를 대상으로 행한 조사에 의하면 보조공원이 공원으로 승진하는 데 필요한 평균 기간은 8개월에 불과할 뿐만 아니라 보조공원과 공원 간의 평균 학력에 큰 차이가 없다는 것이 밝혀지고 있어 보조공원이 공원으로 승진하는 것에는 큰 장벽이 없다(Fukunishi et al., 2006). 이처럼 봉제업에서의 고용기회를 얻은 빈곤층 사람들은 우선 보조공원으로서 빈곤선 수준의 소득을 얻지만 그후 승진해서 임금이 오르고 그럼으로써 빈곤으로부터 탈출할 기회를 가질 수 있었다(Kee, 2005).

절대빈곤의 지표로 본다면 방글라데시의 빈곤감소는 괄목할 만하다. 세계은행 자료에 의하면 1일 1.9달러 이하로 생활하는 국민의 비율은 1972년에서 2018년 사이에 82%에서 9%로 하락했다(World Bank Group, 2019). 2008년과 2018년 사이에 1인당 국민소득은 149%나 증가했다(*Dhaka Tribune*, 2018). 봉제업의 주축을 이루는 여성노동력의 참가율은 2018년 현재 45%에 이르고 있다(*The Daily Star*, 2018).

그림 8-4 방글라데시의 빈곤감소(2010~2016)

(단위: %)

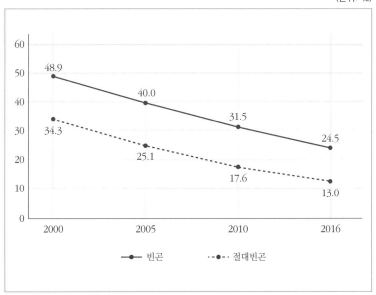

주: 빈곤과 절대빈곤은 기초욕구비용 접근법((Ahmed et al., 2019)에 근거.

자료: World Bank Group(2019), 가계소득과 지출 조사(HIES).

방글라데시 빈곤에 대한 비교적 최신 자료인 〈그림 8-4〉에 따르면 2016년에는 국민의 4명 중 1명이 빈곤층에 속하지만 이 숫자는 2000년에 비하면 반으로 감소한 것이다. 그동안 2,500만 명이 빈곤으로부터 빠져나왔고 2010년부터 2016년 사이에는 약 800만 명이 빈곤에서 벗어났다(The World Bank Group, 2019).

방글라데시가 이룬 빈곤 측면에서의 성과는 인접국과 비교하면 더욱 뚜렷해진다. 〈표 8-4〉는 아시아 주요국의 절대빈곤율(1.9달러) 비교를 보여주는데 남아시아의 인도나 파키스탄과 같은 여타 국가에 비해 세계화의 시대에 절대빈곤율이 크게 하락한 것을 알 수 있다. 봉제업이 이러한 빈곤감소에 얼마나 기여했는지에 대한 정확한 자료는 없지만 봉제업이 이 나라 산업에서 차지하는 비중이 80%에 이르는 것을 감안하면 빈곤감소 효과는 미루어 짐작할 수 있다.

표 8-4 아시아 주요국의 절대빈곤율(1.9달러)의 비교

(단위: %)

국가	1970	2000	2010	2016	현재 (2018~19)
방글라데시	82	48.90	18.50	13.80	7.5
중국	88	40.5	11.2	6.5	2.0
인도	54.9	45.3	29.8	21.9	18.0
파키스탄	47	57.9	36.8	29.5	24.3
미얀마	n/a	48.2	42.4	32.1	n/a

자료: World Bank Group(2019).

3. 바닥으로의 경주 가설의 타당성 논쟁

이러한 자료로부터 방글라데시 봉제업이 2000년대에 빈곤감소에 기여하고 있다는 사실은 확인되지만 앞서 설정한 명제인 '바닥으로의 경주' 가설에 대한 충분한 결론은 되지 못한다. 그 이후 발생한 세계화의 강화와 환경변화를 고려해야 하기 때문이다. 의류산업에서는 MFA 철폐 후에 세계적인 경쟁 격화와 뒤이은 글로벌 경제위기, 패스트 패션의 영향으로 의류가격이 세계적으로 하락하는 추세이다. 이러한 가격 하락이 근로자의 노동조건 악화와 연결된다는 바닥으로의 경주 가설이 타당할 가능성은 상존하고 있다.

그러나 이러한 환경변화에도 불구하고 근로자의 임금이 상승하고 있다는 연구결과가 있다(明日山陽子 外, 2011; Ahmed & Nathan, 2016). 봉제공장의 근로자(특히 헬퍼나 봉제공이라는 주요 직종) 임금은 명목, 실질 공히 상승하고 있으며 생산 비용 전체에서 차지하는 임금의 비율도 2002~09년 사이에 상승하고 있음을 보여주고 있다. 우여곡절을 겪기는 했어도 최저임금도 2000년의 3,000타카에서 2013년 5,300타카로 꾸준히 상승하고 있다. 따라서 이들은 봉제업 근로자들에게서 바닥으로의 경주 현상이 나타나고 있다고 보기는 힘들다는 주장이다(明日山陽子 外, 2011).

그러나 최저임금이 인상되는 실질적 과정이나 내용을 보면 속단하기 어렵다는 것을 알 수 있다. 2008~09년에 실질적인 의류가격 전쟁이 중국, 파키스탄, 인도 등 주요 의류수출 국가들 사이에 발생하고 미국, 유럽 등의 선진국들의 수입물량이 줄어들자 투자자나 방글라데시의 공장주들은 이러한 부담을 근로자에게 전가하고자 하였다. 그래서 임금삭감, 초과근무수당의 미지급, 임금체불 등이 업계 내에

만연했다. 일부 공장에서는 최저임금조차 체불되는 경우가 있었다. 2008~09년 이후 근로자 임금은 거의 30%나 삭감되었다. 2009년 정부의 공장감사부(Factory Inspection Department)가 조사한 바로는 조사대상 825개 업체 중 122개 업체(14.7%)가 제때 임금을 지급하지 않았고 일부 공장에서는 최저임금도 지키지 않았다는 것이 밝혀지고 있다. 또한 과도한 업무량과 정신적 압박이 건강을 악화시켰다(AFP South Asian Edition, 2009; Pratap Surendra, 2011).

그리고 이러한 사태는 근로자들의 과격한 파업과 시위와 연결되었고 정부가 과잉대응하면서 시위 도중에 다수의 근로자들이 사망하는 사태로 발전하였다. 따라서 명목상의 최저임금과 실질임금의 상승은 근로자들의 희생과 고통 속에서 나온 결과물이다. 근로자들의 격렬한 저항이 없었다면 방글라데시 봉제업에서 '바닥으로의 경주'는 그대로 현실화되었을 가능성도 있었다. 그리고 명목상의 임금이 상승했다 하더라도 실질적인 생활수준의 향상으로 이어져 왔는지는 별개의 문제이다. 근로자들이 일으키는 노동소요의 주요 원인이 식료품 가격의 상승에 따른 생계비를 확보하기 위한 임금상승 요구였기 때문이다.

따라서 봉제업에서 바닥으로의 경주 가설의 타당성에 대한 결론을 내기는 쉽지 않다. 빈곤 탈출을 위한 희망의 상승로이면서 동시에 바닥으로의 경주 측면이라는 양 측면이 동시에 존재하기 때문이다. 타당성 여부를 가름하려면 더 많은 심층적인 연구가 필요하다.

소결: 1970년대 한국 봉제업이 주는 희망의 메시지

타즈린 공장화재와 라나플라자 참사를 통해 드러난 방글라데시 봉제업 근로환경의 민낯은 참담하고 또 개탄할 일이다. 참사를 겪으며 살아난 부상자나 생존자는 농촌에서 이주하면서 가졌던 꿈이 무참히 깨졌고 오히려 농촌에서의 가난했던 삶이 더 나았던 것은 아니었나 하는 회의마저 하고 있다.

그러나 방글라데시의 봉제업이 근로자들에게 절망만을 가져다준 것은 아니다. 본고에서도 언급하였듯이 많은 여성근로자들이 가정의 질곡으로부터 해방되었고 적으나마 자신이 번 돈이 가족의 생계에 보탬이 되었다. 봉제업은 절대빈곤으로부터 탈출할 수 있는 중요한 희망의 통로였다. 그 희망의 통로는 평탄하지 않고 많은 장애와 난관이 있지만 방글라데시 국민이 더 나은 미래를 위해 택할 수밖에 없는 길이다. 그런 점에서 개발도상국에서 스웨트숍(sweatshop)이 많은 것이 문제가 아니라 없는 것이 문제라는 제프리 삭스(Jeffrey Sachs)의 주장(Meyerson, 1997)은 방글라데시의 봉제업에도 적용된다.

방글라데시 봉제업의 현황을 설명하는 이론으로서 '바닥으로의 경주' 가설에 대해 본서에서는 유보적인 입장이다. 통계자료나 명목임금의 상승 추세를 보면 적어도 방글라데시 봉제업에서 이 가설은 적절치 않다. 그러나 임금인상이 이루어진 과정이나 실질적인 내용을 살펴보면 가설이 틀렸다는 주장에 쉽게 동의하기가 힘들다. 결론에 도달하려면 좀 더 과학적이고 추가적인 연구와 증거가 필요하다.

중요한 문제는 봉제업에서 바닥으로의 경주 가설의 타당성 여부가 아니라 어떻게 악화될 가능성이 있는 근로조건을 개선하여 많은 사람에게 희망의 길을 찾아주느냐 하는 것이다. 일련의 참사 이후에 국제적 압력을 받아 근로조건을 개선하기 위한 여러 가시적 조치가 시행되고 있지만 기대수준에는 못 미치는 것으로 평가된다.

그러나 1970년대 한국의 봉제업이 처했던 상황은 방글라데시의 미래에 희망의 단초를 제공한다. 1970년대 초 청계천 평화시장에서의 전태일 사건으로 상징되는 암울한 상황은 타즈린 공장이나 라나플라자와 크게 다를 바 없었다. 그러나 전태일 사건은 사회적으로 큰 파장을 불러일으켰고, 당시 정부와 기업인 그리고 관료에게 무거운 경각심을 주었다. 또한 1970년대 이후의 노동운동에 기폭제 역할을 했다. 그런 점을 감안할 때 방글라데시 봉제업에서 일어난 일련의 사건들이 단순히 불행에 그치는 것이 아니라 근로자 개인의 자각이나 방글라데시 정부의 노력, 국제적 의류소매업체들에 대한 선진국 시민들의 압력 등이 결합한다면 방글라데시 봉제업은 물론 국가발전의 중요한 계기로 삼을 수도 있을 것이다.

서론에서도 언급하였으나 방글라데시 봉제업은 우리 입장에서 남의 일만은 아니다. 봉제업이 우리나라의 도움으로 시작되었고 현재도 150여 개 업체가 조업 중이다. 투자액으로도 의류 분야에서는 한국이 1위이다. 방글라데시에 대한 한국의 특혜관세 공여 품목이 전체 품목의 95%까지 확대됨에 따라 향후 한국의 수입은 지속적으로 증가할 것으로 전망된다.

따라서 한국의 진출 기업들은 향후 방글라데시에서 이루어지는 환경변화에 주의하고 이에 대한 대응방안의 마련이 중요하다. 우선 작업장 안전기준 및 근로조건 개선에 대한 사회적, 국제적 요구가 계속 강화될 것이므로 이에 전향적으로 대응하는 자세가 필요하다. 또한 근로조건의 개선은 한국기업에 원가상승의 압박으로 작용할 것이므로 생산성 향상이나 기술향상에 대한 노력으로 이를 상쇄하려는 노력도 필요할 것이다. 현재는 임금부담을 줄이기 위해 장기근무자 비중을 낮추는 정책을 많이 사용하나 충성심 높은 숙련인력의 양성에도 장기적으로 주력해야 할 것이다.

그리고 무엇보다도 경영자의 인식 전환이 필요하다. 방글라데시 근로자들의 어려운 처지를 고려한 한국 특유의 정(情) 경영 내지는 따뜻한 경영의 정착을 위해 노력할 필요가 있다. 방글라데시의 싼 노동력을 이용해 돈을 벌어가는 것이 아니라 상생의 발전을 도모하는 글로벌 시민의식 또는 글로벌 사회공헌의 실천 자세가 요구된다. 이러한 노력만이 방글라데시에서 한국기업의 지속가능한 성장을 보장해 줄 것이다. 방글라데시에서 노동소요가 발생할 때 우리 기업이 때로 그 중심에 섰던 경우가 적지 않았음을 감안할 때 이러한 자세의 전환은 더욱 중요하다.

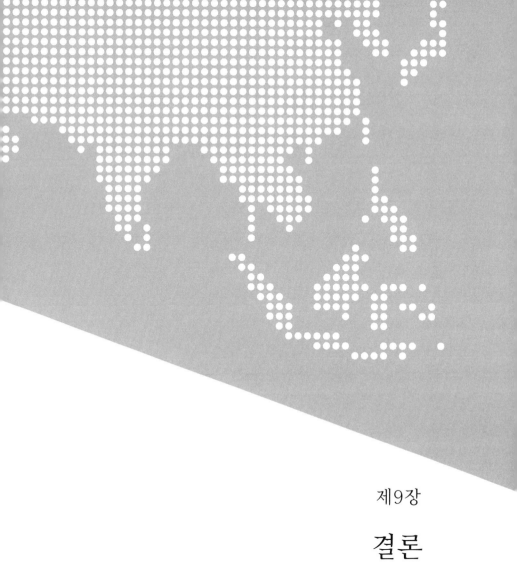

제9장

결론

제1절

연구의 요약

제1장에서는 연구의 목적을 제시함과 아울러 아시아의 빈곤 현황을 분석하였다. 빈곤 현황에서는 국제기관의 빈곤 조사와 함께 본 연구에서의 자체 분석도 첨가하였다.

아시아는 세계화의 시대에 적극적으로 대응하여 여타 지역에 비해 높은 경제성장률을 기록하였다. 그 결과 빈곤감소 측면에서 괄목할 만한 성과를 달성하였다. 1980년대 초만 해도 아시아 인구의 70%가 절대빈곤 속에 있었지만 그 비율은 2015년 7%로 하락하였다. 그러나 이 지역의 인구가 많기 때문에 아직도 전 세계 빈곤인구 중 37%를 차지한다. 특히 남아시아 및 서남아시아의 절대빈곤 인구는 아시아 전체의 다수를 차지한다. 이 지역의 빈곤율이 크게 개선되지 못한 원인은 토지개혁과 같은 개혁정책이 동아시아만큼 실시되지 못했을 뿐만 아니라 시장지향적인 개방정책이 뒤처졌기 때문이다.

본서에서는 빈곤자비율과 다차원빈곤 개념의 하나인 인간개발지수를 이용하여 아시아 여러 나라의 빈곤 추이도 분석하였는바 중국과 베트남 등 세계화의 추세에 적극적으로 대응한 국가들에서 빈곤의 감소 효과가 크게 나타났다. 이는 본 연구의 과제인 세계화와 빈곤 간의 관계에 대한 하나의 힌트를 주는 분석결과이다.

제2장에서는 본 연구의 핵심 개념인 빈곤과 세계화의 개념정립과 측정방법에 대해 고찰하였다. 절대빈곤과 상대빈곤, 소득빈곤과 다차원빈곤의 개념과 측정 방법에 대해 살펴보고 국제빈곤선의 발전과정에 대해서도 짚어 보았다. 또 다른 빈곤선의 하나인 국가빈곤선도 제시하였는데 이는 장기간에 걸친 한 나라의 빈곤추이를 알아볼 수 있다는 점에서 의미가 있다.

세계화의 개념과 측정에서는 무역개방도나 외국인투자와 같은 단일 세계화 지수 외에 종합 세계화지수의 개념과 성립배경에 대해 알아보았다. 끝으로 본 연구에서 종합 세계화지수의 하나인 KOF 지수를 독자적으로 이용하여 지역별 세계화 현황을 파악하고 세부 차원 간 상관관계도 분석하였다.

제3장에서는 세계화가 빈곤에 미치는 영향에 관한 기존의 이론적, 실증적 연구들을 살펴보았다. 세계화를 무역개방도나 외국인직접투자와 같이 단일 개념으로 파악한 연구나 경제적 세계화 외에 사회적, 정치적 세계화를 포함하여 확장된 개념의 세계화로 파악하든 상관없이 이들 연구들은 크게 긍정효과 연구, 부정효과 연구, 연계채널과 정책의 중요성을 강조하는 연구들로 구별되었다. 세계화가 빈곤에 미치는 연구결과는 혼재되어 있지만 지금까지의 연구들은 다음과 같이 정리할 수 있다.

첫째, 부정효과의 연구도 일부 존재하지만 긍정효과의 연구가 대다수임에 비추어 세계화는 빈곤감소의 효과를 갖는 것은 거의 확실하다.

둘째, 그러나 세계화는 빈곤과 직선적, 단선적으로 연결되지 않을 가능성이 크다. 중간 연계구조의 성격이나 정부 정책에 따라 둘 사이의 관계가 규정될 여지가 크다. 세계화의 과정에서 경제주체가 어떤 성장정책과 복지정책으로 대응하느냐에 따라 빈곤감소의 효과를 극대화하고 부작용을 최소화할 수 있다.

셋째, 1970~80년대 아시아에서 빈곤은 심각했으나 불평등은 비교적 적었다. 그러나 세계화가 가속화된 1990년대 이래 빈곤은 크게 감소한 반면 소득과 부의 불평등은 심화되었다는 증거가 존재한다. 이 시기에는 세계화 외에 기술의 진보가 이러한 불평등의 원인으로 지적된다. 기술진보가 불평등의 심화를 야기하는 과정에 대해서는 학자들 간에 합의가 되고 있으나 세계화의 효과에 대해서는 논란이 많다. 어쨌든 아시아 개발도상국에서는 빈곤감소와 함께 불평등의 심화를 억제할 수 있는 친빈곤층 정책과 사회안전망 구축이 필요하다.

결국 세계화의 과정을 빈곤감소로 연결하는 것은 자연적인 결정과정이라기보다는 경제주체의 선택 영역에 속한다는 것이 연구자의 잠정적인 결론이다.

제4장에서는 세계화가 아시아 국가의 1인 소득으로 표시되는 경제성장과 빈곤에 어떠한 영향을 미치는지에 대해서 실증분석을 실시하였다. 아시아 전체 33개국을 대상으로 하였고 비교적 소득수준이 높은 19개국은 별도 분석을 실시해 비교하였다. 또한 아시아를 지역별로 나누어 분석하였으며 소득수준이나 교육수준과 같은 국가별 특성을 고려한 분석도 실시하였고 세계화의 세부 차원별 효과도 검증하였다.

전체적인 분석 결과를 보면 세계화는 아시아 국가들의 1인당 소득수준이나 빈곤과 유의한 관계가 있는 것으로 나타났다. 즉, 소득을 높이고 빈곤을 감소시키는 효과가 있는 것으로 해석된다.

세계화지수를 세분화하여 분석한 결과는 경제적 세계화보다는 오히려 사회적 세계화나 정치적 세계화가 빈곤감소와 밀접한 관계를 갖는 것으로 나타났다. 이는 빈곤감소를 위해서는 경제적 세계화도 중요하지만 이를 빈곤감소와 연결시킬 수 있는, 사회적, 정치적 세계화, 즉 사회적, 정치적 인프라 환경과 정책의 구축 필요성을 시사하는 것이다.

아시아 국가들을 지역별, 국가별 특성을 고려하여 세계화와 빈곤의 관계를 분석한 결과를 보면 우선 지역과 관계없이 FDI는 빈곤감소에 긍정적인 영향을 미치는 것으로 나타났다. 국가별 특성으로 소득수준을 고려한 분석에서는 고소득국가에서 FDI의 빈곤감소 효과가 컸다. 국가별 특성으로 교육수준을 고려한 분석에서는 교육수준이 높은 국가에서 경제적 세계화가 빈곤감소에 미치는 효과가 상대적으로 크게 나타나고 있다. 즉, 국가가 어느 정도의 교육수준을 유지해야 빈곤감소와 같은 경제적 세계화의 과실을 향유할 수 있게 된다는 것이다.

끝으로 세분화된 세계화 차원의 수준별로 소득과 빈곤에 미치는 효과를 비교하였다. 경제적 세계화의 측면에서 보면 세계화수준이 높은 국가에서 빈곤이 감소하고 소득이 증가하는 효과가 컸다. 사회적 세계화는 세계화수준이 높은 국가이든 낮은 국가이든 모두에서 주로 빈곤수준에만 영향을 미쳤다. 하지만 정치적 세계화의 영향은 별로 크지 않았다.

이러한 연구결과는 종합적으로 아시아에서 빈곤의 감소가 세계화에 따른 경제성장에 의해 자동적으로 해결되는 문제가 아니라 사회적, 정치적인 환경에 더 영향을 받을 수 있는 복잡한 문제라는 점을 시사한다.

제5장에서는 최근 25년간의 데이터를 이용하여 아시아 각국의 빈곤수준 추이를 살펴보고 각국에서의 빈곤수준이 서로 수렴해 온 것인지 혹은 오히려 격차가 더 확대해 왔는지를 분석하였다. 특히 이러한 수렴 여부에 무역이 어떤 영향을 미쳤는지를 분석하였다. 빈곤측정에는 빈곤자비율(H)과 함께 삶의 질을 종합적으로 보여주는 지수인 인간개발지수(HDI) 등 두 가지 지수를 이용하였다. 수렴 정도는 경제성장 분야에서 쓰이는 σ 수렴 측정과 β 수렴 측정방법을 이용하였다.

여러 형태의 계량 분석 결과, 세계화 기간에 빈곤율은 평균적으로 감소해 왔으며 HDI도 증가추세를 보였다. 이는 무역과 더불어 아시아 국가에서 빈곤 문제가 개선되고 있음을 보여주는 연구결과이다.

하지만 이러한 추세는 아시아 국가 전체의 평균을 나타내는 것이며, 국가들 사이의 격차가 어떻게 변하는지를 보여주지는 못한다. 이를 보여주는 방법 중의 하나가 본 연구에서 수행한 수렴분석이다. 본 연구에서는 H(빈곤자비율)의 수렴성은 통계적으로 유의한 결과가 나타나지 않았으며, HDI(인간개발지수)를 이용할 때 수렴하는 것을 발견하였다. 또한 무역은 이 과정에서 역시 H 수렴에 유의한 영향을 미쳤다는 결과를 얻지 못했지만 HDI의 경우에는 무역이 수렴속도를 향상시키는 데 일정한 기여를 했다는 것을 발견했다. 하지만 무역의존도가 높다고 해서 HDI 증가율 자체에 긍정적인 영향을 미치는가에 대해서는 유의한 결과를 얻을 수 없었다.

이러한 결과는 지난 25년 동안의 세계화 기간에 삶의 수준은 국가 간에 수렴하는 경향이 있었지만 그럼에도 각 국가의 빈곤자비율이 수렴하는 경향을 발견할 수 없었다는 사실을 의미한다. 결론적으로,

세계화로 빈곤이 감소한 것은 사실이지만 국가 간 격차가 감소하였다는 증거는 없다. 세계화 시대에 빈곤율이 크게 개선되지 않는 나라들이 패자의 범주에 속하지 않도록 국제적 배려가 필요하다. 본 연구는 빈곤이 크게 개선된 나라와 그렇지 못한 나라 사이에 국가 간 협력이 필요한 시점이라는 시사점을 주고 있다.

제6장에서는 아시아 국가 간 노동이동과 빈곤의 문제를 다루었다. 특히 이주노동에 따른 해외송금이 빈곤에 미치는 효과를 집중적으로 살펴보았다. 우선 아시아에서 이주 및 해외송금 현황을 알아보고 이주 및 해외송금이 수입국과 송출국에 미치는 영향을 살펴보았다.

다음으로 해외송금이 빈곤에 미치는 선행연구를 바탕으로 아시아에서 해외송금이 빈곤에 미치는 영향에 대한 독자적인 실증분석을 실시하였다. 분석의 결과는 다음과 같다. 첫째, 해외송금 유입이 빈곤감소에 미치는 영향은 HDI가 낮은 국가에서 더 크게 나타났다. 즉, 경제발전 단계가 낮은 국가에서 해외송금 유입 효과가 더 컸다. 둘째, 해외송금 유입률이 높은 국가에서 해외송금의 빈곤개선 효과가 더 큰 것을 볼 수 있었다. 이상에서 분석한 결과는 아시아 국가에서 노동의 해외 이동에 따른 해외송금이 빈곤감소 해결에 유용한 수단이었다는 것을 보여준다.

끝으로, 해외송금의 빈곤감소 효과를 높이기 위한 정책적 이슈들을 제안하였다. 여기서는 송금비용을 줄이기 위해 은행과 같은 공식 채널 이용의 확대와 송금에 필요한 다양한 첨단 금융기술(FinTech)의 적극적 도입 필요성을 제안하였다.

제7장에서는 세계화의 시대에 가장 성공적으로 대처한 베트남의 사례를 살펴보았다. 아시아에서 세계화가 빈곤에 미친 영향, 그중에서도 긍정적인 영향을 가장 극적으로 보여주고 있는 나라가 베트남

이다. 베트남은 세계화에 발맞추어 개혁개방의 도이머이 정책을 실시해 경제발전을 성공적으로 이루고 빈곤도 크게 감소시켰다. 2000년 이후 연 7%가 넘는 경제성장률을 기록하고 있고 1980년대에 50%가 넘는 빈곤율의 나라에서 현재는 절대빈곤율이 국민의 2% 정도에 불과한 나라가 되었다. 실로 세계화의 시기에 아시아에서 최대 수혜국인 셈이다.

도이머이 정책의 전개와 경제적 성공에 대해 알아보고 빈곤감소의 획기적 성과에 대해서도 살펴보았다. 그러나 이러한 성취는 세계화의 자연적인 혜택이라기보다는 환경변화에 능동적으로 대처한 베트남의 정부정책과 국민이 노력한 결과일 것이다. 풍부한 노동력, 근면과 성취욕구, 학습지향의 국민성 그리고 경제성장 과정에서 불평등을 줄이려는 정부의 포용 성장정책이 복합적으로 작용한 것으로 평가된다.

끝으로 이러한 경제적 성공에 바탕을 둔 빈곤감소 성과에도 불구하고 베트남에 여전히 남아 있는 빈곤 관련 도전과제에 대해 살펴보고 빈곤감소를 위한 세계은행의 정책적 제안도 제시하였다.

제8장에서는 방글라데시의 봉제업에 대해 다루었다. 세계화의 시대에 방글라데시의 봉제업은 크게 발전했다. 중국에 이어 세계 2위의 봉제 수출국이 되었다. 국내 산업에서 차지하는 비중은 무려 80%에 달한다. 봉제업의 발전으로 고도의 경제성장도 달성하였고 근로자의 소득도 증대하였으며 절대빈곤도 크게 감소하여 세계 최빈국의 오명을 벗고 있다. 이러한 점에서만 본다면 방글라데시는 베트남에 이어 세계화의 가장 큰 수혜국 중의 한 나라가 될 수 있다.

그러나 라나플라자 붕괴사고 등 최근의 잇단 참사는 세계화와 봉제업 발전의 어두운 면을 노정하고 있다. 글로벌 경쟁에 따른 단가

삭감은 열악한 노동조건과 허술한 안전기준으로 이어져 바닥으로의 경주 가설의 전형적인 사례로 공감을 얻은 바 있다.

그럼에도 방글라데시에서 봉제업의 역할은 과소평가할 수 없다. 높은 경제성장과 대폭 감소한 빈곤, 여성의 경제참여를 통한 지위 향상 등 긍정적인 측면이 매우 크다. 따라서 봉제업이 진정한 빈곤감소와 복지로 연계되려면 근로자, 정부, 외국 의류업체의 다각적인 노력이 필요하다. 이러한 노력이 전제된다면 현재의 봉제업이 처한 어려운 환경은 행복으로 가는 험로일 뿐이다.

제2절

정책적 제언

1. 연구의 정책적 시사점

본 연구를 통해 얻을 수 있는 정책적 시사점은 다음과 같다.

첫째, 세계화는 아시아의 빈곤을 줄이는 데 긍정적 역할을 해왔다. 이는 종래의 연구 외에 본 연구에서 시행한 일련의 실증연구에서도 확인되었다. 아시아 내에서도 관세를 인하하여 무역을 개방하고 외국인투자를 촉진하는 등 세계화에 능동적으로 대처한 국가에서 빈곤 감소 효과가 상대적으로 컸다. 따라서 아시아 각국은 국가 간, 다자 간 FTA의 활성화 등 경제적 측면의 세계화에 한층 적극적으로 나설 필요가 있다.

둘째, 그러나 많은 연구에서 지적했듯이 세계화는 빈곤과 직선적, 단선적으로 연결되지 않을 가능성이 크다. 중간 연계구조의 성격이나 정부의 정책에 의해 세계화와 빈곤의 관계가 규정될 여지가 크다. 세계화 과정에서 경제주체가 어떤 성장정책과 복지정책으로 대응하느냐에 따라 빈곤감소의 효과를 극대화하고 부작용을 최소화할 수 있다. 더구나 경제성장과 세계화가 같이 진행될 때 빈곤은 감소하나 소득 및 부의 불평등은 증가한다는 증거들이 있다. 따라서 세계화를 적극 추진함과 아울러 그에 따른 경제성장이 가난한 사람들에게도 돌아갈 수 있도록 친빈곤층(pro poor) 성장과 분배정책 또는 포용적 정책이 필요하다. 여기에는 인적자원이나 인프라에 대한 투자, 농부에 대한 대출과 기술지원을 촉진하는 정책, 거시경제의 안정성을 촉진하는 정책 등이 포함된다. 또한 세계화가 승자와 패자를 양산한다는 점에서 패자를 위한 사회안전망 정비의 필요성도 강조하고 있다.

셋째, 세계화의 긍정적 측면이 국민의 빈곤감소와 연결되려면 사회적 인프라의 구축과 이를 위한 투자가 필요하다. 본 연구의 실증조사에서는 경제적 세계화보다는 오히려 사회적 세계화가 빈곤감소에 더욱 유의한 영향을 미치는 것으로 드러났다. 경제적 세계화의 과실을 가난한 사람들과 공유하려면 사회적 인프라의 기반이 필요하다.

넷째, 사회적 인프라 중에 특히 중요한 것은 교육의 역할이다. 본 연구의 실증조사에서도 교육수준이 높은 나라에서 세계화의 빈곤감소 효과가 크다는 것이 확인되었다. 아시아 개발도상국에는 전반적인 교육체제의 정비와 양적 확대와 아울러 교육의 질과 내용의 개편이 필요하다. 세계화에 부응하는 기술, 기능인력의 양성체계를 정립하고 커리큘럼의 질적 개혁도 이루어야 한다.

다섯째, 농업 분야에 대한 특별한 배려가 필요하다. 농부는 도시 하층민과 함께 세계화로 인한 패자(루저) 계층에 속할 가능성이 크다. 특히 시장개방과 함께 자신이 경작하는 농산물이 경쟁에 노출될 수 있다. 따라서 농업 분야에 대한 혁신이 요청된다. 빈곤층의 농업 잠재력을 높이고 소득창출을 제고하기 위한 농업 분야의 구조개혁이 계속되어야 한다. 구체적으로는 토지 사용자 권한을 강화하여 이를 담보로 신용을 창출하고 이러한 자금을 기반으로 수익성이 높은 다년생 작물에 투자할 수 있도록 해주어야 한다. 동시에 농부들의 농장 관리 능력과 농업 관련 비즈니스 스킬을 높일 수 있는 방안도 강구해야 한다.

아시아에서 빈곤을 감소시키고 소득 및 부의 불평등을 해소하기 위해 〈표 9-1〉과 같은 정책을 추천한다(Asian Development Bank, 2020).

표 9-1 빈곤감소와 불평등 해소를 위해 가능한 정책

정책의 범주	구체적 방안
지속적, 포용적 성장정책을 통한 양질의 일자리 창출	• 건전한 거시경제 관리 • 무역 및 투자 개방에 대한 지속적인 노력 • 인프라 및 인적 자본에 대한 적절한 투자 • 기술도입과 혁신의 촉진
소득재분배를 위한 재정 정책	− 지출 측면: • 교육에 대한 지출 증대 • 보편적 건강보험 • 사회적 안전망 강화(국가 연금 시스템, 실업 보험 제도, 사회 부조 프로그램) − 수입 측면: • 세금 기반의 확대 • 소득세의 누진세 강화 • 상속세 및 재산세 도입 • 세금 관리 및 징수 강화
도시-농촌 소득 격차와 지역 격차 해소	• 지역 연결성을 높이기 위한 지속적인 인프라 투자 • 농업 생산성을 높이기 위한 조치 • 가난한 지역으로의 이전 증대를 위한 재정개혁 • 지역 간 수익 분배를 위한 재정 개혁
거버넌스 개혁	• 인구 전체에 적절한 공공 서비스 공급 • 공평한 경쟁의 장 • 기회에 대한 동등한 접근성 보장 • 성별, 민족, 지역 및 기타 개별 상황에 근거한 사회적 배제와 차별의 제거 • 부패와의 싸움

자료: Asian Development Bank (2020).

여섯째, 아시아에서 세계화의 수혜국들이 빈곤문제에 대한 책임의식을 증대해야 한다. 세계화에 따른 승자와 패자의 발생은 한 나라 내부에서만 국한되는 것이 아니고 나라 간에도 발생한다. 한·중·일 3국은 아시아에서 세계화의 수혜국임을 부정할 수 없다. 이 세 나라에서 아시아의 빈곤문제에 대한 책임과 연대의식의 제고가 필요하다. 일본이 주도하는 기존의 아시아개발은행(ADB: Asian Development Bank)과 중국 주도의 아시아인프라투자은행(AIIB: The Asian Infrastructure Investment Bank)이 이러한 역할을 표방하고 있지만 자국의 전략적 이익이 개입되고 있다는 지적이 있어 빈곤감소에 대한 초점과 투자의 확대가 요청된다.

끝으로 본 연구에서는 세계화와 아시아 빈곤문제에 대한 학자적 연대(가칭 '세계화와 아시아 빈곤 아카데미')의 필요성을 제기하고자 한다. 기존의 빈곤연구는 세계은행이나 아시아개발은행의 일부 학자들 사이에서만 산발적으로 논의되었다. 이 문제를 심층적으로 논의하려면 빈곤 문제에 대한 아시아 학자들의 연대가 필요하다. 이러한 학자들의 연대는 한중일 학자들이 선도적으로 주도하고 여타 아시아 개발도상국 학자들이 참가하는 순서로 이루어질 수 있다. 이러한 학자연대는 일차적으로는 학술 세미나 등으로 여론을 환기하고 각종 공동연구와 저서의 출간, 나아가서는 기금의 형성 등으로 발전할 수 있다.

2. 한국의 역할

끝으로 본서의 주제와 관련하여 한국의 역할에 대해 생각해 본다.

우선 전체적으로 아시아 빈곤의 문제에 대한 관심과 책임의식의 확대가 필요하다. 자타가 공인하듯이 한국은 세계화 수혜국 중의 하나이다. 특히 아시아에 대한 투자가 해외투자의 대다수를 점한다. 또 그러한 투자로부터 얻는 이득도 매우 크다. 아시아를 돈벌이 대상이 아니라 이익을 공유하는 차원에서 이 지역의 큰 문제인 빈곤에 대한 관심과 투자가 필요하다. 이제 한국은 글로벌 기빙(global giving)에 신경을 써야 하는 시점이다.

둘째, 아시아에 투자하는 민간기업들은 사회공헌 활동을 당연히 확대해야 할 것이다. 기존에도 기업이 스스로 사회공헌 활동을 하고 있지만 그 규모를 확대하려면 협의체나 정부의 조정과 지원이 필요하다. 이러한 협력체제를 구성해 한 기업의 힘만으로 힘든 투자국의 빈곤감소와 관련된 가시적이고 기념비적인 활동을 활발하게 벌일 수 있을 것이다.

셋째, 한국의 학계에서도 아시아 문제나 아시아의 빈곤문제에 대한 학문적 노력을 강화해야 한다. 아시아는 한국에 매우 중요한 의미가 있는데도 이웃나라 일본에 비해 아시아에 대한 연구축적은 미미하다. 학자들의 활발한 연구활동이 필요하며 이를 위한 연구지원 체계를 정부가 마련해야 한다. 기존에 이른바 우리나라 입장에서 전략적인 국가에 대한 연구지원은 이루어지고 있으나 이에 구애받지 않고 아시아 연구의 저변을 확대하는 것이 바람직하다. 그리고 앞서도 언급하였듯이 아시아와 관련하여 상호 견제하는 입장인 중국과 일본의 사이에서 상대적으로 자유로운 우리나라가 이 주제와 관련된 이니셔티브를 가질 수 있다. 한국 주도의 연구네트워크 형성을 기대한다.

넷째, 이 문제와 관련된 정부의 역할은 작지 않다. 우선 아시아의 빈곤문제에 대처하는 국제기관과의 협력 강화가 필요하다. ADB나 AIIB에 대한 투자확대가 필요하다. 특히 양 기관 내에 한국이 설정하는 '한국빈곤퇴치기금(Korean Fund for Poverty Reduction)'의 조성과 확대가 요망된다. 이에 필요한 재원은 항공권을 구입할 때 징수하는 '국제질병퇴치기금'을 인상해 확보하는 것도 하나의 방안이 될 수 있다. 다음으로는 우리 정부가 독자적으로 수행하는 활동이 있다. 공적개발원조(ODA: Official Development Assistance)와 대외경제협력기금(EDCF: Economic Development Cooperation Fund)을 확충하고 지원사업의 성격에서 빈곤감소에 더욱 초점을 맞출 수 있다. 한국국제협력재단(KOICA)를 통해 아시아의 빈곤문제에 대한 의식을 높이고 현장에서의 구조활동에 참여할 수 있도록 청년인력을 파견하는 사업을 확대할 수도 있다. 끝으로 아시아에 진출하는 한국기업들이 벌이는 사회공헌 활동이 빈곤감소에 실효를 거둘 수 있도록 조직화하는 데 정부가 힘을 보태는 것도 가능하다.

참고문헌

국내문헌

강달원(2016), 「아시아 국가의 소득수렴에 관한 연구」, 《아시아연구》 제19권
　　제2호, pp. 101-131.
김윤태 · 서재욱(2015), 「빈곤의 다차원성」, 《비판사회정책》 제48권, pp. 16-
　　186.
김지욱(2010), 「다중구조변화와 상호의존성을 고려한 아시아경제 확률수렴
　　성 연구: 패널정상성과 패널공적분을 이용하여」, 《경제학연구》 제58
　　권 제2호, pp. 121-143.
배윤정(2013), 「방글라데시 의류공장 붕괴사례로 알아본 기업의 사회적 책
　　임」, 《CGS Report》 11월호, pp. 13-16.
송정석 · 김현석(2010), 「동아시아 국가의 경제성장 수렴에 대한 실증분석」,
　　《국제지역연구》 제14권 제3호, pp. 433-453.
심승진(2004), 「동아시아 국가의 소득수렴과 지역경제통합의 조건」, 《국제경
　　제연구》 제10호, pp. 145-170.
외교부(2010), 「수출가공공단(Export Processing Zone)」, 《방글라데시 개황》.

이이림 · 오근엽 · 한인수(2019a), 「무역이 아시아 국가 간 빈곤율 수렴에 미
치는 영향 분석」, 《무역학회지》 제43권 제1호, pp. 47-67.

이이림 · 왕정복 · 오근엽(2019b), 「아시아 국가의 노동 이동에 따른 본국
송금이 빈곤에 미치는 영향 분석」, 《국제경제연구》 제25권 제3호,
pp. 53-82.

이희재(2007), 「개발도상국의 세계화와 경제성장」, 《무역학회지》 제32권, 제
2호, pp. 81-103.

조목인(2014), 「의류공장 참사 1년…방글라데시, 변한 게 없다」, 《아시아경
제》 4월 23일.

주호치민총영사관(2010), 「Doi Moi(도이머이) 정책 평가 및 전망」.

한국은행(2018), 「베트남 경제 개혁 · 개방정책의 주요 내용 및 성과」, 《국제
경제리뷰》 제2018-20호.

한인수(2013), 『아시아의 빈곤과 한국기업의 역할』, 아산재단 연구총서 제
361집, pp. 38-39.

한인수 · 엄금화(2016), 「방글라데시의 봉제업: 희망으로의 험로」, 《아시아리
뷰》 6권 1호, pp. 39-71

Pratap Surendra(2011), 「혼란에 빠진 방글라데시의 의류산업」, 《국제노동
브리프》 1월호, 한국노동연구원, pp. 38-51.

일본문헌

明日山陽子 · 福西隆弘 · 山形辰史(2011), 「底辺への競争」は起きているの
か：バングラデシュ, カンボジア, ケニアの縫製産業で働く労働者の
厚生」, 山形辰史編, 『グローバル競争に打ち勝つ低所得国：新時代
の輸出指向開発戦略』, 研究双書 No. 592, アジア経済研究所, pp.
125-166.

山形辰史(2013), 『バングラデシュの縫製業 貧困からの脱出口か迷宮か？』,
日本貿易振興機構アジア経済研究所.

小林公司(2013), 『世界の縫製工場 バングラデシュ』, みずほ總合研究所.

日本國際協力銀行 開發金融研究所(2005), 『政策の 一貫性分析』, pp. 1-20.

村山真弓・山形辰史編(2013), 『バングラデシュ製造業の現段階』, 調査研究報告書 アジア経済経済研究所.

JETRO(2013), 『在・アジア・オセアニア日系企業活動實態調査』.

Shoncoy Abu & Tsubota Kenmai(2013), "Statistics on Bangladesh Manufacturing Industry," 『バングラデシュ製造業の現段階』, 調査研究報告書, アジア経済経済研究所.

구미문헌

Abdulla, H.(2019), "Better Work to Expand Operations in Bangladesh," Just-Style, 18 November.

Acosta, P.(2006), "Labor Supply, School Attendance, and Remittances from International Remittances on Poverty and Inequality in Latin America?" World Bank Policy Research Working Paper, WPS3903.

Adam, A. & Kammas, P.(2007), "Tax Policies in a Globalized World: Is It Politics After All?," Public Choice, Vol. 133, No. 3-4, pp. 321-341.

Adams, J.R. & Page, J.(2005), "Do International Migration and Remittances Reduce Poverty in Developing Countries?", World Development, Vol. 33, No. 10, pp. 1645-1669.

Adams Jr. R. H.(1989), "Workers Remittances and Inequality in Rural Egypt," Economics Development and Cultural Change, Vol. 38, No. 1, pp. 45-71.

AFP South Asian Edition(2009), Bangladesh Textiles Unravelled by Price War, Protests, The Free Library, July.

Aggarwal, R., Demirgüç-Kunt, A. & Pería, M.S.M.(2011), "Do

Remittances Promote Financial Development?", *Journal of Development Economics*, Vol. 96, No. 2, pp. 255-264.

Ahamed, F.(2012), "Improving Social Compliance in Bangladesh's Ready-made Garment Industry," *Labor and Management in Development*, Vol. 13, pp. 1-26.

Ahmed, F., Arias-Granada, Y., Genoni, M. E., Yanez-Pagans, M., Yoshida, N., Roy, D. & Latif, A.(2019), "Description of the Official Methodology Used for Poverty Estimation in Bangladesh for 2016/17," Background Paper for the Bangladesh Poverty Assessment 2010-2016/17, World Bank, Washington, DC.

Ahmed, N., & Nathan, D.(2016), "Improving Wages and Working Conditions in the Bangladesh Garment Sector," *Labour in Global Value Chains in Asia*, pp. 51-77.

Ahsan, A. A., Abella, M., Beath, A., Huang, Y., Luthria, M. & Van Nguyen, T.(2014), *International Migration and Development in East Asia and the Pacific*, Washington, DC: World Bank.

Akoum, I. F.(2008), "Globalization, Growth, and Poverty: The Missing Link," *International Journal of Social Economics 35.* pp. 226-238.

Alkire, S. & Sumner, A.(2013), *Oxford Poverty and Human Development Initiative: Multidimensional Poverty and the Post-2015 MDGs*, King's College London. Londres.

Alkire, S., Roche, J. M., Ballon, P., Foster, J., Santos, M. E. & Seth, S.(2015), *Multidimensional Poverty Measurement and Analysis*, Oxford University Press, USA.

Ali M., Nishat M. & Anwar T.(2010), "Do Foreign Inflows Benefit Pakistan Poor?," *The Pakistan Development Review*, Vol. 48, No. 4 pp. 715-738.

Amelia, U. Santos-Paulino(2012), "Trade, Income Distribution and Poverty in Developing Countries: A Survey. United Nations

Conference on Trade and Development," UNCTAD, No. 207.

Amuedo-Dorantes, C. & Pozo, S.(2004), "Workers' Remittances and the Real Exchange Rate: a Paradox of Gifts," *World Development*, Vol. 32, No. 8, pp. 1407-1417.

Anyanwu J. C. & Erhijakpor, A. E. O.(2010), "Do International Remittances Affect Poverty in Africa?," *African Development Review*, Vol. 22, No. 1, pp. 51-91.

Asian Development Bank(2019), *Asian Development Outlook 2019 Update: Fostering Growth and Inclusion in Asia's Cities*, Asian Development Bank, Manila.

_____(2020), *Asia's Journey to Prosperity: Policy, Market, and Technology Over 50 Years*, Asian Development Bank.

Asian Development Bank Outlook(2014), "Fiscal Policy for Inclusive Growth," ADB Economics Working Paper Series, No. 423.

Asia Foundation(2013), *Labor Migration Trends and Patterns: Bangladesh, India, and Nepal 2013*.

Asis, M.(2005), "Preparing to Work Abroad: Filipino Migrants' Experiences Prior to Deployment," A Research Project Conducted by the Scalabrini Migration Center for the Philippine Migrants Rights Watch and Friedrich Ebert Stiftung.

Asongu, S. A.(2012), "Globalization, Financial Crisis and Contagion: Time-Dynamic Evidence from Financial Markets of Developing Countries," *Journal of Advanced Studies in Finance*, Vol. 3, No. 06, pp. 131-139.

Azam, J. P. & Gubert, F.(2006), "Migrants' Remittances and the Household in Africa: A Review of Evidence," *Journal of African Economics*, pp. 1-36.

Bakht, Z., Salimullah, M., Yamagata,, T. & Yunus, M.(2007), "Competitiveness of Labor-Intensive Industry in a Least Developed

Country: A Case of the Knitwear Industry in Bangladesh," Paper Presented at the Conference of "Productivity and Growth in Africa and Asia," organized by UNIDO and the Institute of Developing Economies(IDE), Japan, at the International House of Japan, Tokyo, in October 11.

Balakrishnan, R., Steinberg C. & Syed, M.(2013), "The Elusive Quest for Inclusive Growth: Growth, Poverty, and inequality in Asia", Asia and Pacific Department of International Monetary Fund, Working Paper/13/152.

Bandow, D.(2013), Globalization and Poverty: The Engine of Economic Growth and Development, Institute for Faith, Works & Economics.

Bangladesh Bank(2013), *Foreign Direct Investment in Bangladesh.*

Bangladesh Bureau of Statistics(2007), *Report on Census of Manufacturing Industries 2001-02*, Dhaka: BBS.

Bardhan, A. & Kroll, C.A.(2003), *The New Wave of Outsourcing*, Fisher Center for Real Estate & Urban Economics Research Report Series, No. 1103.

Bardhan, P.(2006), "Globalization and the Limits to Poverty Alleviation," *Globalization and Egalitarian Redistribution*, pp. 13−32.

Barrett, P. M., Baumann-Pauly, D. & Gu, A.(2018), *Five Years After Rana Plaza: The Way Forward*, Center for Business and Human Rights, Stern, New York University.

Barro, R. J. & Sala-i-Martin, X.(1991), "Convergence across States and Regions," Brookings Papers on Economic Activity, pp. 107−182.

＿＿＿＿(1992), "Convergence," *Journal of Political Economy*, Vol. 100, No. 2, pp. 223−251.

＿＿＿＿(1995), *Economic Growth*, McGraw-Hill, p. 539.

Baumol, W. J.(1986), "Productivity Growth, Convergence, and Welfare:

What the Long-Run Data Show," *American Economic Review*, Vol. 81, No. 5, pp. 1072−1085.

BBC News(2018), "Bangladesh Clothing Factories: Are They Safe Now?," 31 December 2018.

Bélanger, D., Linh, T. G., Hong, K. T., Van Anh, N. T. & Hammoud, B.(2010), *International Labor Migration from Vietnam to Asian Countries: Process, Experiences and Impact*. Report presented at an international workshop in March 2010, Ha Noi, Viet Nam.

Bergh, A. & Nilsson, T.(2010), "Do Liberalization and Globalization Increase Income Inequality?," *European Journal of Political Economy*, Vol. 26, No. 4, pp. 488−505.

Beyene, B. M.(2014), "The Effects of International Remittances on Poverty and Inequality in Ethiopia", *The Journal of Development Studies*, Vol. 50, No. 10, pp. 1380−1396.

Bhagwati, J.(2004), *In Defense of Globalization*, Oxford University Press.

Bharadwaj, A.(2014), "Reviving the Globalisation and Poverty Debate: Effects of Real and Financial Integration on The Developing World," *Advances in Economics and Busines* Vol. 2, No. 1. pp. 42−57

Borraz, F. & Lopez-Cordova, J. E.(2007), "Has Globalization Deepened Income Inequality in Mexico?," *Global Economy Journal*, Vol. 7, No. 1.

Bourguignon, F. & Chakravarty, S. R.(2019), "The Measurement of Multidimensional Poverty," in *Poverty, Social Exclusion and Stochastic Dominance*, Springer, Singapore, pp. 83−107.

Bretschger, L. & Hettich, F.(2002), "Globalisation, Capital Mobility and Tax Competition: Theory and Evidence for OECD Countries," *European Journal of Political Economy*, Vol. 18, No. 4, pp. 695−716.

Bu, M. & Wagner, M.(2016), "Racing to the Bottom and Racing to the Top: The Crucial Role of Firm Characteristics in Foreign Direct Investment Choices", *Journal of International Business Studies*, Vol. 47, No. 9, pp. 1032–1057.

Burke J. & Hammadi S.(2012), "Bangladesh Factory Fire Leaves More Than 100 Dead", *The Guardian*(Nov. 24).

Butler, S.(2014), "Bangladesh Garment Workers Still Vulnerable a Year after Rana Plaza," *The Guardian*(April 24).

Calvo, C. C. & Hernandez, M. A.(2006), "Foreign Direct Investment and Poverty in Latin America," Leverhulme Centre for Research on Globalisation and Economic Policy, University of Nottingham.

Cali, M., Hollweg, C. H. & Bulmer, E. R.(2015), *Seeking Shared Prosperity through Trade*, World Bank Policy Research Working Paper No. 7314.

Cashin, P., Sahay, R., Pattillo, C. & Mauro, P.(2001), "Macroeconomic Policies and Poverty Reduction: Stylized Facts and an Overview of Research," IMF Working Paper 01/135, Washington, DC.

Castañeda, A., Doan, D., Newhouse, D., Nguyen, M. C., Uematsu, H. & Azevedo, J. P.(2016), *Who are The Poor in the Developing World?*, The World Bank.

Centre for Policy Dialogue(CPD) · Berenshot(2013), *Estimating a Living Minimum Wage for the Ready Made Garment Sector in Bangladesh*.

Chami, R., Fullenkamp, C. & Jahjah, S.(2005), "Are Immigrant Remittance Flows a Source of Capital for Development?" IMF Staff Papers, Vol. 52, No. 1, pp. 1–25.

Chang C. P. & Lee C. C.(2010), "Globalization and Economic Growth: A Political Economy Analysis for OECD Countries", *Global Economic Review*, Vol. 39, No. 2, pp. 151–173.

Chang R., Kaltani L. & Loayza, N.V.(2009), "Openness Can be Good for Growth: The Role of Policy Complementarities", *Journal of Development Economics* Vol. 90, No. 1, pp. 33–49.

Chen, S. & Ravallion, M.(2004), "How Have the World's Poorest Fared Since the Early 1980s?", *The World Bank Research Observer*, Vol. 19, No. 2, pp. 141–169.

Christmann, P. & Taylor, G.(2002), "Globalization and the Environment: Strategies for International Voluntary Environmental Initiatives," *Academy of Management Perspectives*, Vol. 16, No. 3, pp. 121–135.

Clemens, M. & McKenzie, D.(2014), Why Don't Remittances Appear to Affect Growth? World Bank Policy Research Working Paper, No. 6856, Washington, DC: World Bank.

Collier, P. & Dollar, D.(eds.)(2002), *Globalization, Growth, and Poverty: Building An Inclusive World Economy*, World Bank Publications.

Credit Suisse(2018), *Global Wealth Databook 2018*, Zurich.

Davies, R. B. & Vadlamannati, K. C.(2013), "A Race to the Bottom in Labor Standards? An Empirical Investigation," *Journal of Development Economics*, Vol. 103, pp. 1–14.

De Long, J. B.(1988), "Productivity Growth, Convergence, and Welfare: Comment," American Economic Review, Vol. 78 No. 5, pp. 1138–1154.

De Luna M. J.(2005). *Workers' Remittances to Developing Countries: A Survey with Central Banks on Selected Public Policy Issues*, WPS3638. 4–35, World Bank: Washington D.C.

De Mello, L. R.(1999), "Foreign Direct Investment-Led Growth: Evidence from Time Series and Panel Data," *Oxford Economic Papers*, Vol. 51, No. 1, pp. 133–151.

Deaton, A.(2002), Data for Monitoring the Poverty MDG, Human Development Report Office Occasional Paper, UN Development

Programme.

Dahka Tribune(2018), "Per Capita Income Increases by 149% in 10 Years", *Dhaka Tribune*(25 September). Retrieved 13 October 2018.

Dharmapala, D. & Hines Jr, J. R.(2009), "Which Countries Become Tax Havens?," *Journal of Public Economics*, Vol. 93, No. 9−10, pp. 1058−1068.

Dix-Carneiro, R.(2014), "Trade liberalization and Labor Market Dynamics," *Econometrica*, Vol. 82, No. 3, pp. 825−885.

Docquier, F., Machado, J. & Sekkat, K.(2015), "Efficiency Gains from Liberalizing Labor Mobility," *Scandinavian Journal of Economics*, Vol. 117, No. 20, pp. 303 – 346.

Docquier, F., Ozden, C. & Peri, G.(2010), The Wage Effect of Immigration and Emigration, NBER working paper, 16646.

Dreher, A.(2006a), "Does Globalization Affects Growth? Empirical Evidence from a New Index", *Applied Economics*, Vol. 38, No. 10, pp. 1091 – 1110.

_____(2006b), "The Influence of Globalization on Taxes and Social Policy – an Empirical Analysis for OECD Countries", *European Journal of Political Economy*, Vol. 22, No. 1, pp. 179−201.

_____(2006c), *KOF Index of Globalization*, Zürich : Konjunkturfor schungsstelle ETH Zürich.

Dreher, A. & Gaston, N.(2008), "Has Globalisation Increased Inequality?," *Review of International Economics*, Vol. 16, No. 3, pp. 516−536.

Dreher, A., Gaston, N. & Martens, P.(2008), "Consequences of Globalisation Reconsidered : Applying the Kof Index," in *Measuring Globalisation*, Springer, New York, pp. 75−171.

Edwards, A. C. & Ureta, M.(2003), "International Migration, Remittances, and Schooling Evidence from EI Salvador", *Journal of*

Development Economics, Vol. 72, No. 2, pp. 429–461.

Faini, R.(2006), Remittances and the Brain Drain: IZA Dicussion Paper No. 2155.

Ferreira, F. H., Chen, S., Dabalen, A., Dikhanov, Y., Hamadeh, N., Jolliffe, D., ⋯ & Serajuddin, U.(2015), *A Global Count of the Extreme Poor in 2012: Data Issues, Methodology and Initial Results*. The World Bank.

Forbes(2019), *Billionaires: The Richest People in the World.*(https://www. forbes.com /worlds-billionaires/), Retrieved 03 May 2020.

Foster, J. E.(1998), "Absolute versus Relative Poverty", *The American Economic Review*, Vol. 88, No. 2, pp. 335–341.

Fowowe, B. & Shuaibu, M. I.(2014), "Is Foreign Direct Investment Good for The Poor? New Evidence from African Countries," *Economic Change and Restructuring*, Vol. 47, No. 4, pp. 321–339.

Fukunishi, T., Murayama M., Yamagata, T. & Nishiura A.(2006), *Industrialization and Poverty Alleviation: Pro-Poor Industriali- zation Strategies Revisited*, Vienna: United Nations Industrial Development Organization(UNIDO).

General Statistics Office of Vietnam(2019), Statistics.

Ghemawat, P. & Altman, S. A.(2016), *DHL Global Connectedness Index 2016: The State of Globalization in an Age of Ambiguity*, Deutsche Post DHL Group.

Giuliano, P. & Ruiz-Arranz, M.(2009), "Remittance, Financial Develop- ment and Growth", *Journal of Development Economics*, Vol. 90, No. 1, pp. 144–152.

Gohou, G. & Soumaré, I.(2012), "Does Foreign Direct Investment Reduce Poverty in Africa and Are There Regional Differences?," *World Development*, Vol. 40, No. 1, pp. 75–95.

Goldberg, P. K. & Pavnik, N.(2007a), "The Effects of the Colombian

Trade Liberalization on Urban Poverty", NBER Working Papers 11081, National Bureau of Economic Research, pp. 241–290.

_____(2007b), "Distributional Effects of Globalization in Developing Countries", *Journal of Economic Literature*, Vol. 45, No. 1, pp. 39–82.

Goldmansachs(2007), Beyond the BRICS: A Look at the 'Next 11'.

Görg, H. & Greenaway, D.(2004), "Much Ado about Nothing? Do Domestic Firms Really Benefit from Foreign Direct Investment?," *The World Bank Research Observer*, Vol. 19, No. 2, pp. 171–197.

Gözöer, G. & Muhlis, C.(2017), "Causal Linkages among the Product Diversification of Exports, Economic Globalization and Economic Growth", *Review of Development Economic*, Vol. 21, No. 3, pp. 888–908.

Grigorian, D. A. & Melkonyan, T. A.(2010), "Microeconomic Implications of Remittances in an Overlapping Generations Model with Altruism and Self-Interest", IMF Working Paper, WP/08/19.

Grossman, G. M. & Helpman, E.(1991), "Endogenous Product Cycles", *The Economic Journal*, Vol. 101, No. 408, pp. 1214 - 1229.

Guttal, S.(2007), "Globalisation", *Development in Practice*. Vol. 17, No. 4/5, p. 523.

Gygli, S., Haelg, F., Potrafke, N. & Sturm, J. E.(2019), "The KOF Globalisation Index Revisited," *The Review of International Organizations*, Vol. 14, No. 3, pp. 543–574.

Harrison, A.(2007), *Globalization and Poverty*, NBER Books, National Bureau of Economic Research, Inc.

Hassan, R., Scholes, R. & Ash, N.(2005), "Ecosystems and Human Well-being," Volume 1, Current State and Trends: Findings of the Condition and Trends, Working Group, Millennium Ecosystem Assessment, UNEP, Nairobi, Kenya.

Hein, D. H.(2005), "International Migration, Remittances and Development: Myths and Facts." *Third World Quarterly*, Vol. 26, No. 8, pp. 1269–1284.

Hoekman, B. & Olarreaga, M.(eds.)(2007), "Impacts and Implications of Global Trade Reform on Poverty," Washington DC: Brookings Institution.

Hollweg, C. H., Lederman, D., Rojas, D. & Ruppert Bulmer, E.(2014), Sticky Feet: How Labor Market Frictions Shape the Impact of International Trade on Jobs and Wages, The World Bank.

Hong, V. X. N., Clarke, M. & Lawn, P.(2008), Genuine Progress in Vietnam: The Impact of the Doi Moi Reforms. Sustainable Welfare in the Asia-Pacific: Studies Using the Genuine Progress Indicator, p. 299.

Huang, C. H., Teng, K. F. & Tsai, P. L.(2010), "Inward and Outward Foreign Direct Investment and Poverty: East Asia vs. Latin America," *Review of World Economics*, Vol. 146, No. 4, pp. 763–779.

Imai, K. S., R. Gaiha, A. Ali & N. Kaicker(2014), "Remittances, Growth, and Poverty: New Evidence from Asian Countries," *Journal of Policy Modeling*, Vol. 36, pp. 524–538.

ILO Subregional Office for South Asia(2014), *IPEC Subregional Information system on Child Labor*, accessed at July 07. 2014(http://www.ilo.org/legacy/english /regions/asro/newdelhi /ipec /responses /bangladesh/index.htm).

Islam, M. M., Khan, A. M. & Islam, M. M.(2013), "Textile Industries in Bangladesh and Challenges of Growth," *Research Journal of Engineering Sciences*, Vol. 2, No. 2, 31–37. accessed on October 25, 2013(URL: http://www.isca.in/ IJES /Archive /v2i2/ 7.ISCA-RJEngS-2013-002.pdf).

Israel, A. O.(2014), "Impact of Foreign Direct Investment on Poverty Reduction in Nigeria," *Journal of Economics and Sustainable Development*, Vol. 5, No. 20, pp. 34−45.

Jalilian, H. & Weiss, J.(2002), "Foreign Direct Investment and Poverty in the ASEAN Region," *ASEAN Economic Bulletin*, pp. 231−253.

Jaumotte, F., Lall, S. & Papageorgiou, C.(2013), "Rising Income Inequality: Technology, or Trade and Financial Globalization?," *IMF Economic Review*, Vol. 61, No. 2, pp. 271−309.

Joarder, M. A. M., Hossain, A. K. M. & Hakim, M. M.(2010), "Post-MFA Performance of Bangladesh Apparel Sector", *International Review of Business Research Papers*, Vol. 6, No. 4, pp. 134−144.

Kanapathy, V.(2011), A Computable General Equilibrium Analysis of Migrant Labor in Malaysia. Washington, DC: World Bank.

Kee, H. L.(2005), "Foreign Ownership and Firm Productivity in Bangladesh Garment Sector," Mimeographed, Development Research Group, World Bank.

Kee, H. L., Nicita, A. & Olarreage, M.(2009), "Estimating Trade Restrictiveness Indices", *The Economic Journal*, Vol. 119, No. 534, pp. 172−199.

Kemeny, T.(2010), "Does Foreign Direct Investment Drive Technological Upgrading?," *World Development*, Vol. 38, No. 11, pp. 1543−1554.

Khatri, S. K.(2010), Labor Migration, Employment, and Poverty Alleviation in South Asia, Promoting Economic Cooperation in South Asia: Beyond SAFTA, pp. 231−259.

Khundker, N.(2002), "Globalization, Competitiveness and Job Quality in the Garment Industry in Bangladesh", Chapter 3 in Muqtada, M. et al.(eds), *Bangladesh: Economic and Social Challenges of Globalisation*, Study prepared for the ILO Geneva, UPL, Dhaka.

Kilic, C.(2015), "Effects of Globalization on Economic Growth: Panel Data Analysis for Developing Countries", *Economic Insights-Trends and Challenges*, Vol. 4, No. 1, pp. 1–11.

Klein, M., Aaron, C. & Hadjimichael, B.(2001), "Foreign Direct Investment and Poverty Reduction", Paper presented at the OECD Conference on New Horizons and Policy Challenges for Foreign Direct Investment in the 21st Century, November(Mexico City), pp. 26 – 27.

KOF(2018), KOF Globalisation Index, KOF Swiss Economic Institute, Retrieved 20 August 2018.

Köhler, H.(2002), Working for a Better Globalization: Remarks by Horst Köhler, Managing Director, International Monetary Fund, in Conference on Humanizing the Global Economy.

Kopf, D.(2018), Vietnam is the Most Globalized Populous Country in Modern History, World Economic Forum.

Kraay, A. & Dollar, D.(2001), *Trade, Growth, and Poverty*, The World Bank.

Lathapipat, D.(2011), "The Effects of Immigration on the Thai Wage Structure," in R. Adams and A. Ahsan(eds.), *Managing International Migration for Development in East Asia*, Washington, DC: World Bank.

Le Goff, M.(2010), "How Remittance Contribute to Poverty Reduction: a Stabilizing Effect", Working Paper CERDI.

Le, M. S., Singh, T. & Nguyen, D. T.(2015), *Trade Liberalisation and Poverty: Vietnam Now and Beyond*, New York: Routledge.

Leibrecht, M., Klien, M. & Onaran, Ö.(2011), "Globalization, Welfare Regimes and Social Protection Expenditures in Western and Eastern European Countries," *Public Choice*, Vol. 148, No. 3–4, pp. 569–594.

Leitão, N. C.(2012), "Economic Growth, Globalization and Trade", *Management Research and Practice*, Vol. 4, No. 3, pp. 18-24.

Liu, X., Wang, C. & Wei, Y.(2009), "Do Local Manufacturing Firms Benefit from Transactional Linkages with Multinational Enterprises in China?", *Journal of International Business Studies*, Vol. 40, No. 7, pp. 1113-1130.

Looi, Kee, H., Nicita. A. & Olarreage, M.(2009), "Estimating trade restrictiveness indices," The Economic Journal, Vol. 119 No. 534, pp. 172-199.

Low, Linda & Aw, T. C.(1997), "The Human Development Index Revisited," Singapore Management Review, Vol. 19, No. 1, pp. 1-17.

Magombeyi, M. T. & Odhiambo, N. M.(2017), "Foreign Direct Investment and Poverty Reduction," *Comparative Economic Research*, Vol. 20, No. 2, pp. 73-89.

Magrini, E. & Montalbano, P.(2012), *Trade Openness and Vulnerability to Poverty: Vietnam in The Long-Run(1992-2008)*, No. 3512.

_____(2018), "Trade Openness and Vulnerability to Poverty in Vietnam under Doi Moi," In: *Trade and Poverty Reduction: New Evidence of Impacts in Developing Countries*, World Trade Organization, Geneva, pp. 120-147.

Mahmood, H. & Chaudhary, A. R.(2012), "A Contribution of Foreign Direct Investment in Poverty Reduction in Pakistan," *Middle East Journal of Scientific Research*, Vol. 12, No. 2, pp. 243-248.

Mankiw, N.G., Romer, D. & Weil, D.N.(1992), "A Contribution to the Empirics of Economic Growth", *The Quarterly Journal of Economics*, Vol. 107, No. 2, pp. 407-437.

Martin, H. P. & Schumann, H.(1997), *The Global Trap: Globalization and the Assault on Democracy and Prosperity*, Human Sciences

Resource Centre.

McCaig, B.(2011), "Exporting out of Poverty: Provincial Poverty in Vietnam and Us Market Access," *Journal of International Economics*, Vol. 85, No. 1, pp. 102−113.

McCaig, B. & Pavcnik, N.(2014), "Export Markets and Household Business Performance: Evidence from Vietnam," Northeast Universities Development Consortium, Boston University.

McGillivray, M. & White, H.(1993), "Measuring Development? The UNDP's Human Development Index," *Journal of International Development*, Vol. 5, No. 2, pp. 183−192.

McKay, A. & Deshingkar, P.(2014), Internal Remittances and Poverty: Further Evidence from Africa and Asia.

McKinsey & Company(2012), "Bangladesh's Ready-Made Garments Landscape: The Challenge of Growth", accessed on October 25, 2013(URL: http://www.mckinsey.de/sites /mck_files /files/2011_ McKinsey_Bangladesh.pdf).

McMichael, A. J.(2000), "The Urban Environment and Health in a World of Increasing Globalization: Issues for Developing Countries," *Bulletin of The World Health Organization*, Vol. 78, pp. 1117− 1126.

Meyer, K. E.(2004), "Perspectives on Multinational Enterprises in Emerging Economies," *Journal of International Business Studies*, Vol. 35, No. 4, pp. 259−276.

Meyer, K. E. & Sinani, E.(2009), "When and Where Does Foreign Direct Investment Generate Positive Spillovers?: A Meta-analysis," *Journal of International Business Studies*, Vol. 40, No. 7, pp. 1075−1094.

Meyerson, A.(1997), "In Principle, A Case for More 'Sweatshops", *The New York Times*(June 22).

Michelis, L. & Simon N.(2004), "Income Convergence in the Asia-Pacific Region," *Journal of Economic Integration*, Vol. 19 No. 3, pp. 470−498.

Milanovic, B.(2013), "Global Income Inequality in Numbers: in History and Now", *Global Policy*, Vol. 4, No. 2, pp. 198−208.

_____(2016), *Global Inequality: A New Approach for the Age of Globalization*, Harvard University Press.

Mitra, D.(2016a), *Trade liberalization and Poverty Reduction*, IZA World of Labor.

_____(2016b), "Trade, Poverty, and Inequality." in Bhagwati, J., P. Krishna & A. Panagariya(eds), *The World Trade System: Trends and Challenges*, Cambridge, MA: MIT Press.

Mittleman, J. H.(2000), "Globalization: Captors and Captives," *Third World Quarterly*, Vol. 21, No. 6, pp. 917−929.

Mosley, L.(2017), "Still Afraid of Footloose Finance? Exit and Voice in Contemporary Globalization," *Exit and Voice in Contemporary Globalization*, October 24.

Mustafa, G., Rizove, M. & Kernohan, D.(2017), "Growth, Human Development, and Trade: The Asian Experience," *Economic Modeling*, Vol. 61, pp. 93−101.

Mutascu, M., & Fleischer, A. M.(2011), "Economic Growth and Globalization in Romania," *World Applied Sciences Journal*, Vol. 12, No. 10, pp. 1691−1697.

Ngo Ha Quyen(2019), *Reducing Rural Poverty in Vietnam: Issues, Policies, Challenges*, Mekong Development Research Institute.

Nissanke, M.(2015), Linking Economic Growth to Poverty Reduction under Globalization, Economic Growth and Poverty Reduction in Sub-Saharan Africa: Current and Emerging Issues, 227.

Nissanke, M. & Thorbecke, E.(2007), "Channels and Policy Debate in

The Globalization-Inequality-Poverty Nexus," in *The Impact of Globalization on the World's Poor*. Palgrave Macmillan, London, pp. 22−55.

Nordås, H. K.(2004), *The Global Textile and Clothing Industry Post the Agreement on Textiles and Clothing*(No. 5), WTO Discussion Paper.

Ogunniyi, M. B. & Igberi, C. O.(2014), "The Impact of Foreign Direct Investment [FDI] on Poverty Reduction in Nigeria," *Journal of Economics and Sustainable Development*, Vol. 5, No. 14, pp. 73−83.

Orshansky, M.(1969), "How Poverty is Measured," *Monthly Labour Review*, Vol. 92 No. 2, pp. 37−41.

Osmani, S. R., Wahiduddin Mahmud, Binayak Sen, Hulya Dagdeviren & Anuradha Seth(2003), *The Macroeconomics of Poverty Reduction: The Case Study of Bangladesh*, Dhaka: UNDP.

Ozden, C. & Wagner, M.(2014), "Immigrant Versus Natives? Displacement and Job Creation," World Bank Policy Research Working Paper, No. 6900. http://econ.worldbank.org/ external/ default/ main?.

Pacheco-López, P. & Thirlwall, A. P.(2009), *Has Trade Liberalisation in Poor Countries Delivered the Promises Expected?*(No. 09, 11), Department of Economics Discussion Paper.

Parsons, C. R., Skeldon, R., Walmsley, T. L. & Winters, L. A.(2007), Quantifying International Migration: A Database of Bilateral Migrant Stocks. The World Bank.

Paul-Majumder, P. & Anwara, B.(2000), "The Gender Imbalances in the Export Oriented Garment Industry in Bangladesh; Policy Research Report on Gender Development," Working Paper Series, No. 12, The World Bank, June.

Peri, G. & Sparber, C.(2008), The Fallacy of Crowding-Out: A Note on "Native Internal Migration and The Labor Market Impact of Immigration".

Pew Research Survey(2014), Pew Research Center.

Pham, A. T. Q. & Mukhopadhaya, P.(2018), "Measurement of Poverty in Multiple Dimensions: *The Case of Vietnam*," *Social Indicators Research*, Vol. 138, No. 3, pp. 953−990.

Pimhidzai, O.(2018), *Climbing the Ladder: Poverty Reduction and Shared Prosperity in Vietnam*(English). Washington DC: World Bank Group.

Phillips, M.(2016), "Vietnam is Globalization's Last Big Fan", *Quartz*.

Portes, L. S. V.(2009), "Remittances, Poverty and Inequality", *Journal of Ecomomic Development*, Vol. 34, No. 1, pp. 127−140.

Pricewaterhouse Coopers(2017), *The World in 2050*.

PWT 9.0(2018), PWT 9.0 Web Site, University of Groningen, Retrieved 20 August 2018.

Quattri, M. & Watkins, K.(2016), "Child Labour and Education: a Survey of Slum Settlements in Dhaka," Overseas Development Institute.

Quddus, M. & Salim R.(2000), *Entrepreneurs and Economic Development: The Remarkable Story of Garment Exporters from Bangladesh*, Dhaka: University Press Limited.

Rahim, H. L., Abidin, Z. Z., Ping, S. D. S., Alias, M. K. & Muhamad, A. I.(2014), "Globalization and Its Effect on World Poverty and Equality," *Global Journal of Management and Business*, Vol. 1, No. 2, p. 8.

Ratha, D., Soonhwa Y. & Yousefi, S. R.(2018), "Magnitude and Pattern of Migration and Remittances," *Migration and Remittances for Development in Asia*, Asian Development Bank & The World Bank.

Ravallion, M.(2003), "The Debate on Globalization, Poverty and

Inequality: Why Measurement Matters," *International Affairs*, Vol. 79 No. 4, pp. 739–753.

_____(2007), "China's(Uneven) Progress against Poverty," *Journal of Development Economic*, Vol. 82, pp. 1–42.

Ravallion, M. & Chen, S.(2013), "A Proposal for Truly Global Poverty Measures," *Global Policy*, Vol. 4, No. 3, pp. 258–265.

Reiter, S. L. & Steensma, H. K.(2010), "Human Development and Foreign Direct Investment in Developing Countries: The Influence of FDI Policy and Corruption," *World Development*, Vol. 38, No. 12, pp. 1678–1691.

Riccardo, F.(2006), "Remittances and the Brain Drain", CEPR Discussion Paper, No. 5720.

_____(1998), "International Migration and Income Distribution in the Philippines", *Economic Development and Cultural Change*, Vol. 46, No. 2, pp. 329–350.

Rodríguez, F. & Rodrik, D.(2001), NBER Macroeconomics Annual 2000.

Ross, R.(2014), "Inequality and the Global Race To The Bottom," accessed on August 7th, 2014(http://inequality.org/inequality-global-race-bottom/).

Sachs, J. D. & Warner, A. M.(1995), *Economic Convergence and Economic Policies* (No. w5039), National Bureau of Economic Research.

Sadovskaya, E.(2009), *Kazakhstan in Central Asian Migration Subsystem*, in Z. Zayonchkovskaya and G. Vitkovskaya(eds), Center for Migration Studies and Institute for Economic Prognosis of the Russian Academy of Sciences. Moscow, Adamant, pp. 279–321.

Samimi, P., Lim, G. C. & Buang, A. A.(2011), "Globalization Measurement: Notes on Common Globalization Indexes", *Journal of Knowledge Management, Economics and Information*

Technology, Vol. 1, No. 7, pp. 1−20.

_____(2012), "A Critical Review on Synthetic Globalization Indexes," *International Journal of Fundamental Psychology and Social Sciences*, Vol. 2, No. 1, pp. 28−31.

Shamim, A., Azeem, P. & Naqvi, S. M. M. A.(2014), "Impact of Foreign Direct Investment on Poverty Reduction in Pakistan," *International Journal of Academic Research in Business and Social Sciences*, Vol. 4, No. 10, p. 465.

Silva, J. S. & Tenreyro, S.(2006), "The Log of Gravity," *The Review of Economics and Statistics*, Vol. 88, No. 4, pp. 641−658.

Singh, A.(2012), "Financial Globalization and Human Development," *Journal of Human Development and Capabilities*, Vol. 13, No. 1, pp. 135−151.

Soumaré, I.(2015), "Does FDI Improve Economic Development in North African Countries?," *Applied Economics*, Vol. 47, No. 51, pp. 5510−5533.

Speth, J. G.(2003), *Worlds Apart: Globalization and The Environment*. Island Press.

Sullivan R.(2014), "Rana Plaza Companies 'Not Doing Enough'," *Financial Times*(May 11).

Sumner, A.(2005), "Is Foreign Direct Investment Good for The Poor? A Review and Stocktake," *Development in Practice*, Vol. 15, No. 3−4, pp. 269−285.

The Daily Star(2018), "Women's Participation in the Job Market", *The Daily Star*(8 March), retrieved 6 November 2018.

The Economist(2013), "Racing To The Bottom", *The Economist* (27th Nov.).

The World Bank · IFC(2011), *Fostering Women's Economic Empowerment Through Special Economic Zones: The Case of Bangladesh*, The

International Bank for Reconstruction and Development/The World Bank.

The World Bank Group(2019), *Bangladesh Poverty Assessment: Facing Old and New Frontiers in Poverty Reduction*, International Bank for Reconstruction and Development / The World Bank, Washington.

Tokuyama, C. & Pillarisetti, J. R.(2009), "Measuring and Monitoring Human Welfare: How Credible are the Data in the UNDP's Human Development Reports?," *Journal of Economic and Social Measurement*, Vol. 34, No. 1, pp. 35-50.

Tonelson, A.(2002), *The Race to The Bottom: Why a Worldwide Worker Surplus and Uncontrolled Free Trade Are Sinking American Living Standards*, Westview Press.

Topalova, P.(2007), "Trade Liberalization, Poverty and Inequality: Evidence from Indian Districts," in *Globalization and Poverty*, University of Chicago Press.

_____(2010), "Factor Immobility and Regional Impacts of Trade Liberalization: Evidence on Poverty from India," *American Economic Journal: Applied Economics*, Vol. 2, No 4, pp. 1-41.

Tsai, P. L. & Huang, C. H.(2007), "Openness, Growth and Poverty: The Case of Taiwan," *World Development*, Vol. 35, No. 11, pp. 1858-1871.

Tullao, T., Conchada, M. & Rivera, J.(2011), "The Philippine Labor Migration Industry for Health and Educational Services," in R. Adams and A. Ahsan(eds), *Managing International Migration for Development in East Asia*, Washington, DC: World Bank.

Turley, W. S. & Selden, M.(2019), *Reinventing Vietnamese Socialism: Doi Moi in Comparative Perspective*, New York: Routledge.

Ucal, M., Bilgin, M. & Haug, A.(2014), "Income Inequality and FDI:

Evidence with Turkish Data", MPRA Paper No. 61104.

UNDP(2015), Human Development Report 2015.

_____(2017), *Fact Sheet onPoverty Reduction in Vietnam.*

UNESCAP, ADB & UNDP(2017), Eradicating Poverty and Promoting Prosperity in a Changing Asia-Pacific.

UNESCO(2015), Global Education Monitoring Report, UNESCO.

UNICEF(2015), Child Labor in Bangladesh.

United States Senate(2013), *Worker Safety and Labor Rights in Bangladesh'S Garment Sector,* A Majority Staff Report Prepared for The Use of The Committee on Foreign Elations.

United Nations(2003), *Indicators for Monitoring the Millennium Development Goals,* New York.

_____(2013a), Department of Economic and Social Affairs, Population Division, *International Migrant Stock.*

_____(2013b), Department of Economic and Social Affairs, Population Division, World Population Prospects: The 2012 Revision.

_____(2014), Department of Economic and Social Affairs, Population Division, Economic and Social Development.

United Nations Development Programme(2019), Human Development Data(http://hdr.undp.org/en/data), Retrieved 20 May 2019.

Uttama, N. P.(2015), "Foreign Direct Investment and the Poverty Reduction Nexus in Southeast Asia," *Poverty Reduction Policies and Practices in Developing Asia,* pp. 281−298.

Vanham, Peter(2018), The Story of Vietnam's Economic Miracle, World Economic Forum.

Vo, Thang T.(2018), "Household Vulnerability as Expected Poverty in Vietnam", *World Development Perspectives,* Vol. 10, pp. 1−14.

Wacziarg, R. & Welch, K. H.(2008), "Trade Liberalization and Growth: New Evidence," *The World Bank Economic Review,* Vol. 22, No. 2, pp. 187−231.

Wade, R. H.(2004), "Is Globalization Reducing Poverty and Inequality?," *International Journal of Health Services*, Vol. 34, No. 3, pp. 381−414.

Waters, M.(1995), *Globalization*, London and New York: Routledge, pp. 2−7.

WID(2019). World Inequality Database(https://wid.world/wid-world/), Retrieved 26 April 2019.

Winters, A. L., MaCulloch, N. & McKay, A.(2004), "Trade Liberalization and Poverty: The Evidence So Far", *Journal of Economic Literature*, Vol. 42, No. 1, pp. 72−115.

Wolfensohn, J. & Bourguignon, F.(2004), "Development and Poverty Reduction. Looking Back, Looking Ahead," Paper Prepared for the Annual Meetings of the World Bank and IMF.

World Bank(2018), ProvacalNet Database. (http://iresearch.worldbank.org,) Retrieved 20 August 2018.

_____(2018), *Poverty and Shared Prosperity 2018: Piecing Together the Poverty Puzzle*, World Bank.

_____(2019a), Data Release: Remittances to Low- and Middle-Income Countries on Track to Reach $551 Billion in 2019 and $597 Billion by 2021, October 16, 2019.

_____(2019b), Migration and Development Brief(https://www.worldbank.org/ en/news/press-release/2019/04/08/record-high-remittances-sent-globally-in-2018).

_____(2019c), Remittance Prices Worldwide Database, World Bank.

_____(2019d), Data; Poverty(https://data.worldbank.org/topic/poverty), Retrieved 05 May 2019.

_____(2020), Ease of Doing Business Rankings.

World Bank Group(2019), Bangladesh Poverty Assessment − Facing Old and New Frontiers in Poverty Reduction.

World Bank & World Trade Organization(2015), *The Role of Trade in Ending Poverty*, Geneva: World Trade Organization.

_____(2018), *Trade and Poverty Reduction: New Evidence of Impacts in Developing Countries*, Geneva: World Trade Organization.

World Economic Forum(2019), *Global Competitiveness Report 2019*.

World Economic Outlook Database(2019), April 2019.

WTO(2020), World Textiles and Apparel Trade in 2019.

Yang, D.(2004), International Migration, Human Capital, and Entrepreneurship: Evidence from Philippine Households with Members Working Overseas, Ann Arbor, MI: School of Public Policy, University of Michigan.

Yang, D. & Martinez. C.(2005), "Remittances and Poverty in Migrants Home Areas: Evidence from the Philippines", The World Bank Washington, D. C.

Yanikaya, H.(2003), "Trade Openness and Economic Growth: A Cross-country Empirical Envestigation", *Journal of Development Economics*, Vol. 72, No. 1, pp. 57–89.

Ying, Y. H., Chang, K. & Lee, C. H.(2014), "The Impact of Globalization on Economic Growth", *Romanian Journal of Economic Forecasting*, Vol. 17, No. 2, pp. 25–34.

Yoshino, N., Taghizadeh-Hesary, F. & Otsuka, M.(2017), "International Remittances and Poverty Reduction: Evidence from Asian Developing Countries," ADBI Working Papers 759, Asian Development Bank Institute.

Yunus, M. & Yamagata T.(2012), "Chapter 6: The Garment Industry in Bangladesh," in Fukunish(eds.), *Dynamics of the Garment Industry in Low-Income Countries: Experience of Asia and Africa*, IDE-JETRO.

Zaman, K., Khan, M. M. & Ahmad, M.(2012), RETRACTED: The Relationship Between Foreign Direct Investment and Pro-Poor Growth Policies in Pakistan: The New Interface.

찾아보기

지은이 소개

오근엽은 서울대학교 및 미국 오하이오 주립대학교에서 경제학사, 석사 및 박사학위를 받았다. 1995년부터 충남대학교 무역학과 교수로 재직하면서 오하이오 주립대학교와 콜로라도 대학교에서 방문학자로 근무했다. 현재 중국 강소대학교 겸임교수이기도 하다. 한국경제학회 부회장과 대전지역경제포럼 대표를 역임했다. 국제무역과 지재권, 기술, 환경문제 등과의 관계가 주요 연구 관심사이다. 『한미FTA 지재권 협상에 따른 의약품 분야 사회후생 변화』, 『국제무역론(4판)』 등 다수의 저서를 집필했다.

한인수는 서울대학교 상과대학을 졸업하고 같은 학교 대학원에서 경영학 박사학위를 받았다. 독일 만하임 대학교 연구교수, 일본 히토쓰바시 대학교 객원연구원을 지냈으며, 미국 듀크 대학교와 사우스다코타 주립대학에서 방문학자와 교환교수로 있었다. 현재는 충남대학교 경영학과 명예교수이자 중국 강소대학교 겸임교수이다. 지은 책으로 『아시아의 빈곤과 한국기업의 역할』, 『인적자원관리 프론티어』(공편저), 『조직행위론』(공저), 『현대인적자원관리(4판)』(공저) 등 다수가 있다.

오근엽과 한인수는 *Innovation and Technology in Korea*(공저), *LCD Industry in East Asia: Competition and Cooperation among Japan, Korea, Taiwan and China* 등의 저서를 공동으로 출간한 바 있다.

세계화와 아시아의 빈곤

대우학술총서 628

1판 1쇄 찍음 | 2020년 11월 16일
1판 1쇄 펴냄 | 2020년 11월 30일

지은이 | 오근엽 · 한인수
펴낸이 | 김정호
펴낸곳 | 아카넷

출판등록 | 2000년 1월 24일(제406-2000-000012호)
주소 | 10881 경기도 파주시 회동길 445-3
전화 | 031-955-9511(편집) · 031-955-9514(주문)
팩시밀리 | 031-955-9519
책임편집 | 박수용
www.acanet.co.kr

© 오근엽 · 한인수, 2020

Printed in Paju, Korea.

ISBN 978-89-5733-705-9 94300
ISBN 978-89-89103-00-4 (세트)

이 도서의 국립중앙도서관 출판예정도서목록(CIP)은
서지정보유통지원시스템 홈페이지(http://seoji.nl.go.kr)와
국가자료공동목록시스템(http://www.nl.go.kr/kolisnet)에서 이용하실 수 있습니다.
(CIP제어번호: 2020045250)